JN302835

Reasons for
Deliberation:
Democratic Theory in
Reflexive and Divided Societies

熟議の理由

民主主義の政治理論

田村哲樹
TAMURA Tetsuki

keiso shobo

まえがき

　現在，民主主義の評判は，決してよいとは言えない．もちろん，正面切って民主主義が否定されることはほとんどない．その意味では，誰もが民主主義者であると言える．しかし，だからといって，誰もが民主主義に満足しているわけでもない．一方では，民主主義といっても，所詮は，一部の人々の利害と都合で物事が決められているのではないか，という疑念が存在するだろう．この意味では，民主主義は常に「過少」なのである．この「過少」さは，民主主義に対するシニシズムを蔓延させる．他方で，民主主義に対しては，その「過剰」に対する懸念も常に存在する．多数派が民主主義を通じて独善的な決定を行う「多数者の専制」への危惧は，その典型である．民主主義が扱うことのできる問題を制限するメカニズムとしての「立憲主義」の重要性が唱えられるのも，民主主義の「過剰」を抑制するためと言えよう．

　以上のように，民主主義は，その「過少」と「過剰」ゆえに，常に不満，冷笑あるいは危惧の対象となる．それにもかかわらず——いや，だからこそ，と言うべきか——，本書の主題は，民主主義である．現代社会における民主主義として，どのような民主主義が考えられるのか，またその理由は何か．「民主主義の政治理論」というサブタイトルが示すとおり，本書は，これらの問いに対して，政治理論的に考察する試みである．「政治理論」という言葉で，私は，民主主義についての純粋に哲学的な考察とは言い切れず，かといって経験的研究のためのモデルでもないような考察を示そうとしている．別の言い方をすれば，本書における「民主主義の政治理論」とは，「あるべき」民主主義と経験的な現実とを見据えつつ，現代社会において必要とされる民主主義を構想するものである．

　それでは，そのような民主主義とは何か．本書が提示するのは，「熟議民主主義（deliberative democracy）」——ただし少々修正されたそれ——と呼ばれる民主主義である．つまり，本書は全体として，現代社会において，なぜ熟

議民主主義というものが必要と言えるのかについて考察する．本書のタイトルが，『熟議の理由』となっている所以である．

　詳しくは本論で述べるけれども，簡単に言えば熟議民主主義とは，人々が対話や相互作用の中で見解，判断，選好を変化させていくことを重視する民主主義の考え方である．「熟議民主主義」という訳語は，まだ定訳とは言えない．「熟議」ではなく，「審議」「討議」「熟慮」「協議」などの訳語も見られる．「熟議」の訳語を恐らく最初に用いた法哲学者の井上達夫によれば，この訳語には，一人ではなく「皆で話し合って熟慮する」という意味が込められている（井上 2002: 147）．「熟慮」だけでは単独でも可能であるが，「協議」の意味を含んでいるところに，deliberative democracy の特徴があるというわけである．他方，「討議」の訳語を用いる政治学者の篠原一は，「ただ議論を尽くして合意に達するのではなく，異論をたたかわすという意味をふくめて」，「討議」の訳語を用いると言う（篠原 2004）．また，篠原は，通常の deliberative democracy の理論潮流を「熟議デモクラシー」と呼び，これに対する「内在的批判」を志向する理論潮流を「批判的討議デモクラシー」として，「両者を総合して討議デモクラシーということにしてもよいであろう」とも述べている（篠原 2007: 59-60）．本書で提起される「熟議民主主義」は，篠原の言う「批判的討議デモクラシー」の理論潮流から多くの示唆を得ている．ただし，同時に私は，民主主義において「熟慮し議論する」こと，その結果として選好が変容することの重要性にもこだわりたいと考えている．一方で国家の制御能力の限界が明らかとなるとともに，他方で人々の間の共通理解・社会的基盤が衰退することによって，不確実性が増大しつつある現代社会においては，異論をたたかわせるだけではなく，それらを踏まえた上で，いかに新しい共通理解・社会的基盤を形成していくかということを考えざるを得ないと思うからである．異なる人々の間での，そのような共通理解・社会的基盤が形成できるとすれば，どれほど迂遠に見えようとも，熟慮し議論しながら，各自が自らの考えを少しずつ変えること（選好の変容）によってしか達成できないのではないだろうか．したがって，本書では，篠原の指摘にそれなりの説得力を感じつつも，deliberative democracy の訳語として，「熟議民主主義」を用いている．

　ある政治学者は，1990年代以降，「民主主義理論の熟議的転回」が見られる

と言う.「民主的な正統性が，ますます集合的決定に従う人びとの側での効果的な熟議への参加の能力あるいは機会という観点から理解されるようになっている」というのが，その理由である (Dryzek 2000: 1). 確かに，熟議民主主義は，あるべき民主主義の一つのモデルとして注目を浴びるようになっているし，とりわけ欧米においては，膨大な数の文献が刊行され続けている. しかし，それにもかかわらず，熟議民主主義に対して多くの厳しい批判が浴びせられていることも事実である. 一方では，熟議民主主義は，あまりに規範論にすぎる，として批判される.「熟議」が民主主義の核心などというのは，実際の民主主義のあり方に照らせば全く非現実的だというわけである. 他方では，熟議民主主義は，規範としては弱すぎる，として批判される. ある議論が正当であるかどうかを判断するためには，「熟議」以外の原理的・価値的な基準が必要であり，熟議を規範論の核心に据えることなどできない，というわけである.

　これらの批判には，もっともなところがある. だから，私は，熟議民主主義が唯一の民主主義の原理・形態であるとか，もっとも望ましい民主主義であるなどと主張するつもりはない. 先に私は，本書の「民主主義の政治理論」は「あるべき」民主主義を経験的な現実を踏まえて構想するものだと述べた. これは，本書の考察が事実と価値の間で行われていることを意味する. 政治理論がこの「間」にどのように接近するかについては，様々な考え方があり得る. ただし，本書について言えば，結果的に全体の「トーン」は，熟議民主主義の「望ましさ」よりも，その「不可避性」を強調するものとなっている. 現代社会において，人々は，熟議民主主義に関わる「べき」というよりは，関わら「ざるを得ない」のである. しかしながら，繰り返しになるけれども，この「不可避性」という「トーン」こそは，私自身の次のような直観を反映したものと言えるかもしれない. すなわち，価値観が多様化し，場合によっては「分断された社会」と言えるかもしれないような現代社会において，それでも，他者とともに生き，なにごとかをなし，独善的ではないルールを作ろうとするならば，結局，対話・話し合いを行うしかないのではないか，と. このことが，様々な批判にもかかわらず，本書が必要な民主主義として熟議民主主義を論じる理由である.

　もちろん，社会には様々な利害・感情・意見の対立が存在する. それらは，

場合によっては，対立として表象されることを妨げられ不可視化されているかもしれない．そのような（潜在的な）対立に注目することは，政治理論にとっても重要なことである．本書が，もう一つの民主主義論として，対立の契機を重視する闘技民主主義（agonistic democracy）の議論に注目するのも，そのためである．しかし，同時に私は，政治学者として，政治とは最終的に集合的決定を通じた問題解決を行う営みであるとも考えている．政治には対立の契機が伴うものだとしても，それをもって「政治」とすることには，疑義を提起したい．したがって，本書は，闘技民主主義の問題提起を受け止めつつも，最終的には修正された熟議民主主義を機軸とした民主主義論を展開している．

ただし，政治が集合的意思決定を通じた問題解決の営みであるからといって，この意味での「政治」が国家・政府の内部でのみ行われると考える必要はない．国家・政府以外の場でも，このような意味での政治は行われ得るのである．政治学は，主に国家・政府の内部あるいはそれらへと媒介される過程に，政治を見出してきた．しかし，政治の場は，必ずしも領域的に区分された範囲に限定される必要はない，というのが本書の立場である．したがって，本書は，国家・政府以外の様々な領域における熟議民主主義を重視している．そのことは，また，政治学が国家・政府以外の領域における「政治」をどの程度語ることができるのかについての，私なりの理論的挑戦を意味している．

最後に，democracy の訳語として，本書で「民主主義」を用いている理由を述べておきたい．democracy の用語としては，「民主制」「民主政」「民主政治」など，「民主主義」以外の訳語が用いられることがある．「民主主義」以外の訳語が用いられる理由の一つに，democracy は君主政や貴族政などと並ぶ政治体制の一類型であって，「主義（ism）」ではない，というものがあると思われる．確かにそれはそうなのであるが，それにもかかわらず，本書では，民主「主義」という訳語を用いることにした．それは，本書における democracy は，単に政治体制や統治原理を指すのみならず，社会の様々な領域においても実施され得るし，またされるべきものとして論じられるからである．democracy は，集合的決定の一つの方法である．しかし，同時に私は，この用語に，社会の様々な問題・領域に democracy を広く適用すべきとのメッセージを込めて用いたいと思っている．「民主制」や「民主政」では，この点が十分に伝わら

ないのではないかと思われた．なお，近年では，democracyが「デモクラシー」と片仮名で表記される場合も多々見受けられる．しばしば「自由主義」と「リベラリズム」とは異なると言われるほどには（もちろん，このような評価についての異論もあるだろうが），「民主主義」と「デモクラシー」とは異ならないのではないかと思われる．だから，ある意味では，「デモクラシー」でも構わない．しかし，本書では，あえて「民主主義」というやや古めかしい言葉にこだわりたいと思っている．この使い古された言葉に新たな意味づけを与えることに挑戦してみたいのである．

　以上のように，本書は，民主主義の「過少」への不満と「過剰」への危惧とを念頭に置きつつ，現代社会における民主主義の不可避性を論じ，その具体的な原理・形態としての熟議民主主義を構想する．本書の議論は，純粋な規範理論としての民主主義論でも，純粋な経験的・実証的なモデルとしての民主主義論でもない．本書は，両者の中間としての民主主義の「政治理論」を目指している．本書を通じて，「政治理論」という分野に多くの人々が関心を持っていただくことを願いたい．

熟議の理由
民主主義の政治理論

目次

まえがき

序論 ─────────────────────────────── 1
第1章 なぜ民主主義なのか？ ─────────────── 9
　第1節　「統治能力の危機」論再考　9
　第2節　再帰的近代化と民主主義の必要性　18
　第3節　「分断された社会」と「脱社会化」という問題　24
第2章 現代民主主義理論における分岐 ──────── 29
　第1節　熟議民主主義・確実性・理性　29
　第2節　闘技民主主義・不確実性・情念　45
　第3節　小括　52
第3章 接点の模索 ─────────────────── 55
　第1節　熟議民主主義における自己批判　55
　第2節　闘技民主主義における合意の契機
　　　　　──民主主義的シティズンシップ論を中心に　68
第4章 分岐以後の民主主義モデルへ ────────── 77
　第1節　情念の導入　77
　第2節　利益の復権　86
　第3節　選好の変容再考①
　　　　　──「紛争の次元についてのコンセンサス」と二重効用論　92
　第4節　選好の変容再考②
　　　　　──結論レベルにおける「異なる理由に基づく同意」の可能性　104
　第5節　強制と権威の正当化　108
　第6節　小括
　　　　　──分岐以後の民主主義モデルと残された論点　116

第5章　熟議民主主義の多層的深化 ——121

第1節　制度的次元　121

第2節　非制度的次元　133

第6章　規範理論と経験的研究との対話可能性 ——145

第1節　事実と価値の分離を超えて？　145

第2節　熟議民主主義の経験的研究の展開　150

第3節　規範理論における経験的契機　156

第4節　「対話可能性」についての考察　159

第5節　事実と価値の間の政治学　164

結論 ——167

参考文献

あとがき

人名索引／事項索引

序論

　イギリスの政治理論家ジョン・ダンは，1979年に刊行された著作において，「今日ではわれわれは皆民主主義者である」と書いた (Dunn 1979:1=1983: 11). しかし，その時点では，ソ連を中心とする国家社会主義諸国の存在は確固たるものと思われたし，また第三世界には多くの権威主義国家が存在していた．それから17年後に，デヴィッド・ヘルドは，あらためて「今日ではほぼ全員が民主主義者であると公言している」と述べる．民主主義は，「西欧諸国において安定的な体制」となっただけではなく，「統治の妥当なモデルとして広く採用されるに至」り，「世界の主要地域において広く民主主義的過程や手続きが定着するに至った」．今や「世界中のあらゆる種類の政治体制が，自らを民主主義国として描写している」のである (Held 1996 :xi, 1=1998 :iii, 3).

　しかし，ヘルドによれば，このことは「古代から現代に至る民主主義の物語」の「幸せな結末」を意味しない．国家社会主義体制の崩壊は，一部の論者が主張したような西欧の自由民主主義体制の安定化をもたらしてはいない．「民主主義の思想と実践をめぐる多くの重要な問題」は解決されておらず，「民主主義は，理念としても政治的現実としても，根本的論争の対象とされている」のである (Held 1996: xi=1998: iii). ヘルドの指摘を裏づけるかのように，スーザン・ファーとロバート・パットナムは，日米欧の民主主義の現在についての実証研究論文集の冒頭で，次のように述べている．

　「実際，イデオロギーと政治の戦場においてリベラル・デモクラシーがそのあらゆる敵を打ち負かしたまさにその瞬間に，既存の民主主義諸国に住む多くの人民が，自分たちの〔リベラル・デモクラシーの——引用者注〕政治制

度は弱体化しつつあり (faltering)，順調に機能してはいない (not flourishing) と信じているということは，驚くべき皮肉である.」(Pharr and Putnam eds. 2000: xviii)

　このように「リベラル・デモクラシー」の「勝利」以後の今日において，民主主義について論じることの重要性は，むしろ，ますます増大していると言えよう．
　問題は，民主主義についての何を論じるのか，である．本書は，大まかに言って，以下で述べるような四つの問いに取り組む．第一に，様々な原理主義の台頭，指導者のリーダーシップへの期待の高まり，いったん「民主化」した諸国の権威主義への回帰などの諸現象を念頭に置くならば，リベラル・デモクラシーの「勝利」にもかかわらず，民主主義についての規範的考察は，民主主義そのものの意義という次元から出発せざるを得ない．したがって，本書の出発点となる問いは，現代社会において「なぜ民主主義なのか？」である．
　「なぜ」の問題をクリアした後に，初めて第二の問い，すなわち「どのような民主主義か？」という問題に取り組むことが可能になる．本書は，この問題について，「熟議民主主義 (deliberative democracy)」を機軸とした民主主義の規範的モデルの構想によって，答えようとする試みである．熟議民主主義とは何かという問題は，それ自体，本書の検討によって提示されるものである．ただし，ここでは，ひとまず暫定的に，人々の間の理性的な熟慮と討議，すなわち熟議を通じて合意を形成することによって，集合的な問題解決を行おうとする民主主義の考え方，という定義を与えておこう．この定義を修正しつつ，具体的形態を与えていくことが，本書の課題となる．
　様々な民主主義論の中でも熟議民主主義論に注目する理由の一つは，ドイツの政治・社会理論家であるクラウス・オッフェに関する私の前著（田村 2002）との関係にある．前著において，私は，オッフェの理論的変容を指摘し，1980年代後半以降の彼が，国家による社会・政治秩序の制御に代わる「制御の主体化」構想を提示していることに注目した．オッフェによれば，今日における社会制御の課題は「既に合理化された部分システム間の相互作用の合理化」である．そして，それを可能にするのは，第一義的には（それ自体が部分システムの一

つに過ぎない) 国家ではなく，一人一人の諸個人の「責任ある行為」である．「責任ある行為」とは，各人が自らの行為の基準を反省的に問い直し，実質的・社会的・時間的に妥当なものにしていくことによって可能になる．つまり，オッフェは，「ポスト国家的統合」の探求において，単純に諸個人の参加ではなく，自らの行為基準を反省的に問い直す諸個人の参加を求めているのである．熟議民主主義の想定する諸個人も，このような意味での「責任ある行為」をおこなう個人である．実際，オッフェ自身にも，必ずしも熟議民主主義と明示していない場合も含めて，熟議的な民主主義についての考察が見られる (cf. Offe and Preuss 1991; Offe 1997)．

　本書の問題意識の一部は，このような前著におけるオッフェ論の延長線上にある．すなわち，本書において私は，中央集権的な国家による社会・政治秩序の制御が困難となった時代における「ポスト国家的統合」様式の基軸となる原理として，熟議民主主義に注目するのである．

　もっとも，「どのような民主主義か？」という問いに対する答えは，もちろん，熟議民主主義のみではない．なかでも，理性的な合意形成を重視する熟議民主主義に対する重要な挑戦の一つは，政治における対立の局面を重視する「闘技民主主義 (agonistic democracy)」からのものである．したがって，本書は，とりわけ第2章から第4章において，この二つの民主主義の関係を検討する[1]．

　熟議民主主義と闘技民主主義との関係は，「哲学的ポスト・モダニズムへの評価の相違」を反映した対立の関係として捉えられることがある．一方の熟議民主主義論が理性的・合理的な合意による問題解決を目指すのに対して，他方の闘技民主主義論はそのような理性的・合理的合意の限界ないし問題性を指摘し，むしろ合意に異議を申し立てる紛争に民主主義の可能性を見出そうとする．したがって，両者の間には，「共約不可能な対立」が存在するとされるのである (向山 2000: 127)[2]．しかし，果たして両者の関係は，「共約不可能な対立」として把握されるしかないのであろうか．それとも，何らかの形で両者の統合を図ることが求められており，かつ可能なのであろうか．

　ここで「公共圏」とポスト・モダニズムとの関係を考察したデーナ・R・ヴィラの議論とパッチェン・マーケルによる反論とを参照してみたい．ヴィラ (Villa 1992: 712-721) の目的は，ジャン・F・リオタールらのポストモダニスト

による「公共圏」批判から公共圏の概念を擁護することである．その際にヴィラは，ユルゲン・ハーバーマスの公共圏論とハンナ・アレントのそれとの差異を強調し，前者に対して後者の公共圏概念を擁護する．ハーバーマスの公共圏論は，「普遍的合意」を模索するものであり，行為者間の異質性＝多元性を侵害する．これに対してアレントの公共圏論は，ポストモダニストと共通する問題関心を持ち，多元性を政治的行為と発話の（条件ではなく）目標とし，「行為を個別化するための機会を尊重する闘技的な主体性（agonistic subjectivity）」を理想と見なすものである．

---

1 熟議民主主義や闘技民主主義などの概念は，アメリカにおいて最も議論が盛んな概念である．本書がどちらかと言えばアメリカ在住の理論家の著作・論文を多く参照していることも，このような事情が背景にある．しかし，私は，これらの概念が特殊アメリカ的な文脈においてのみ意義を持つとは考えていない．ヤン・エルスターが言うように，「熟議民主主義の理念およびその実際の実施は，民主主義そのものと同程度に古い」ことは，その理由の一つである（Elster 1998a: 1）．それに加えて冒頭で述べたように，民主主義の問題は，今日世界的な問題である．

また，理論的系譜から見ても，熟議民主主義の一つの有力な系譜は，ドイツのユルゲン・ハーバーマスに由来するものであり，アメリカ在住の理論家の中にも彼の多大な影響のもとに自らの理論を構築している論者が少なくない．さらに，近年のハーバーマス自身が，彼の議論を基礎としてアメリカで展開された民主主義論の論点を再吸収するという現象も見られる．この点については例えば，『公共性の構造転換』の「1990年新版への序文」などを参照されたい（Habermas 1990=1994）．また，ハーバーマスを含むドイツの批判理論とアメリカの知識人との関係については，マーティン・ジェイの議論（ジェイ 1997）が興味深い．ここに見られるのは，民主主義理論への関心が少なくとも欧米において一国レベルを超えて共有されつつあるという状況であると思われる．

これに対して，熟議民主主義論における文脈の差異の重要性を強調する見解もある（早川 2006a）．本書も，各国固有の文脈に焦点を当てた民主主義理論構築の重要性を否定するものではない．例えば，民主主義理論のドイツ固有の文脈としては，いわゆる「政党不信（Parteienverdrossenheit）」の現象，東西ドイツ統一後の旧東独の人々や外国人労働者との共生の問題などが挙げられる（ドイツにおける民主主義論の文脈については，北住（1995），木部（1996: 205-207）などを参照）．ただし，各国の文脈を強調することによって，熟議あるいは闘技そのものに関するより一般的な論点が十分に探求できない可能性も存在する（cf. Dryzek 2000: 65）．このように民主主義理論を論じる際の文脈への依拠については，長所と短所を指摘し得る．私自身は，上記の理由から，様々な諸国において民主主義理論への問題関心が共有されつつあるという点に関心を持っている．

2 なお，向山（2004）では，多元主義をめぐる熟議民主主義と闘技民主主義との異同が検討される中で，両者の「接近」についても指摘されている．

ヴィラの議論の意義は，公共圏概念に闘技の契機を組み込むことによって，ポストモダニストによる攻撃から公共圏の概念を擁護しようとした点にある．これに対して，マーケル（Markell 1997: 377-400）は，ヴィラの議論を，ハーバーマスを「合意の思想家」とし，アレントを「闘技の理論家」とする「有害な二分法」の強化に寄与するものである，と批判する．マーケルによれば，ヴィラは，合意志向の公共圏の説明と闘技的な主体性の理論化との間の選択に我々が直面していると示唆している．これに対して，マーケルの目的は，ハーバーマスの「合意への志向性」が「闘技的で対立的な政治的発話・行為」と首尾一貫することを示すことにある．マーケルは，ハーバーマスとアレントおよびヴィラの公共圏論に焦点を合わせながら，合意と対立を単純な二分法的対立ではなく，「補完的」な関係として把握し得ることを論じようとしたのだと言えよう．

　ヴィラとマーケルによる公共圏をめぐる議論は，熟議民主主義論と闘技民主主義論との関係について，両者を「共約不可能な対立」ではなく，「補完的」な関係として捉える可能性を示唆している．公共圏をめぐる議論で示唆されたこの可能性を，より直接的に二つの民主主義理論に即して検証し，両者がどのようにして結びつき得るのかについて検討することが本書の課題となる．

　民主主義理論における合意と対立の関係については，多くの議論が存在するであろうが，最近の議論における一つの傾向は，合意に対して対立を重視する点にあると言えよう．先に紹介したヴィラの議論は，その典型である．またヴィラを批判してハーバーマスを擁護したマーケルの場合も，議論の力点はハーバーマス理論における「闘技的な政治的行為」の可能性を指摘することにあった．本書もこのような視点の重要性を否定するものではない．しかし，他方で，民主主義を考える際には合意の契機も不可欠であり，この点への考慮を欠いて対立の契機のみを強調するならば行き過ぎである．それゆえ，本書は，民主主義における合意と対立の両契機の必要性をあらためて主張することになる．言うまでもなく，両契機の必要性を一般的に述べるだけでは不十分である．したがって，どのような形で両契機が関連づけられるのかということが，重要な論点となる．

　この点に関して興味深い見解を提出しているのが，齋藤純一である（2000: 36）．齋藤は，合意の形成（「共約可能なもの」）と合意の解体（「共約不可能なもの」）との対立は，「すれ違わざるを得ない」とした上で，「討議は合意が形成される

過程であると同時に不合意が新たに創出されていく過程でもある．合意を形成していくことと不合意の在り処を顕在化していくことは矛盾しない」との興味深い見解を提起している．合意と不合意の両者を視野に収めるものの，「意思形成過程そのものにおける不合意に意図的にアテンションを向ける」(齋藤 2000: 36) との叙述からも窺うことができるように，齋藤の視線が討議（熟議）における「不合意」の持つ固有の意義に向けられていることは明らかであるように思われる．その場合には，それでは不合意のあとにどうするのか，という点が問題になる．すなわち，不合意にもかかわらず意思決定が必要な場合をどのように考えるのであろうか．この問題については，第 4 章で検討する．

　第三の問いは，「民主主義はどこにあるのか？」である．合意と対立を中心とした熟議民主主義と闘技民主主義との関係の考察は，それ自体は，民主主義が行われる場についての議論ではない．しかし，1980 年代以降の市民社会論の興隆が示すとおり，現在，民主主義を考える際には，それが行われる場をどのように考えるか，という問題を避けて通ることはできない．田村 (2002) で考察したオッフェの「制御の主体化」の議論も，国家から市民社会へという政治の場の転換を背景として，しかし単に市民参加を推奨するだけではない形で，制御のあり方を考えようとする試みであった．本書もまた，「なぜ」と「どのような」の問いに対する回答を踏まえつつ，第 5 章において，民主主義の場の問題について考察する．

　最後の問いは，政治理論における規範的なものと経験的なものとの関係をどのように考えるか，というものである．本書の議論は，全体として「あるべき」民主主義像を探求する規範的政治理論としての性格を持っている．しかし，同時に，本書の議論は，以下に述べる二点において，経験的な次元をも意識したものとなっている．第一に，本書が常に「現在」という時代的文脈を念頭に置いていることである．具体的には，本書は，現代社会がアンソニー・ギデンズやウルリッヒ・ベックなどの言う「再帰的近代化」の状況にあると捉えた上で，その下での民主主義のあり方を考察している．民主主義の場の問題についても，本書の考察は常に「現在」という時代を意識したものである．第二に，本書が焦点を当てる，ミクロレベルにおける諸個人の選好形成メカニズムの説明は，規範と経験との交錯領域である．経験的政治理論の動向を振り返るなら

ば，1980年代以降，政治学においては新制度論（new institutionalism）が大いに脚光を浴びている．このアプローチは様々な変種を含むものであるが，それらを紹介し，検討することはここでの課題ではない[3]．ただし，重要なことは，いくつかの変種を含むこの新制度論が，選好形成メカニズムの解明を重視していることである．エレン・イマーガット（Immergut 1998: 6-7, 25）は，新制度論の諸潮流が「政治において表現された諸選好が，それらが表明される制度的諸文脈によってかくも根源的に影響される時に，行為者が望んでいるものを確定することの困難性に関心を持っている」と述べている．このような問題関心こそ，新制度論の「理論的核心（theoretical core）」に他ならない．そして，このような新制度論の問題関心は，1950年代以降，政治学の中心的位置にあった，「観察可能な行動」のみに焦点を当てる行動論的政治学への対抗を意味している．第一に，行動論的政治学においては，表明された選好は全て「本当の選好（real preference）」と見なされるが，新制度論は，表明された選好と本当の選好との間の区別に関心を持ち，なぜ特定の選好が表明され，同等にあり得たであろう他の選好は表明されなかったのか，という点を解明しようとする．第二に，行動論的政治学は，選好の集計を自明視し，そのためのメカニズムは効率的であると見るが，新制度論は「集計の概念それ自体を議論する」，「政治的決定は個々の選好の集計に基礎を置くことはできない」と考える点で，多くの新制度論は一致しているのである．本書における選好形成メカニズムへの関心は，このような近年の経験的政治学理論の問題関心とも共鳴するものである．

　以上の諸点ゆえに，本書の議論は，ジョン・ロールズなどの「政治哲学」の議論に習熟した人々から見ても，経験的な「政治科学」の分析方法に詳しい人々から見ても，「中途半端な」ものに見える可能性がある．しかし，本書が機軸に据える熟議民主主義論そのものが，近年では経験的研究のフィールドにもなりつつある．政治学において規範と経験との分離が言われて久しいが，熟議民主主義研究は，両者の架橋ないし対話が可能な領域の一つとなりつつあるのである[4]．したがって，熟議民主主義論における規範と経験との「対話」が

---

[3] 新制度論の理論動向を概観できるものとして，Campbell（2001），Hall and Taylor（1996），Immergut（1998），Pontusson（1995），Rothstein（1996），Schmidt（2006），Thelen and Steinmo（1992）などがある．

どのような意味で可能なのかについて考察することは，本書の性格を明確化する上でも，今後の政治学を展望する上でも重要なことであろう．

以上の四つの問いに答えるために，本書は，次のような順序で考察を進める．第1章では，かつて新保守主義論が提起した「統治能力の危機」論の再考を通じて，現代社会という特定の歴史的条件下において，民主主義が必要となる理由を検討するとともに，民主主義理論における分岐の発生を論じる．第2章では，この民主主義理論の分岐の内容について詳しく検討する．とりわけ，ここでは，この分岐を「共約不可能な対立」として表象させるような諸特徴を抽出するつもりである．しかし，私の狙いは，この対立を克服する展望を示すことである．そこで，第3章では，二つの民主主義論の接点を模索する．そのために，まず，熟議民主主義における自己批判の諸論点を確認する．その次に，闘技民主主義論の抱える理論的アポリアについて指摘した後に，分岐以後の民主主義モデル構築の方向性について述べたい．第4章において，以上の検討を踏まえて，合意と対立の両契機を適切に組み込んだ民主主義モデルが提起される．それは，過程論的に理解された熟議民主主義を基礎としつつ，闘技民主主義のいくつかの論点を組み込んだものとなるだろう．

さらに，第5章において，民主主義の場の解明を目指して，第4章までの議論において得られた民主主義モデルを，制度的な次元に位置づける．ここでは，再帰的近代化の進展の中での，社会における熟議民主主義の意義と必要性を示すべく，ハーバーマスらの「複線モデル」に加えて，公式の意思決定過程へと必ずしも媒介される必要のない熟議民主主義を，「社会的学習」としての熟議民主主義として捉えることを提案する．

最後に，第6章では，政治学における規範理論と経験的研究との対話のための一つの場として熟議民主主義論が持つ可能性を検討する．20世紀の政治学は，事実認識と価値判断を峻別する方向で展開してきたが，21世紀には，そうした峻別を認めつつ，両者の対話可能性を模索してもよいだろう．熟議民主主義論の研究は，ディシプリンとしての政治学の今後のあり方を展望することにも繋がることが期待されるのである．

---

4 日本における研究として，小川編（2007）を参照．

第1章　なぜ民主主義なのか？

第1節　「統治能力の危機」論再考

　そもそもなぜ「民主主義」なのだろうか．現実に民主主義の政体が多数を占めているとしても，そのことは民主主義の望ましさを直ちに弁証するわけではない．近代以降の時代に限っても，民主主義には常に，「多数者の専制」「衆愚政治」「大衆社会における全体主義への傾斜」といった負のイメージがつきまとってきたのである．

　この問題に対する私の解答は，現代社会においては，民主主義が不可避的に要請されざるを得ない，というものである．本章の課題は，この解答について詳しく説明することである．

　出発点として参照したいのは，1970年代から80年代初期に脚光を浴びた「統治能力の危機 (the crisis of governability)」論である（Crozier et al. 1975=1975）．この議論は，国家の役割を限定しながら，社会政治秩序の制御を可能にする方策を追求した．「統治能力の危機」論については，同時期に注目されたネオ・マルクス主義の「福祉国家の危機」論とともに，1980年代以降は，むしろその問題点が批判される場合が多い．もっとも，批判の多くは，「統治能力の危機」論が「危機」を過大視したという点に向けられているように思われる[1]．これに対して，本書が主張したいのは，民主主義を批判する「統治能力の危

---

[1] 例えば，ヘルド（Held 1996: 250=1998: 317）は，「荷重超過の理論家」と「正統化危機の理論家」の両者の「意見を支持し得るだけの強い論拠が存在しているとは思われない」としている．

機」論こそが逆説的にも民主主義の不可避性という洞察を導くということである[2]．

さて，「統治能力の危機」論の論点は，大まかに言って以下の二点である．第一に，民主主義は権威を衰退させ，その結果として統治能力の危機がもたらされた．これは現状診断の問題である．第二に，したがって，政府の統治能力を回復するためには，社会的および政治的権威の復活によって，民主主義を抑制することが必要である．これは処方箋の問題である．それぞれの論点について，以下で検討する．

まず，第一の現状診断についてである．『民主主義の統治能力』の共著者である，ミシェル・クロジェ／サミュエル・ハンチントン／綿貫譲治は，「統治能力の危機」が生じる具体的な理由として，以下の三点を挙げている．第一に，民主主義の精神は平等・個人・人民の尊重を唱え，階級や位階の差別を認めない．しかし，このような精神は，あらゆる社会組織に不可欠の「権威の不平等と機能の差」を無視し，その結果として「市民の間の信頼と協同の基盤を破壊し，何らかの共通目的のための協同行動に対する障害をもたらす」のである（Crozier et al. 1975: 162-163＝1975: 180-181）．第二に，政府に対する要求の増大は「政府の役割」を拡大したが，その結果は「政府の荷重超過」であり，「政府を強化するというよりは弱体化させることになった」．民主主義は，「政府は市民に応えるべきだ」という理念を有する．しかし，「数年ごとに繰り返される選挙戦という構造的要請」のために，実際には政府は「何もできない」のである（Crozier et al. 1975: 163-164＝1975: 182）．第三に，民主主義の下では，「政治の本来的機能」である，「様々な利益の集約」や「共通目的の推進」は達成されず，むしろ拡散してしまう傾向がある．個々の個人や集団にとって，「自己利益を強硬に主張し，事情によっては非妥協的に自己の利害を防衛することは，しばしば有益ですらある」からである（Crozier et al. 1975: 165＝1975＝183）．

以上の議論に対する一つの有力な反論は，「統治能力の危機」なるものの原因をもっぱら民主主義諸制度に帰することは誤りである，というものである．

---

[2] なお，「序論」でも紹介したファーとパットナムの編著（Pharr and Putnam eds. 2000）は，クロジェ／ハンチントン／綿貫の『民主主義の統治能力』の25年後の「後継著作」を自任し，あらためて今日の日米欧の民主主義が直面する諸問題を考察している．

このような反論は，既に 1970 年代からネオ・マルクス主義陣営によってなされている[3]．確かに，この批判は，一定の妥当性を有している[4]．それにもかかわらず，「統治能力の危機」論が重要であるのは，この議論が現代社会における民主主義の意味について，一つの典型的な見解を提出しているからである．すなわち，「統治能力の危機」論は，民主主義を制限することによってこそ社会政治秩序はうまくいく，という見解を提出しているのである[5]．この見解を採用するならば，熟議であれ，闘技であれ，何らかの形で民主主義を深化させてゆこうとする試みは，いずれも秩序に対する挑戦ということになる．そして，民主主義の深化に伴って，社会政治秩序はますます不安定化の度合いを深めてゆくことになる．

しかし，果たしてこのような見解は妥当であろうか．この問いへの解答の手がかりは，「統治能力の危機」論の第二の論点である，処方箋を検討することによって得られる．「統治能力の危機」論の現状診断を前提とするならば，その処方箋は，「協同行動」の基盤となる「権威の不平等と機能の差を保持した社会組織」を復興することによって，諸個人・諸集団による「自己利益」の主張を抑制し，その結果として「政府の役割」をより限定的なものにする，ということになろう．この処方箋に対しては，以下の三つの論点が生じ得る．第一は，「協同行動の基盤」としての「権威的な社会組織」の実現可能性である．第二は，「自己利益」に基づく諸要求の抑制の正当性である．第三は，「政府の役割」を限定することの妥当性である．以下で述べるように，私は，第一の論点については，その非現実性を指摘するとともに，第二，第三の論点については，これを条件つきで受け入れるべきであると考える．

最初に，「権威的な社会組織」の実現可能性の問題である．この問題を考えるために，ここでは社会理論における「再帰的近代化 (reflexive modernization)」

---

3 その代表がオッフェ (Offe 1984: 65-87=1988: 139-166) である．
4 例えば，ヘルド (Held 1996: 252=1998: 320) は，「統治能力の危機」論の出発点である「古典的多元主義の前提」は「満足のゆくものではな」いが，これに対して「ハーバーマスやオッフェによって描かれるモデル」は「全く異なる出発点の必要性を提起している」と述べて，「統治能力の危機」論に対する「正統性の危機」論の理論的優位を認めている．
5 例えば，ハンチントンの問題提起は，「民主主義の活力増大は，必然的に民主主義の統治能力の低下を意味するのだろうか」，というものである (Crozier et al. 1975: 64=1975: 18)．

論を参照してみたい．イギリスの社会学者ギデンズは，今日の社会を「ポスト伝統社会」と呼ぶ (Giddens 1994: 56-109=1997: 105-204)[6]．ポスト伝統社会は，伝統が消滅した社会を意味するわけではない．重要なことは，もはや伝統を，「それが伝承されてきたものであるという理由だけで是認することはできな」いということである．伝統は，「みずからを『説明』し，正当づけることを求められている」（二重括弧は原文イタリック）(Giddens 1994: 105=1997: 196)．すなわち，

> 「一般的にいえば，伝統は，理路整然とした言説的な正当化 (*discursive justification*) を行なうことができる限りにおいてのみ，また，たんに他の伝統だけでなく，オルタナティヴな行動様式との開かれた対話を始める用意ができている限りにおいてのみ，存続しうるのである．」（傍点は原文イタリック）(Giddens 1994: 105=1997: 196-197)

ポスト伝統社会において，伝統は，このようにして恒常的に問い直されてゆく[7]．したがって，ポスト伝統社会への移行は，「統治能力の危機」論が唱える「権威的な社会組織」の復興が非常に困難であることを意味する．この「権威」は，民主主義に対置されるものであり，したがって「問い直される」べきものではない．「統治能力の危機」論において，権威は「非再帰的」でなければならないものである．しかし，再帰的近代化論は，あらゆるものは再帰化せざるを得ないと主張するのであり，権威もその例外ではない[8]．「問い直されない」基盤を求めて，再帰的近代化の趨勢を逆転させようとすることは，オッフェ (Offe 1987: 64) が指摘するように「絶望的な探求」とならざるを得ない．第

---

[6] このようなギデンズの主張に対しては，近代以降の社会は伝統からの離脱の方向で展開してきたのではないか，という疑問も提示され得るであろう．ギデンズ自身は，「近現代社会は，ポスト伝統社会ではない」と述べている．なぜなら，それは，「一方で伝統を解消しながら，〔他方で——引用者注〕伝統を作り直してきたからである」(Giddens 1994:56=1997: 106)．この点については，次の註7も参照のこと．

[7] ただし，この意味での伝統の「再帰化」は，近代性 (modernity) の特徴の一つであり，ポスト伝統社会において突如発生したのではない．むしろ，ポスト伝統社会は，近代性の特徴である「再帰化」を「徹底化」するのである．したがって，ポスト伝統社会は，「ラディカル化された近代性」の段階にあるということになる．

4章で見るように，本書の考える制御においても権威は一定の役割を有する．しかし，その権威は，再帰性を踏まえたものでなくてはならないのである．

次に第二の，自己利益抑制の正当性という問題である．19世紀までの時期には，アメリカ合衆国憲法の起草者たちのように，自己利益と非自己利益の両者を考慮に入れる試みも存在した．しかし，20世紀に入ると状況は一変する．ジョセフ・シュムペーターが『資本主義・社会主義・民主主義』において提供した，「自己利益のみに基づいた民主主義理論」構築のための知的基盤は，第二次大戦後の多元主義や利益集団研究の興隆によって引き継がれた．多元主義の批判者たちも，自己利益を分析の中心に据える点では共通していた．彼らが問題にしたことは，企業や富裕階級の利益が労働者・下層階級の利益に打ち勝つことを許容している権力の不平等であり，利益を自明視する点において，多元主義論者と同一だったのである（Mansbridge 1990: 5ff.）[9]．

しかし，1960年代になると，このような政治理論の動向に対して見直しを迫る研究動向が登場し始める（Mansbridge 1990: 13ff.）．セオドア・ロウィ（Lowi 1979=1981）は，その「利益集団自由主義」批判において，単に有力利益集団の諸要求の融合の結果として「公共の利益」が定義されるならば，「統治の独立性の原理」が破壊され，「民主的政府の腐敗」がもたらされると主張した．彼が処方箋として提起した「依法的民主主義」には多くの批判も寄せられているが[10]，ここで重要なことは，その目的が利益中心的な政治モデルの克服にあったということである．ロウィは，利益集団自由主義が「政治を公的な活動と考

8　ハンチントンは，「民主的で平等主義的な価値観」の「特殊アメリカ的」な性格を強調している．この理解では，民主主義による権威への挑戦は，「特殊アメリカ的」な要因によって説明されることになる．これに対して再帰的近代化論は，権威への挑戦を説明する，より一般的な視座を提供するものと言える．ただし，再帰的近代化を直接に個別具体的な結果に結びつけるならば，還元主義の陥穽に落ちることになる．再帰的近代化が意味するのは，あらゆる事柄が「問い直される」ということである．個々の結果はこの「問い直し」の内容に左右されるのであるが，「問い直し」を実践するのは，様々な行為主体である．したがって，再帰的近代化とその結果とは，「問い直し」を実践する行為主体によって媒介されると考えるべきである．

9　なお，17世紀に利益が情念（passion）を抑制するものとして提起されるようになった点について，Hirschman (1977=1985) をも参照．

10　その内容についてはConnolly (1981: 120-150)，石田 (1984: 91-119) を参照．

える視点を見失わせ，単なる私的利益実現のための活動に還元してしまう」点（佐々木 1999: 114）を批判したのだと言えよう[11]。

ところでロウィの議論では，自己利益中心であっても，政治は「利益集団自由主義」としては存立し得るものとなる．これに対して，マンサー・オルソンによる「集合行為問題」の提起は，各個人の自己利益を真剣に考慮するならば，そもそも「利益集団自由主義」の想定する利益集団の存立は不可能であることを示唆するものである．オルソンは，「合理的で利己的な諸個人は，彼らの共通のあるいは集団的利益の達成を目指して行動しないであろう」と主張する．合理的で利己的な個人は，自分が行動しなくても便益を得られるし，また彼一人が参加したところで集団利益が飛躍的に向上することはあり得ない，と判断するからである（Olson 1965: 2=1996: 2）[12]。オルソンを経た後では，もはや個人と集団という異なるレベルの合理性の一致を自明視するわけにはいかない．個人と集団との関係は，何らかの論理ないしメカニズムによって媒介されなければならないのである[13]。

以上のように，1960年代以降，政治をもっぱら自己利益の観点から捉えるアプローチは見直しを迫られている．この動向を踏まえるならば，「統治能力

---

11 次の問題は，それでは政治を「公的な活動と考える視点」とはどのようなものか，ということになる．レイフ・レヴィーン（Lewin 1991: 24）が挙げる，行為者が自分自身にとっての結果（自己利益）だけではなく，他者にとっての結果をも考慮すること，という観点が手がかりとなり得るが，この点は後に論じる．ここでは，ロウィの「利益集団自由主義」批判が，自己利益に基づいた政治観の問い直しという論点を提出していることを確認しておけば十分である．

12 なお，オルソン自身も述べているように（Olson 1965: 64-65=1996: 73-74），利己的であることと合理的であることとは同一ではない．つまり，利己的でなくても合理的であるということはあり得る．とはいえ，彼の議論は，基本的には自己利益を追求する個人を前提として展開されている．

13 オルソン自身による「集合行為問題」の解決策は，「強制」と「選択的誘因」であった（加えて，集団規模が小さいこともある）．しかし，これら解決策においては，個人は自己利益最大化の観点から行動するという想定は保持されたままであり，ロウィの批判する利益集団自由主義の陥穽を逃れることができない．これに対して，利益集団自由主義批判の論点，すなわち自己利益に対する批判を継承しつつ，同時にオルソンの「集合行為問題」のインパクトを受け止めた上で，その克服を模索する試みも登場する．社会運動研究や労働運動研究における「集合的アイデンティティ」概念の導入は，その例である（cf. Offe and Wiesenthal 1985: 183-184）．

の危機」論における自己利益抑制の主張を，直ちに却下するわけにはいかない．他方，「統治能力の危機」論の主張を全面的に承認することもできない．「統治能力の危機」論において，自己利益の制約は民主主義に対置させられている．しかし，果たしてこの対立は必然であろうか．この問題への解答こそ，現在の民主主義理論が取り組むべき重要な課題の一つなのである．

最後に，「統治能力の危機」論の第三の処方箋である，政府の役割の限定についてである．1970年代以降の政治理論の展開は，この処方箋が部分的に妥当性を有することを示している．例えば，システム理論による国家の制御能力の限界という主張は，大きな理論的インパクトを有するに至っている（cf. 田村 2002）．システム分化した社会で，ある部分システムが他の部分システムに影響を及ぼそうとすれば，問題が発生する．具体的には，①影響力行使の限界，②病理現象の発生，のいずれかまたは両方である．

第一に，ある部分システムによる他の部分システムへの影響力行使には，論理的な限界が存在する．というのも，各部分システムは，その作動を円滑に行うための独自の媒体（メディア）を有しており，ある部分システムが他の部分システムに及ぼす影響は，後者の部分システムの作動を可能にするメディアを経由するほかないからである．例えば，1970年代のオイルショック以降，福祉国家による市場への規制・介入の限界が明らかになったと言われる．システム理論的に見れば，その理由は明らかである．政治システムが経済システムに規制・介入しようとしても，経済システムにおいては貨幣という（政治システムにとっては異質の）メディアに依拠してのみ影響力行使が可能であるに過ぎない．それゆえ，その規制・介入の有効性には自ずから限界が存在するのである．

第二に，他の部分システムへの介入は，単なる限界にとどまらず，病理現象をもたらすことがある．その典型は，国家による社会福祉が官僚制に対する市民の従属化をもたらすという問題である．政治システムの作動は，権力というメディアを媒介として行われる．しかし，権力はその性質上，支配と服従という関係を伴うものである．そのような権力によって，社会・文化システム（市民社会）における人々の自由で平等な生活条件を保障することは本来的に無理があるのである．権力というメディアには，市民社会という部分システムに生きる人々の生活を保障することは「過大な負担」（Habermas 1985=1995）なので

ある.

　また，左派の理論家においても，とりわけ1980年代以降，従来の国家介入主義を批判し，国家の役割の限定と市民社会の活性化を組み合わせ，「国家と市民社会の二重の民主化」(Held 1996: 316ff.) が唱えられるようになっている．こうした議論の典型として，ここではポール・ハーストの「アソシエーティヴ・デモクラシー」論を概観しておこう．ハースト (Hirst 1997; 2001) は，現代社会を「ポスト自由主義社会」または「組織社会」と呼ぶ．それは，古典的な自由主義社会において想定されていた，公的領域（国家）と私的領域（経済・企業）という区分がもはや通用しなくなった社会である．なぜなら，一方の公的部門のはずの国家は，経済活動の促進者となり，他方の私的部門のはずの企業は大規模化し，官僚制的なヒエラルヒーを有する大組織となっているからである．すなわち，国家も企業もいずれも，官僚制的・ヒエラルヒー的に統制されるとともに，利潤追求のための経済活動を推進するようになっているのである．その結果，従来の代表制を中心とした民主主義は危機に陥っている．なぜなら，国家と大企業という公私の官僚制は，第一に個人の自由を侵害し，第二に，市民へのアカウンタビリティを十分に保障しないからである．したがって，このような民主主義の危機を克服するためには，「新しいコントロールと規制の方法」が必要である．その可能性をハーストは，国家から市民社会の様々なアソシエーション（結社）への権限委譲によって実現しようとする．それが，「アソシエーティヴ・デモクラシー」の構想である．これまで国家が担ってきた政策の決定およびその実施（サービスの供給）を，市民社会の様々な自発的に結成されたアソシエーションに委ねることによって，市民の自由の侵害とアカウンタビリティの欠如という現代民主主義の問題点の克服が期待できるのである．

　さらに，理論的なレベルだけでなく，1980年代以降の時期における具体的な政治的対抗関係においても，「国家機能の限定」と「国家機能の拡大」という対抗軸の重要性が指摘されるようになってきている（小野 2000）[14]．

---

[14] ただし，小野の主張は，現代の政治的対抗関係は，「保守」（市場原理への依拠）と「革新」（市場原理への不信）という従来の対抗軸に，本文で述べた「国家機能の限定」と「国家機能の拡大」という新たな対抗軸が加わった，四象限の図式によって表現され得る，というものである．

これらの動向を踏まえるならば,「統治能力の危機」論の唱える政府の役割の限定は, まさに「国家機能の限定」であり, 現代政治において, なおも一定の妥当性を有していると言える. この点を踏まえた上で, 以下では「統治能力の危機」論ないし「新保守主義」の「国家機能の限定」論が抱える難問を指摘してみたい. 既に述べたように, 国家の機能的等価物として措定される伝統や社会的権威は, 再帰的近代化の趨勢の下では維持できない. もう一方の機能的等価物である市場も, しばしば指摘されるように, 完全な自生的秩序としての成立は, 不可能である[15]. ここで新保守主義は, 次のような難問に行き着く. 一方で, そのプロジェクトは, 自由な市場を創出し維持するために, 機能を限定しつつも「強い国家」(Gamble 1988=1990; Vgl. Offe 1990: 110) を必要とする. 他方で, 新保守主義の理論的立場からすれば, この「強い国家」は, 非経済的社会領域における非再帰的な権威の存在によってのみ存立可能である (Warren 1996: 48). しかし, 再帰的近代化は, こうした権威の存立基盤を脅かす. 新保守主義による国家の機能限定論には, このような理論上の困難が存在するのである[16].

以上の議論を要約しよう.「統治能力の危機」論は, 今日の社会政治秩序を維持するために, 社会的権威の復興によって, 民主主義を抑制し, 国家機能を限定することで, 対応しようとした. その中には, 自己利益の一定の抑制と国家機能の限定という重要な洞察が含まれている. しかし, その構想は, 二つの問題点を有している. 第一に, 再帰的近代化の下での社会的権威の復興は, 容

---

15 Friedland and Alford (1991: 232-263). また, 金子勝 (1997; 1999) をも参照.
16 もちろん, 現実の政治過程においては, このような理論上の困難が直接に新保守主義の政治勢力の衰退をもたらすとは限らない. 政治における「実在 (realty; Realität)」は, 何らかの理論によって客観的に確定できるものではない. それは, 一方の政治家や政党による「実在」の「戦略的演出」ないし「解釈」と, 他方の市民ないし有権者の側での「実在」の「認識」との間の相互作用によって構成されるものと考えられる (Vgl. Offe 1994: 125-138). 実際に, イギリスのサッチャー政権やアメリカのレーガン政権が, その政策について, しばしば理論的には問題を指摘されながらも, あれほどの支持を受けながら政権を維持したという事実は, このような政治における「実在」の性質を踏まえなければ, 十分に説明できない. しかし, このことは, 新保守主義理論の理論的困難を指摘することと必然的に矛盾するわけではない. 我々に要請されていることは, 「実在」の一つの「解釈」として, 新保守主義の理論的問題点を指摘し, それに対抗し得る見取り図を描くことであろう.

易ではない．第二に，自己利益の抑制と国家機能の限定の主張が，民主主義への対抗として提起されている．次節では，上記の第一の問題点に関して，再帰的近代化の下での民主主義の必要性について検討する．その考察を踏まえて，第二の問題については次章で取り上げる．これらの作業を通じて，「統治能力の危機」論の重要な洞察は支持しつつ，それでも民主主義が不可欠であることが明らかにされるであろう．

第2節　再帰的近代化と民主主義の必要性

前節で見たように，再帰的近代化の趨勢下にある現代社会においては，「統治能力の危機」論のように民主主義を敵視する秩序形成構想は，理論的には困難である．本節では，まず，「統治能力の危機」論に対抗する理論は，再帰的近代化という時代状況の下では，民主主義を必要条件とする点において共通することを確認する．ただし，このことは，民主主義の内容が一義的に確定されることを意味するわけではない．そこで続いて，それらの理論が，どの地点において分岐するのかを明らかにする．

再帰的近代化は，「伝統」に対してさえ，「みずからを説明し，正当化する」ことを求める．したがって，再帰的近代化論に従えば，「統治能力の危機」論が求めるような社会的権威の復興は非現実的であるということになる[17]．問題は，社会的権威の復興の非現実性が，なぜあるいはどのようにして民主主義と結びつくのか，という点である．この点について，以下で考察しよう．

はじめに確認しておきたいことは，再帰的近代化は，諸個人に意思決定を迫るという点である．再帰的近代化は，あらゆる所与的なるものの存在理由を問い直す．そこでは，伝統，慣習，および権威といった諸個人間の関係を規制・調整する既存のメカニズムは不安定化する．ベックも指摘するように，このことは，諸個人にとって自分の行為の基準となる「意味供給源」に頼ることができなくなることを意味する．その結果として，「すべての意思決定作業が個人

17　ただし，本書は，あらゆる権威を否定する立場にない．民主主義理論の課題は，権威を否定することではなく，権威を民主主義的に再解釈すること，すなわち「民主主義的権威」を構想することである．この点については，第4章で論じる．

に委ねられることになる」のである．ベックは，この過程を「個人化」と呼ぶ (Beck 1994: 8=1997: 20)[18]．

この意思決定の特徴は，「不確実性」にある．ここで「不確実性」とは，マーク・E・ウォーレンの言う「社会的基盤喪失」，すなわち「ほとんどの社会的相互行為を調整するルール・規範・制度・アイデンティティが争われるようになる」ことを指す (Warren 1996b: 244)．再帰的近代化がもたらすものは，この「社会的基盤喪失」であると言ってよい．「社会的基盤喪失」の状況下における意思決定には，困難がつきまとう．第一に，そこで解決を要する諸問題は，その性質上，「一目瞭然とした解決方法」が存在しない場合が多いと考えられる[19]．第二に，そこには，諸個人が「合理的意思決定」を行うための条件が欠けている．エルスター (Elster 1990: 27-28) は，「不確実性」を，諸結果の蓋然性について判断するための「証拠」が不十分となり，人々の行為の選択肢を決定するために必要な「信念」が確定しない状況と捉え，このような状況下での選択は「合理的」であることができないと述べている．この理解に従えば，「社会的基盤喪失」の下での意思決定は，合理的なもの，すなわち，「確実な，信頼できる根拠に基づいた」「生じ得る帰結を考慮」したものではあり得ないことになる (Beck 1994: 8=1997: 21)．したがって，再帰的近代化論における個人の意思決定機会の拡大は，単純に「選択の自由」の拡大として歓迎されるべきものとして把握されているわけではない[20]．

再帰的近代化の下での困難について，やや具体的に考えてみよう．例えば，今日では，「結婚」は全く自明の事柄ではなくなっている．したがって，私たちは，いつ，どこで，誰と結婚するかだけでなく，そもそも結婚するかどうかという問題さえも，意思決定しなければならない．その際には，愛情とは何か，

---

[18] ベックは，この状況を，以下のように具体的に描いている．「かつては家族集団や村落共同体の中で，あるいは社会階級や集団の力を借りて克服することができた生活歴上の機会，脅威，そして両義性は，ますます諸個人自らによって知覚され，解釈され，対処されなければならないのである」(Beck 1994: 8=1997: 21)．なお，この「個人化」自体は，諸個人の意思決定の対象ではなく，再帰的近代化によって不可避的にもたらされるものである．「個人化は，一人一人の自由な意思決定に基づいてはいない．サルトルの言葉を用いれば，人は，個人化することを運命づけられているのである」(Beck 1994: 14=1997: 32)．
[19] いわゆる「リスク問題」である (Beck 1994: 8ff. =1997: 21ff.)．

子どもを養育するのかどうか，自分は異性愛者なのかどうかなど，様々な事柄についても，意思決定しなければならない．しかし，あらゆるものが自明ではなくなる中で，一体どのようにして，何を手がかりにして決定すればよいのだろうか．

このように，再帰的近代化のもたらす不確実性＝社会的基盤の喪失は，その下で不可避的に要請される意思決定における困難をもたらす．しかし，再帰的近代化が不可避的に進行する過程であるとすれば，それがもたらす不確実性＝社会的基盤の喪失もまた不可避的なものと見なさなければならない．この点に，民主主義が要請される理由が存在する．近年の民主主義理論家は，近代における不確実性＝社会的基盤喪失に，民主主義が不可欠となる理由を求めている．シャンタル・ムフは，「近代の基本的特徴は，疑いなく民主主義革命の出現であった」と主張する．それでは「民主主義革命」とは何か．クロード・ルフォールの言葉を引用しながら，ムフは，「民主主義革命」とは，近代社会が「権力・法・知識が，根本的な不確実性に曝された社会」として構成されたことを意味すると述べる．すなわち，

「そこ〔根本的な不確定性に曝された近代社会――引用者注〕では社会が，いわば，制御不可能な冒険の劇場と化したのであり，そこでは制度化されても，それが確立されたわけではなく，既知のものも，未知のものによって脅かされ，また現在も，規定不能なものであることが明らかになった．」（Mouffe 1993: 11=1998: 23）

こうしてムフは，「根本的な不確実性」と民主主義（革命）とを結びつける．彼女は，近代社会の「根本的な不確実性」を積極的に肯定し，その中に今日の民

20　ベックは，個人の意思決定機会の拡大という状況を「選択の自由」の拡大として歓迎することは一面的であると言う．なぜなら，再帰的近代化は，行為の「機会（opportunities）」だけではなく，同時に「強制（compulsions）」を切り開くからである．意思決定の「強制」とは，「不確実性」という合理的意思決定が不可能な状況下で，なお（非合理的かもしれないような）意思決定を行わなければならない事態を意味している．つまり，再帰的近代化の下では，「その機会と強制との間で，人は決定的解決策を求めることもできずに」「永久に意思決定を行っていかざるを得ない」のである（Beck 1994: 12=1997: 28）．

主主義の可能性――「根源的かつ多元的な民主主義(radical and plural democracy)」を通じて「近代の民主主義的課題をさらに追求し深化させる」こと――を見ようとするのである．

ただし，ムフの議論は，「根本的な不確実性」と民主主義との関係について，やや不鮮明な点を残しているように思われる．彼女において，「根本的な不確実性」は，近代民主主義が受け止めるべき条件ないし前提なのであろうか．それとも「根本的な不確実性」そのものが民主主義を意味するのであろうか．一見したところ，ムフの議論においては，この点がやや不明確であるように思われる．

この点を明確にするために，ウォーレンの議論を参照してみたい．ウォーレンは，「民主主義」と「政治」を区別している．不確実性＝社会的基盤喪失は，「政治」を意味する．彼は，これを「社会的基盤喪失としての政治」と呼ぶ(Warren 1996b: 244-248)[21]．このように捉えられた政治は，紛争を伴う可能性が高い[22]ために，「集合的に拘束する解決策」によって「対応」されなければならない．民主主義は，「社会的基盤喪失としての政治」に対する対応の一つとして提起されるのである．

ここで注目したいのは，ウォーレンが「集合的に拘束する解決策」として民主主義を擁護する理由である．もちろん彼は，民主主義以外の「集合的に拘束する解決策」の存在を否定していない．例えば，「神学的・権威主義的・全体主義的・専門技術的(technocratic)」諸システムなども，「集合的に拘束する解決策」たり得る．しかし，これらのシステムによる対応は，「確固たる(ordered)確実性」を目指すものであり，それゆえ「不確実性」を特徴とする政治を否定するものである(Warren 1996b: 247)．これに対して，「民主主義的対応」の特徴

---

[21] 同様の政治定義として，ルネ・バートラムゼン／イェンス・トムセン／ヤコブ・トルフィングの「社会的諸関係を構築し，打倒する特定の一連の実践」がある (Bertramsen et al. 1991: 6)．

[22] ウォーレンは別の論文において (Warren 1999a: 311)，「政治的関係」を，「集合行為のために協同する圧力に直面しての，様々な財 (goods) をめぐる紛争によって特徴づけられる社会的関係」と定義している．そこでは「少なくとも一つの集団」が「集合的に拘束する決定」および「権力手段によって決定を担保すること」を目指すことになる．政治を権力と紛争によって定義する，Warren (1999b: 217ff.) も見よ．

は，それがあくまでも政治を肯定するという点にある．

> 「対照的に，民主主義的対応は，唯一の真に政治的な対応である．それは…政治が固有に不確実であることを認める．…とりわけ，ラディカル・デモクラシーの熟議形態は…不確実性の証拠となり，実際に不確実性の空間を開いたままにしておく規則化された方法を探究するのである．」〔傍点による強調は引用者〕(Warren 1996b: 247)

ウォーレンは，ここで「民主主義的対応」と「ラディカル・デモクラシーの熟議形態 (deliberative forms of radical democracy)」とを同一視しているように見えるが，この点については，ひとまず度外視しておく．ここで重要なことは，「民主主義的対応」は，政治の「不確実性」に対応する「集合的に拘束する解決策」と見なされているということである．つまり，ウォーレンにとって，民主主義は「根本的な不確実性」（ムフ）そのものではなく，後者を前提としながら（「不確実性の空間を開いたままにしておく」），それに「対応」して一定の拘束的な解決策を与えるものである．このように見てみるとウォーレンの議論は，ムフにおいてはやや不明確であるように思われた，民主主義と不確実性との関係について，より明確な規定を与えていると言うことができる．

以上，再帰的近代化がもたらす権威の非現実性がなぜ民主主義と結びつくのか，という問題について考察した．再帰的近代化は，一方で個人の意思決定の重要性（個人化）を，他方で「不確実性」ないし「社会的基盤の喪失」をもたらす．意思決定の必要性とともに不確実性を承認しなければならない，というこの状況が，民主主義による対応を必要とするのである．ムフとウォーレンが民主主義理論を構想するのは，このような文脈においてであり，この点において両者は一致しているのである[23]．

しかし，両者の間には，その民主主義の内容をめぐって微妙な相違が存在するように思われる．その鍵は，確実性と不確実性とに対する両者のスタンスの違いにある．まず，ウォーレンは，既に述べたように，「社会的基盤の喪失」への対応策として民主主義を位置づける．その際に彼は，民主主義の中でも，とくにその「熟議」形態に注目していた．熟議は，権威主義的なやり方で不確

実性を否定して確実性を打ち立てるものではなく、一義的な解答を拒否し、「不確実性の空間を開いたままにしておく」ものであるとされる。他方で、彼は、民主主義が「社会的基盤の喪失」に対処する「集合的に拘束する解決策」であるとも述べていた。これが意味することは、ウォーレンにとって民主主義とは、「不確実性」の下で「確実性」を確保するための方策である、ということである。もちろん、彼の意図は不確実性の否定にはない。しかし、彼におい

23　再帰的近代化論に対して提起され得る諸批判について、ここで検討しておきたい。まず、再帰的近代化によってあらゆる事柄が選択の対象となるというのは過度の単純化であり一種の構造決定論ではないか、という疑問が提起され得る (Vgl. Joas 1990: 23ff.)。しかし、あらゆる事柄が選択の対象となり得るということが、直接に特定の結果と結びつくわけではない。本章註8でも述べたように、再帰的近代化論が構造決定論に陥ることを回避するためには、「問い直し」を実践する行為主体による、再帰的近代化による選択可能性の拡大とその具体的な結果との媒介という把握が必要である。それに加えて、スコット・ラッシュ (Lash 1994: 119ff.=1997: 221ff.) が指摘するように、再帰的近代化があらゆる領域または諸個人において均等に進展するとは限らないという点に留意することも重要であろう。

また、再帰的近代化論は、諸個人の選択に基づく新たな秩序形成の展望についてあまりにも楽観的である、との批判も考えられる。しかし、上述のように、選択可能性の増大は、必然的に特定の具体的な結果と結びつくわけではない。さらに本章註20で述べたように、再帰的近代化論は、諸個人による決定領域の拡大を「強制」としても捉えている。したがって、再帰的近代化論は決して楽観的な展望にのみ基づいているのではない。再帰的近代化がもたらす不確実性の増大に対する対応次第では、当然新たな公的規制・統制をもたらす可能性さえも否定できないであろう。再帰的近代化論の要点は、そのような可能性も含めて不確実性に対応し、新たな確実性を創出することが人間の手に委ねられている、ということである。

最後に、再帰的近代化論における政治概念の拡大という論点についても、批判が予想される。再帰的近代化論は社会生活のあらゆる局面における「理由づけ」ないし決定の必要性から、政治概念を拡大する必要性を主張する。例えば、ギデンズは、従来の「解放の政治」に加えて「生きることの政治 (life politics)」の重要性を強調する (Giddens 1994: 90-91=2002: 119-121)。ベックも、国家ないし政治システムと政治との等置は「カテゴリーの錯誤」である、と主張している (Beck 1998: 38)。しかし、このような概念の拡大は、政治の意味を拡散させ、曖昧化させるとともに、社会全体を公的規制・統制にさらすことによって、人々の自由を減少させる危険性をもたらすものかもしれない (cf. Held 1991: 6)。しかし、政治概念の拡大が必要だとの見解は、ギデンズやベックなどの再帰的近代化論者だけではなく、政治理論家の間にも共有されつつある。そこでは、これまでの政治学における民主主義・政治・国家の関係を問い直す作業の必要性が主張されている (cf. Dryzek 1996; Warren 1999b)。

このように現在の政治理論において政治概念は、きわめて論争的な概念となっているのであり、再帰的近代化論の主張は、むしろ議論を活性化するための重要な問題提起と言えよう。

て不確実性は政治ないし政治的関係を意味するものであり，それに対して暫定的にではあれ確実性を与えていくことが，民主主義，とりわけ熟議民主主義の役割なのである[24]．

これに対して，ムフの戦略は，近代の民主主義革命の帰結をさらに深化させていくことにある．彼女は，近代社会の「根本的な不確定性」の命題を，政治における「敵対関係の不可避性」（Mouffe 1993: 7=1998: 13）の承認にまで推し進める．敵対関係や紛争といった不確実性の原因を根絶することではなく，この種の不確実性を積極的に肯定することによって，民主主義はさらに深化してゆくとされるのである[25]．私は先に，ムフにおける民主主義と不確実性との関係の理解の不明確性を指摘した．しかし，ここで述べたように彼女の目指すものを見れば，両者の関係について彼女の最も言わんとするところは明らかである．明らかにムフの力点は，不確実性に確実性を付与することよりも，不確実性そのものを拡大してゆくことにあるといえよう．そして，その帰結が，「敵対関係」の強調なのである．

こうして，ウォーレンとムフは，民主主義の必要性という点では一致しながらも，その先の地点において分岐することになる．一方のウォーレンは，最終的に民主主義における「確実性」の局面へと関心を収斂させる．他方のムフは，民主主義における「不確実性」に注目し，この局面をさらに深化させようとする．前者は，熟議民主主義の潮流であり，後者は闘技民主主義の潮流である．ここに現代民主主義理論の分岐点が存在する．次章では，この分岐の内実をさらに検討することにしたい．

第3節 「分断された社会」と「脱社会化」という問題

前節の議論では，再帰的近代化の進展による社会的基盤の喪失が紛争を不可

---

[24] 「民主主義者にとって，制度デザインの（恐らく最も重要な）中心的問題は，いかにして諸問題を政治化する権力を対話の力とコンセンサスの可能性とに転換するか，ということである」（Warren 1999b: 220）．
[25] ただし，この民主主義に「完成」はあり得ない．「紛争と敵対関係は，民主主義の完全な実現のための可能性の条件であると同時に，また不可能性の条件でもあるからだ」（Mouffe 1993: 8=1998: 16）．

避とし，最終的に民主主義の必要性を不可避とする，ということを見てきた．本節では，再帰的近代化のもたらし得る深刻な帰結について述べておきたい．すなわち，「社会的基盤の喪失」の最も深刻な帰結について，可能な限りイメージの具体化を試みることが，本節の目的である．そのことによって熟議民主主義論が現在応答すべき問題の所在もまた，明確化されるはずである．

ドライゼック（Dryzek 2006: 20-21）は，ベックらの再帰的近代化の議論は「啓蒙の方向を向いている」と指摘し，再帰的近代化の帰結が「必ずしも反省，寛容，そして啓蒙に定位するとは限らない」と述べている．むしろ，

> 「再帰的近代化は，まさに逆の効果を持ち得る．それに対する強力なオルタナティヴの存在を現在具現化する伝統の信奉者たちの側に脅威の感覚を浸透させることによって．」（Dryzek 2006: 20）

ドライゼックは，この「逆の効果」を，「再帰的伝統化（reflexive traditionalization）」と呼ぶ．この種の反応は，キリスト教，イスラム教，ヒンドゥー教，ユダヤ教などの各種の宗教的原理主義において表出されている．再帰的伝統化は，「自分自身の側のアイデンティティを再肯定する一方で，他者を中傷し拒絶する」．同時にそれは，「人権やリベラリズムのような普遍主義的な言説を侵害する」（Dryzek 2006: 21）．現代社会は，こうして形成された排他的なアイデンティティ同士の衝突の危険性にさらされた「分断された社会（divided society）」なのである（Dryzek 2006: chap. 3）．

ベックやギデンズの再帰的近代化論は，ドライゼックが指摘するほどには「啓蒙の方向」ばかりを向いているわけではない．このことは，前節で述べたように，ベックやギデンズが再帰的近代化の議論を，決して単なる楽観論として提出しているわけではないことからも，十分に窺い知ることができる．さらに補足するならば，ギデンズもまた，「原理主義は，伝統が脅かされているか，蝕まれはじめているところではどこにでも生ずる可能性がある．例えば，家族の原理主義やジェンダーの原理主義，エスニシティの原理主義が（さらに，エコロジーの原理主義までも）生ずる可能性がある」と述べて（Giddens 1994: 48＝2002: 69），再帰的近代化の下での様々な原理主義の台頭可能性に注意を促して

いる．とはいえ，その点を割り引くとしても，ドライゼックの「再帰的伝統化」「分断された社会」の概念は，「社会的基盤の喪失」の深刻な帰結の一つをあらためて具体的に指し示している点において，再帰的近代化の理解に重要な知見を加えるものと言い得る．

ところで，ドライゼックは，「分断された社会」の成立を，主に宗教的原理主義を通じて形成されるアイデンティティ間の対立に見て取っている．しかし，彼の言うような社会の分断化は，必ずしも宗教的原理主義という形態のみで表出するとは限らない．ドライゼックの示唆する「分断された社会」においては，諸個人は宗教的原理主義を通じて排他的なアイデンティティを形成する．ここでは，諸個人は再帰的近代化の趨勢に抗して「集団」に帰属しようとすると考えられている．しかし，果たして再帰的近代化の一つの帰結としての「分断化された社会」は，（原理主義的とはいえ）「集団」の形成という次元に止まるであろうか．このように問いを設定すると，集団を忌避する利己的・自己中心的な個人の蔓延，という時代診断が想起されるかもしれない．しかし，ここで述べたいのは，そのようなことではない．再帰的近代化は，諸個人が何らかの集合性を媒介としないアイデンティティ形成の可能性を導く．そして，そのことは，ドライゼックが目撃しているものとはいささか異なる形での「分断された社会」の到来を示唆する．

実は，私たちが 1990 年代以降の日本社会で目撃しているのは，ある種の「分断された社会」ではないだろうか[26]．社会学者の宮台真司は，1990 年代の日本における，（とりわけ少年による）明確な理由を欠いた殺人事件の頻発の根源に，日本社会における社会的基盤の喪失を見ている（宮台・速水 2000: 10-14）．彼は，そのことを「社会の底が抜けた」と表現する．「社会の底が抜けて」しまったのは，「コンビニ化・情報化」や「学校化」などにより，人々が「他者や社会とまったく無関連な場所に，自らの尊厳を樹立」できるようになったから

---

[26] なお，篠原一は，現代社会における個人の原子化傾向とそれに伴う「自覚的個人の衰退現象」を「アナルゲシア（無痛覚社会）analgesia」と呼び，対立関係の激化（アゴニズム）と区別している．「このようにして，一方にはアゴニズム，他方ではアナルゲシアが存在し，その狭間にあって討議デモクラシーがどのようにしてデモクラシーの正統性と実効性を取り戻すかがいま問われているのである」（篠原 2007: 77-78）．

第3節 「分断された社会」と「脱社会化」という問題

である。その結果，特に理由もなく「モノ」と同じように「まったり人を殺すことができる」人々が出現した。宮台は，このような人々を「脱社会的存在」と呼び，それが従来の「反社会的存在」とは決定的に異なることに注意を促している。「反社会的存在」は，他の人々とのコミュニケーションの中で，既存の体制に敵対する。しかし，「脱社会的存在」は，「底が抜けている」ため，コミュニケーションの可能性を信頼できないのである。

宮台のように具体的な社会状況を直接に念頭に置いているわけではないが，北田暁大も，「なぜ人を殺してはいけないのか？」と問う人を，制度を部分的に疑う「規範の他者」（他の人が制度に従うのはわかるが，なぜこの私も従わなければならないのか？）ではなく，制度一般が存在することの意味がわからない「制度の他者」と呼んでいる（北田 2003）。

「脱社会的存在」あるいは「制度の他者」の出現は，社会的基盤の解体と密接に結びついている。その意味では，確かにそれは，再帰的近代化の進展がもたらす帰結の一つである。しかし，通常の再帰的近代化論が，「脱社会的存在」の出現までをも視野に入れて，議論を展開しているとは考えにくい。また，「脱社会的存在」は，ドライゼックが指摘するような「再帰的伝統化」に基づく「分断された社会」とも区別されるように思われる。ドライゼックが念頭に置く「分断された社会」では，諸個人は，敵対的とはいえ，なおも特定の「集合的」アイデンティティを形成すると考えられている。しかし，「脱社会的存在」は，そのような集合的アイデンティティを保持していない。もっとも，この区別は，大変微妙なものである。例えば，宮台 (1995) が鋭く批判したオウム真理教のケースは，ドライゼックの言う「分断された社会」と類似している。宮台は，生きる意味を喪失した現代社会において，その意味喪失に耐えられない——「終わりなき日常」を生きることができない——人々がオウム真理教への帰属を求めたと考えた。これは，「脱社会化」した人々がその不安定性に耐え切れず，自らの帰属できる何らかの集合的なアイデンティティの場を求めたものと捉えることができる。そうだとすれば，「脱社会化」の帰結は，あくまで集合的な帰属を求めない場合と，「再帰的伝統化」すなわち再び集合的な帰属（ただし，しばしば極度に排他的）を求める場合との二つが考えられる，ということになる。

とはいえ，私がここで確認しておきたいことは，次の二点である．第一に，少なくとも「脱社会化」は前者の場合を伴っており，それゆえ，ドライゼックが想定しているのとは異なるタイプの「分断された社会」の表出形態として理解可能だということである．第二に，「脱社会的存在」が出現する社会において，民主主義によって統合を確保していくことができるのかどうかについては，再帰的近代化論が想定している以上に踏み込んだ考察が必要となる，ということである．その際の論点は，「脱社会的存在」(「制度の他者」)を民主主義によって「社会的存在」あるいは少なくとも「反社会的存在」(「規範の他者」)に変容させることができるのかどうか，ということである．

しかし，そもそも，果たして「脱社会的存在」は民主主義に関与し得るのであろうか．本書は後に，非制度的な熟議民主主義によって，「脱社会的存在」と私たちの社会との間にも，かろうじて最小限の接点が開かれるし，「脱社会的存在」がそのような形で「堕落」する理由もぎりぎりのところで見出すことができる，と論じることになる．

第2章 現代民主主義理論における分岐

第1節 熟議民主主義・確実性・理性

(1) 熟議民主主義と確実性

　本節では，民主主義理論における分岐の一方の潮流としての熟議民主主義を取り上げ，現代社会の不確実性への対応という観点から，その特徴づけを行う．第1章第2節で述べたように，「統治能力の危機」論との関係における熟議民主主義論の特徴は，再帰的近代化の進展する現代社会における不確実性を承認しつつも，何とか確実性を創出しようとする点にあった．ここであらためて確認しておけば，不確実性とは，個人間の相互行為を調整する既存のルール・規範・制度・アイデンティティがもはや自明ではなくなり，争われるようになる状況，すなわち「社会的基盤の喪失」（ウォーレン）を意味する．確実性とは，この「社会的基盤の喪失」に「集合的に拘束する解決策」によって対応することである．ウォーレンは，この「集合的に拘束する解決策」として熟議民主主義を位置づけようとしたのであった．
　ここで問題となることは，次の二点である．第一は，「集合的に拘束する解決策」と言う場合になぜ熟議民主主義なのか，という問題である．確かに，熟議民主主義を集合的意思決定のための原理とする見解は，熟議民主主義の理論家たちにおいて相当程度共有されている[1]．しかし，集合的意思決定のための原理は，熟議だけではない．第1章でウォーレンの議論を紹介した際に述べたように，そもそも集合的意思決定には，「非民主主義的な」ものも存在し得

る．その上，仮に「民主主義的な」集合的意思決定に範囲を限定したとしても，熟議だけが民主主義的な意思決定方法であるとは単純に言えない．エルスターが指摘するように，「平等な諸個人から成る集団」の集合的意思決定の方法としては，「討論（arguing）」「取引（bargaining）」「投票（voting）」の三つの方法が存在する．この中で「討論」が本書における熟議に相当する．もちろん実際には，例えば「討論」を経た「投票」という決定手続きも存在し得るのであり，この区別はあくまで分析的なものである（Elster 1998a: 5-8)[2]．しかし，民主主義的な集合的意思決定に限定しても，このように複数の方法が存在する以上，その中で特に熟議を擁護する理由の説明が必要であると思われる．いかなる理由で，「集合的に拘束する決定」創出の原理として熟議民主主義が要請されるのであろうか．

　第二に，確実性の創出＝集合的に拘束する解決策の提出という規定のみでは，熟議民主主義が「集合的に拘束する解決策」を提出する方法，およびこの解決策が提示されたと判断するための基準は不明である．「集合的に拘束する解決策」としては，多様な方法およびそのための基準を想定し得るのであり，この点だけをもって熟議民主主義の特徴を把握したと言うことはできない．したがって，熟議民主主義の特徴を「確実性の創出」に見出した上で，さらにその方法および基準について明確化する必要があると思われる．

　以下では，これら二つの問題，すなわち確実性の創出＝集合的に拘束する解決策の提出のために，①熟議民主主義が必要とされる理由，②そのために熟議民主主義がとる方法および判断基準，の解明に取り組むことにする．第二項・第三項では，①を中心に検討する．その過程において，②についても一定の検討が加えられるが，こちらの問題については第四項でより詳しく検討すること

1　Elster（1998: 8）を参照．また，ヨシュア・コーエンは，熟議民主主義を「その共同体の事柄が，構成員の公共の熟議によって統治されているような共同体」と定義しているが（Cohen 1989: 17)，この定義も熟議民主主義を共同体の統治に結びつけている点で，熟議民主主義を集合的意思決定のための原理と見ていると言えよう．もっとも，ハーバーマスが指摘するように，熟議民主主義による集合的意思決定が可能となるためには，直接に意思決定を志向するわけではない「公共空間におけるインフォーマルな意見形成過程」の活性化が必要である（Habermas 1992: 372-373, 374-375; Habermas 1995: 269-270=1996: 195)．
2　エルスターは，現実の意思決定はこの三つのどれか一つ，二つの組み合わせ，あるいは三つすべての使用によって行われると述べている．

になる．

(2) 熟議民主主義が必要とされる理由①：規範的理由

　熟議民主主義が「集合的に拘束する決定」創出の原理として要請される理由として，以下の二点を挙げることができる．第一に，現代社会における望ましい政治像は何かという規範的問題である．第二に，集合的意思決定に関する理論的問題の解決という問題である．ここでは規範的問題について述べよう．

　熟議民主主義の理論家は，現代社会における望ましい政治像という観点から熟議民主主義を擁護する．ロウィの「利益集団自由主義」批判は，現代政治における自己利益中心の政治に対する痛烈な批判であった．熟議民主主義は，アイリス・M・ヤングも指摘するように，自己利益中心の政治像ないし「利益に基づいた民主主義モデル (the interest-based model of democracy)」に対する代案として提起されている (Young 1996: 120)．彼女は，自己利益中心の政治像の問題点を，その「私化された政治過程理解」に見る．ここで政治過程の「私化」とは何を意味するのであろうか．ヤングは次のように主張する．

> 「このモデル〔利益に基づいた民主主義モデル——引用者注〕において，市民は，自分自身の私的で狭い追求をやめる必要も，個人的ではなく集合的なニードや目標に互いに取り組むような，公的な場における仲間の存在を認める必要も決してない．」(Young 1996: 121)

　政治を自己利益の追求・達成と見る政治像は，集合的なニードや目標に取り組むこと，およびその課題を共に実行する他者の存在を視野に入れないという意味において，政治の「私化」に他ならない．これに対して，熟議民主主義は，政治を「公的なものを創出する過程」と見る．「公的なもの」とは，各自の私的な利益の追求・実現ではなく，「集合的な問題・目標・理想・行動」のことである．ヤングは，この「公的なものを創出する過程」において，民主主義は「各自の私的な善の促進をめぐる争いではなく，この共通善 (common good) を議論することへと方向づけられる」と述べる (Young 1996: 121)．同様に，コーエンもまた，「熟議において，議論の焦点は共通善に定められる」と述べてい

る (Cohen 1989: 24). ここに, 熟議民主主義論の一つの特徴を見出すことができる. すなわち, 熟議民主主義論は, 自己利益中心の政治像を批判し, 共通善の実現としての政治像を提起するのである.

ここで二つの問題が生じる. 第一に, この「共通善」の中身である. 熟議民主主義の理論家たちは,「価値多元主義者」を自任し, 現代社会における「善き生」に関する単一の実体的な共通善の存在を否定する (Benhabib 1996: 73)[3]. したがって, 熟議民主主義論における共通善は,「歴史的に政治社会の成員たちによってその都度定義され, 必要とあらば是正されていく必要のあるもの」(千葉 1995: 175) でなければならない. すなわち, 共通善は, 熟議によってその都度定義され, 是正されてゆくものである.

第二に, どのようにして熟議は共通善を実現するのか, という問題である. 確かに, 実体的な共通善の存在を所与としない熟議民主主義の共通善概念は, 価値多元主義を前提とする現代社会における説得力という点において, 共和主義的な共通善理解よりも優れている. しかし, 実際の熟議への参加者の中には, 自分の利益を頑なに主張する人もいるかもしれない. また, 自己利益の追求ではなく「集合的な問題・目標・理想・行動」について論じているけれども, その内容が明らかに「非民主主義的」[4]であるような参加者も存在するかもしれない. 要するに, 諸個人が集まって話し合いをすれば, 直ちに「共通善を志向する」ような議論が成立するとは限らないのである.

この問題をめぐる熟議民主主義の理論家たちの対応は, 主に二つに分かれる (Bohman 1996)[5]. 第一の対応は, 手続主義 (proceduralism) であり, 第二の対応は, 熟議の「過程」に焦点を当て, そこにおける選好の変容を重視する立場である. 以下では, 後者を熟議民主主義の「過程論的理解」と呼ぶことにしよう.

手続主義によれば, 熟議民主主義は実体的な共通善の概念を放棄するが, 熟議が成立するために達成されるべき諸条件を確定することによって, 熟議の

---

[3] 熟議民主主義論におけるこのような共通善理解こそ, 熟議民主主義を共和主義論から区別するメルクマールである. 千葉眞 (1995: 174-175) は, 共和主義論における共通善の「実体主義的定義」の問題性を指摘している. この点に関して, ハーバーマスの論文 (Habermas 1996: 23ff.) も参照.
[4] ここで「非民主主義的」とは, 広く民主主義的なルールや規範に対して敵対的であることを指している.

「理想に実体を与える」ことができる (Cohen 1989: 21ff.)[6]. ハーバーマス, コーエン, そしてセイラ・ベンハビブなど, 熟議民主主義論の主流は, この手続主義の潮流に属すると言ってよい.

　手続主義的理解は, 熟議がいかなる場合に民主主義的であるか (または非民主主義的であるか) を理解するために役立つという点において重要である. しかし, 手続主義のみでは, 熟議民主主義の特質を十分に捉えることはできないように思われる. 実際, 共和主義などに対して自らの立場を手続主義と位置づけるハーバーマスでさえも, 純粋な手続主義を貫徹しているわけではない[7]. このことは, 手続主義的な熟議民主主義論の限界を示唆していると思われる.

　それでは, 手続主義の限界とは何か. ライナー・シュマルツ-ブルンスは, 手続主義的理解の問題点として, 次の二点を挙げている (Schmalz-Bruns 1995: 57). 第一に, 手続きはそれ自体の根拠づけを必要とするのであり, その際には何らかの実体的な基準に依拠せざるを得ない. 第二に, 「合理的な手続」と「合理的な結果」との間に必然的な関係が成立するとは言えない. シュマルツ-ブルンスの第一の批判は, 手続主義に対する批判として理解しやすく, また, ニクラス・ルーマンの「手続きによる正統化」論への批判としても周知のものである. しかし, 第二の批判については補足的な説明が必要と思われる. 例えば, 平等な発言の機会が保障された熟議であっても, すべての発言者が自分の望むように熟議の結果に影響力を行使できるとは限らないであろう. 手続きによって, いくつかの解決策の中から特定のものが選ばれる理由が提供されると

5　なお, ジェームス・ボーマンは, 第三の対応として, 「プレコミットメント」を挙げている. これは, 典型的には「憲法」によって保障された権利に示されるような「改変できない諸制約」に従うものとすることで, 熟議の合理性を根拠づけようとする発想である. ボーマンによれば, そのような「改変できない諸制約」が成り立つためには, 「信念や欲求の同一性」に依拠することが必要である. したがって, 「プレコミットメント」モデルは, 人々が全く異なる信念や欲求を持つ場合に発生する紛争や論議を解決するためには役に立たないとされる.
6　コーエンは, 「理想的熟議手続の条件」として, ①自由, ②理由づけ (reasoned), ③平等, ④コンセンサス, を挙げている.
7　リチャード・バーンスタイン (Bernstein 1998: 289; バーンスタイン 1997: 218) は, ハーバーマスは「いかなる内容-倫理的前提もいらない〔手続主義的な――引用者注〕討議理論 (discourse theory) を彫琢する」者として自己を描いているが, 実際には, 彼は「内容-倫理的考察に拠る, またそれを前提する討議理論」を彫琢してきたと述べている.

は限らないのである (Bohman 1996: 31). このように手続きが直接に結果を規定するわけではない以上,熟議民主主義はどのようにして共通善を実現するのかという問題に対して,手続主義が十分な説明を提供しているとは言い難い[8].

ここで共通善実現の第二の対応として,熟議の「過程」に注目する見解の重要性が浮かび上がる. この見解は,諸個人の選好が熟議の過程において変容し,かつその過程において形成されるという観点を採用する. デヴィッド・ミラーは,次のように述べている.

> 「決定に到達する過程は,当初の選好が他者の観点を考慮に入れるように変容する過程でもあるだろう.」(Miller 1993: 75)

熟議が「共通善を志向する」ものとなるためには,単に熟議の手続きを整備するだけではなく,熟議を,熟議参加者の各自において「当初の選好が他者の観点を考慮に入れるように変容する過程」と見る視点が必要なのである. ここから人々の選好の変容を促すような制度設計という論点も提出されることになる (cf. Offe and Preuss 1991). ただし,ここで注目すべきことは,「選好の変容」という発想そのものが,自己利益中心の政治像への対抗を意図して提起されているという点である. この点について敷衍しよう.

選好の変容論は,諸個人の選好について,「固定された安定的なものではなく,広範な諸要素に順応する」ものと考える. この選好理解は,「内生的選好 (endogeneous preference)」と呼ばれる (Sunstein 1993: 197). 熟議民主主義の理論家が「内生的選好」を唱える際には,明示的であれ暗黙のうちにであれ,諸個人が自らの選好を意思決定過程において実現する,という民主主義政治モデルへの対抗が意図されている. この民主主義政治モデルでは,政治は典型的には「私的利益を集計する努力」であり,政体の目的は「人々が各人の欲求を満足させ,各人の私的な事柄にいそしむことができるような,最小限の基本原則 (basic ground rules) の創出」であると想定されている. それゆえ,この政治モ

---

[8] ボーマン (Bohman 1996: 25) は,「熟議を公的なものにするのは何か,熟議は何を達成するのか,そして熟議はどの時点で実際に成功したと言えるのか」という問題について,手続主義は十分に議論することができないと主張している.

デルでは，「徳性（virtue）ではなく自己利益が，政治行動の通常の原動力（motivating force）であると理解される」ことになる（Sunstein 1993: 196-197）．このように熟議民主主義論にとって，選好の変容を想定しない政治は「私的利益の集計」であり，そのような政治は「共通善を志向する」ものではない．熟議民主主義論において選好の変容は，自己利益中心の政治像批判のために不可欠な視点を提供するものなのである[9]．

(3) 熟議民主主義が必要とされる理由②：理論的理由

熟議民主主義論が自己利益中心の政治に対抗して共通善の実現を唱える理由は，望ましい政治像の探求という点にのみ求められるわけではない．共通善の実現は選好の変容を伴うものであったが，それは，選好を変容させることが熟議参加者のとるべき望ましい態度だということのみを意味しているのではない．

第1章で見たロウィとオルソンの議論を振り返ってみよう．両者は，ともに利益集団を批判するが，その批判の性格は異なる．ロウィの議論は，「利益集団自由主義」が「民主的政府の腐敗」を招くという規範的批判を意図したものであった．これに対して，オルソンの議論は，自己利益の想定と集団形成との間に必然的連関はないことを証明するものであった．すなわち，彼は，個人＝ミクロレベルの合理性と集団＝マクロレベルの合理性との原理的不一致の可能性を理論的に指摘したのである．

熟議民主主義論による自己利益中心の政治像への批判，および共通善の達成と選好の変容論の主張も，二つの側面を持っている．一方で，それはロウィのような自己利益中心の政治像に対する規範的批判という側面を持つ．他方で，それはオルソンのように，自己利益中心の政治像が有する理論的困難を克服す

---

[9] ただし，選好の「変容」である以上，熟議民主主義はその参加者に自己利益を単純に放棄することを求めるわけではない．重要なことは，熟議への参加の際に自己利益を放棄することではなく，熟議において「当初の選好が他者の観点を考慮に入れるように変容する」（ミラー）ことである．むしろ，ジェームス・フィアロン（Fearon 1998: 54-55）のように，人々が「純粋に非利己的」であるならば，そもそも熟議は必要ではなくなると主張する論者も存在する．人々が「実際には利己的であるのに，利己的に見られたくないと欲する」からこそ，熟議を行う意義がある，というのである．この場合には，自己利益は熟議の必要条件であるということになる．熟議民主主義と自己利益との関係については，第4章で再び検討する．

るという側面を持つ．後者の側面，すなわち自己利益中心の政治像が有する理論的問題の解決も，熟議民主主義論の重要な課題なのである．

熟議民主主義論の特徴は，オルソンによって提起されたミクロレベルとマクロレベルとの媒介という問題を，選好の変容論への依拠によって解決しようとする点にある．ここで検討すべき問題は，次の二つである．第一は，民主主義理論においてこの問題は，具体的にはどのような論点において発生するのか，という問題である．第二に，熟議民主主義論に，ミクロ－マクロ媒介問題の解決を重要な課題として認識させるような特殊現代的な問題状況とは何か，という問題である．後者の問題の確認は，現代社会という特殊歴史的な条件下における民主主義を模索する本書にとって，不可欠の作業である．

民主主義理論におけるミクロ－マクロ媒介問題は，民主主義の二つの局面，すなわち集合的意思決定（社会的選択）とその正統性という二局面において表れる[10]．前者は，集合的意思決定が論理的に有するアポリアをどのようにして解決するかという問題である．ここで集合的意思決定のアポリアとは，安定的で一貫した集合的選択の実現を不可能にするような問題を言う．その最も有名な例は，投票サイクルないし投票のパラドックスと呼ばれる問題である．これは次のような問題である．三つの選択肢A，B，Cについて，投票者1は，CよりBを，BよりAを好み，投票者2は，BよりAを，AよりCを好み，そして投票者3は，AよりCを，CよりBを好む，とする．このような選好順序を持つ諸個人が集まって集合的選択を行うならば，AとBの間の選択ではAが選択され，BとCとの間の選択ではBが選択され，CとAとの間の選択ではCが選択されることになる．つまり，各個人のレベルで確定しているA，B，Cの間の選好順序を，集合的決定において確定することはできない[11]．

熟議民主主義論は，このような集合的決定のアポリアを解決しようとする[12]．

---

[10] 旗手俊彦は，熟議民主主義は「民主主義を政治的決定の正当化根拠としてではなく，リベラルな諸価値の実現手段として位置づけている」と述べている（旗手 1999: 178）．しかし，以下で検討するように，熟議民主主義に「政治的決定の正当化根拠」の提出という目的が存在することは否定できない．したがって，「リベラルな諸価値の実現手段」としての熟議民主主義理解は，熟議民主主義のプロブレマティークをやや単純化する恐れがある．

[11] 投票のパラドックスの詳細については，佐伯（1980: 17-23），小林（1988: 53-55），宇佐美（2000: 21-27）などを参照．

問題解決の手がかりは，選好理解に求められる．熟議民主主義論は，投票のパラドックスの原因を，諸個人の選好を所与と見なし，政治をこれらの選好の集計と考えることにあると見る．これに対して，熟議において，当初の諸選好は「他者の観点を考慮に入れるように変容」する．ミラーによれば，この過程によって，最終的にその中から決定が行われるべき選好の範囲を限定することが可能となり，投票のパラドックスが発生する可能性を相当に低減させることができるのである (Miller 1993: 81; cf. Dryzek 1996: 110)[13]．

次に，集合的意思決定の正統性をどのように根拠づけるかという問題がある．ベルナール・マニン (Manin 1987: 344) によれば，自由主義的な正義の理論および民主主義理論は，集合的意思決定の正統性の根拠として，全員一致と多数決のどちらの原理を採用するかという問題に悩まされてきたし，現在も悩まされている．マニンは，この正統性の問題は，選好を，所与ではなく熟議の過程において変容するものと捉えることによって解決できると主張する．ルソーやロールズの理論は，集合的意思決定に参加する以前に「すでに自分の意思を決定してしまっている」個人を想定している．しかし，このような個人の「あらかじめ決定された意思」を前提とする限り，集合的意思決定は，「各個人の決定の総和に一致するか，しないかどちらか」のみであり，「その他の解決策は存在しない」ということになる．かくしてマニンは，「多数決原理を全員一致の要請と一貫して調和させることは不可能である」と述べる．

ここでマニンは，集合的意思決定における集合的意思「形成」過程に注目する．その際に重要になるのが「熟議」である．熟議は，ルソーやロールズの「あらかじめ決定された意思」を持つ諸個人に依拠するモデルでは重視されていない (Manin 1987: 345-351)．したがって，意思「形成」過程の重視は，この

---

12 例えば，ミラーは次のように問題を設定する．「社会的選択の諸問題は，〔リベラル・デモクラシーから——引用者注〕熟議に基づく民主主義の理想に切り替えることによって，完全に回避されることができるであろうか」(Miller 1993: 80)．ミラーと同様の問題関心を持つものとして，Knight and Johnson (1994: 284) がある．ただし，ジャック・ナイトとジェームス・ジョンソンは，熟議民主主義の理論家がその擁護のために社会的選択理論に依拠することは，かえって問題を生み出すという立場である．ミラーとナイト／ジョンソンとの関係は，第4章で論じる．
13 この主張に対する批判については，第3章で検討する．

ような個人像の見直しを迫ることになる．

　もちろん，「あらかじめ決定された意思」を否定することは，自分が何を欲するかを全く知らないということを意味するわけではない．諸個人はそれらを「部分的には」知っており，「一定の選好と情報」を持っている．しかし，マニンが強調することは，それらが「不確実で，不十分であり，しばしば混乱しており，互いに対立する」という点である．このような個人を想定することで，熟議の意義が見えてくる．なぜなら，「熟議の過程，すなわち様々な観点の対立は，情報を明らかにし，参加者自身の選好を明確化するのに役立つ」からである．熟議過程において，参加者は，「必要ならば，当初の目標を修正しさえするかもしれない」のである．熟議が，情報の開示と各自の選好の明確化を経て，各人がその明確化された選好を変容させるとすれば，もはや「あらかじめ決定された個人の意思」に正統性の根拠を見出す必要はない．したがって，マニンは，次のように主張する．

　　「正統性の源泉は，あらかじめ決定された個人の意思ではなく，その形成の過程，すなわち熟議それ自体である．…正統な決定は，全員の意思を代表するのではなく，全員の熟議によってもたらされるのである．結果にその正統性を付与するのは，あらかじめ形成された〔各個人の——引用者注〕意思の総和ではなく，全員の意思が形成される過程なのである．」（傍点は原文イタリック）（Manin 1987: 351-352）

　かくして，集合的意思決定の「正統性の源泉」は，「諸個人の意思」ではなく，「熟議の過程」そのものに求められる．熟議（民主主義）は，正統性根拠としての「全員一致」と「多数決」との間の克服しがたいアポリアを解決するための原理としても提起されるのである．ここでも，選好の所与性，ないし「あらかじめ決定された意思を持つ個人」という想定が問い直され，熟議による選好の変容という観点が強調されている．

　以上の民主主義理論における理論的問題は，近代民主主義の発展とともに存在してきたものである[14]．しかし，この問題の解決を要請する特殊現代的条件も存在する．それは，現代社会における「ポスト国家的統合関係」（Schmalz-

Bruns 1995a: 131-132, 138-139) 模索の必要性という条件である．ここに，とりわけ今日におけるミクロ－マクロ媒介問題解決の不可避性が存在する．このような問題意識からの議論は，近年のオッフェに見られる．

　オッフェは，いわゆるケインズ主義的福祉国家（以下 KWS）を，ミクロレベルの合理性とマクロレベルの合理性との媒介という観点から分析して，以下のような議論を展開する．KWS においては，「軍事力，官僚制的統制によって達成される生活保障，道具的知識および経済成長」といった個別の諸要素が，「社会の包括的進歩および主要な社会問題の解決における本質的要素」と見なされていた．そこでは，「〔個別の——引用者注〕行為の合理性が結果的に〔全体的——引用者注〕『システム』の完成に寄与するであろう」と考えられた．つまり，KWS においては，諸個別領域の合理的作動がそれらの集合としての全体システムの合理的作動と等置されていたのである．しかし，オッフェによれば，「この等置は，明らかにその説得力を失った」．すなわち，

　　「国家であれ，個人であれ，行為主体が，これらの部門別の合理性基準に
　　従って達成すればするほど，それらの行為主体はその集合的福祉を促進す
　　ることになるのかどうか，という点がまさに問われているのである．」
　　(Offe and Preuss 1991: 145)

　KWS における個別的合理性と集合的合理性との等置は今や説得力を失い，様々な個別的合理性の集合的合理性への媒介を可能にする原理が求められている．オッフェの処方箋は，「熟議を刺激する」「ある人の声を聞かせる，より対話的な諸形態」としての制度設計を通じて，各自が利己的ではない「選好の洗い出し」を実践することである (Offe and Preuss 1991: 167, 170)．この「選好の洗い出し」の結果としての「公共精神」によってのみ，現代社会におけるミクロ－マクロ媒介の問題は解決され得る．

14　「投票のパラドックス」問題は，既に 18 世紀からボルダやコンドルセによって論じられている．また，マニンも，集合的意思決定の「正統性の源泉」の問題を考察する際に，ルソーらの議論を取り上げている．

「集合財問題とシステムの制御問題は，価格形成や法的手段による強制によってではなく（さらに，知識や専門家の実践によってでもなく），（そもそも）分別があって思慮深く，同時に抽象化され連帯的な，市民化された公共精神の発揮という手段によってのみ解決することができるのである.」（傍点は原文イタリック）(Offe 1989: 759)

オッフェは，現代社会に特有の問題状況を「ポスト国家的統合関係」の模索として把握し，そこにミクロ-マクロ媒介という問題解決の必要性を見る．彼は，福祉国家の国家主義的介入に対する規範的オルタナティヴとしてのみではなく，KWSという従来のミクロ-マクロ媒介メカニズムの言わば機能不全への対応策として，熟議民主主義を位置づけようとするのである[15]．したがって，彼の議論は，熟議民主主義が必要な特殊現代的な問題状況を明らかにしつつ，熟議民主主義が取り組むべき理論的課題にも言及したものと言えよう．

ミラー，マニン，そしてオッフェの所説が示すように，熟議民主主義論における，「共通善」や「公共精神」などの規範性の強いと思われる諸概念への依拠は，単により望ましい秩序像を提起するという目的のみに由来するのではない．ミラーが取り組んだ集合的選択における投票のパラドックスの問題は，諸個人の合理性（合理的な選好順序の形成）と集合的決定の非合理性（一貫した安定的な決定の不可能性）との不整合の問題であった．「あらかじめ決定された意思を持つ個人」の想定がもたらす意思決定正統化の困難性（全員一致と多数決という二原理のアポリア）というマニンの指摘も，諸個人と集合的意思決定との論理的媒介という問題の重要性（および困難性）を明らかにするものであったと言えよう．このミクロ-マクロ媒介問題の重要性は，オッフェが指摘する「ポスト国家的統合関係」の模索という特殊現代的文脈において，ますます増大している．これらの論者は，個人的・個別的次元（ミクロ）と集合的次元（マクロ）とをいかに媒介するか，という理論的問題関心という点において共通している[16]．熟議

---

[15] ここでの課題は，熟議民主主義が選好の変容論を提起する理由・文脈の確定にある．選好の変容論がミクロ-マクロ媒介問題の解決に成功しているのかどうかという点はもちろん重要な論点であるが，この点は次章以下で検討する．

[16] ただし，合理的選択理論は「第一義的には規範理論」とのエルスターの指摘 (Elster 1990: 19) が示唆するように，「理論的」と言っても，規範的含意を伴っていると考えられる．

民主主義は，規範的理由からだけではなく，理論的理由からも要請されているのである．

以上の考察を，本節冒頭で提示した二つの論点の観点から整理しておこう．第一の論点，すなわち，確実性の創出＝「集合的に拘束する決定」の手段として熟議民主主義が要請される理由については，一方で，自己利益中心の政治像への対抗という規範的理由が，他方で，集合的意思決定に関わる理論的理由が挙げられる．第二の論点，すなわち熟議民主主義が集合的に拘束する決定を提出する方法およびその判断基準という問題については，熟議における「選好の変容」が強調される．選好の変容が，個別的・個人的次元と集合的次元とを媒介するのである．

ただし，問題がすべて解決されたわけではない．確かに熟議における選好の変容の重要性は明らかとなった．しかし，個々の熟議参加者における選好の変容をもたらすメカニズムの解明は不十分である．次にこの点について検討しよう．

(4) 選好の変容における理性の役割

熟議民主主義が重視する「当初の選好が他者の観点を考慮に入れるように変容する過程」（ミラー）は，ヤングやコーエンが述べるように諸個人が自己利益の追求を抑制ないし断念して，何らかの共通善を志向するようになる過程である．このような選好の変容の理念は，熟議民主主義が選好の内容について一種の価値判断を認める立場をとっていることを意味する．選好の集計論は，選好を，説明や評価の対象と見なさない．選好は，当該個人の「自由の正統な表現」として尊重されるべきだからである．自分のことは自分が一番よく知っているのであり，何人も私の選択の自由を（法の支配に従う限り）妨害する権利を持たない，というわけである（Offe 1997: 83-84）．これに対して，熟議民主主義論は，何らかの共通善の形成および保持のために，一種の「選好介入主義」が必要との立場をとる．そのエッセンスは，オッフェによって次のように述べられている．

「今日の左翼リベラル（left-liberal）の政治的理論化の鍵となる問題は，選

好形成における個人の自由および市場・政治・私的生活の諸領域における選好の追求を尊重する一方で，民主主義的政府による広範な嗜好形成および嗜好の区別のための介入について正当化根拠をも提供するような論拠を発展させることである．そのような介入は，それ自体として価値あるもの，あるいは連帯・福祉・自律・熟議・民主主義そのものといったような集合的諸価値を維持・促進するために道具的に不可欠と見なされる．」（傍点による強調は引用者）（Offe 1997: 88-89; Vgl. Buchstein 1996: 313-314）

このような選好介入主義の立場には，多くの批判も予想される．ここで「統治能力の危機」論が，自己利益の制約を民主主義と対立するものと捉えたことを想起したい．第1章では，この点を「統治能力の危機」論の問題点として指摘した．熟議において共通善の実現を目指すことそれ自体は否定されるべきものではないとしても，選好の変容が民主主義的ではなく権威主義的に迫られた帰結であるとすれば，それは，自己利益の制約と民主主義との関係の理解において，「統治能力の危機」論の観点を克服し得ていないことを意味する．「選好介入主義」に対する，個人の自律を脅かす「レーニン主義の危険」という批判も，全く根拠のないこととは言えない（Buchstein 1996: 314）．したがって，熟議民主主義論が「統治能力の危機」論の限界を乗り越えたと評価するためには，選好の変容を民主主義的と判断し得る基準を解明することが必要となる．そこで問題は，その基準はどこに求められるのかということである．

熟議民主主義の手続主義的理解が諸個人の動機や認識といったミクロレベルの問題を回避するのに対して，選好の変容論は「選好」の用語が示すように，諸個人の認識次元，すなわちミクロレベルへと議論の重点を移動させるものである．このミクロレベルへの重点移動をさらに深化させ，諸個人の認識レベルでどのようなメカニズムが作動しているのか，という点について検討してみたい．

手続主義に対して熟議の過程を見ることの重要性を主張するボーマンは，この過程を「他者の観点の摂取（uptake）」として捉え，次のように描いている．「熟議の過程」は，その参加者に「誰もが受け入れることができる理由」によって自らの決定や意見を正当化する（justify）ことを強いる．そこでは参加者

第1節 熟議民主主義・確実性・理性　43

間で理由づけの交換が行われ，参加者たちは互いにより応答的になる．その結果として，各参加者は，他者の観点を自分自身の観点に組み込んだり，自分自身の観点から再解釈したりするようになる．参加者は，以前には用いなかったような表現を用いるようになり，それとともに「説得力がある」と思う理由の中身も変化してゆく．かつての自分ならば支持しなかったであろうような発言も見られるようになる (Bohman 1996: 5, 17, 58)[17]．このような選好変容の過程において発生しているメカニズムは，オッフェが述べる「行為者が，方法的に専門家，一般化された他者，および自分自身のパースペクティヴに照らして，未来完了的に行為し，そのようにして行為の基準を実質的・社会的・時間的に妥当なものとすること」(Offe 1989: 758) であると言える．このようなメカニズムによって，諸個人の選好は「反省的選好 (reflective preference)」へと練り上げられるのである[18]．

　問題は，理由づけの交換および修正（ボーマン）あるいは反省的選好の形成（オッフェ）を引き起こすものは何か，ということである．エルスターは，政治参加における動機として，「利益」「理性」「情念 (passion)」の三つを挙げている (Elster 1998a: 6)．この区別に従えば，「統治能力の危機」論は，政治参加の動機としてもっぱら利益のみを想定した（そして，利益を批判した）と言える．これに対して熟議民主主義論は，選好の変容において理性が果たす役割に注目する．他者の理由づけや視座を自己のそれと照らし合わせつつ，妥当と見なされるものについては取り入れてゆくことを可能にするのは，利益でも情念でもなく，理性の力をおいて他にはない[19]．逆に，上記のようなメカニズムが作動し

---

[17] ボーマンはこのような熟議民主主義理解は，ハーバーマスなどの主張する「討議 (discourse)」ではなく，「対話 (dialogue)」であるとしている (Bohman 1996: 57-58)．ただし，本書は，deliberation, discourse, dialogue などの概念の厳密な区別についての議論を行わない．その理由は，第一に，ここでの主たる関心は，全体としての熟議民主主義論の特徴を描き出すことにあり，第二に，熟議民主主義の理論家においても，上記の概念の厳密な区別に必ずしも固執しない論者も存在し，第三に，本書の関心が現代民主主義論全体の中に——とりわけ闘技民主主義論との関係において——熟議民主主議論を位置づけることにあるからである．この点については，Hauptmann (1999: 857-872) も参照．
[18] 「反省的選好」とは，「自らの観点と相反する観点との意識的対立，あるいは市民が反省によって自らの内部に発見する多様な観点の意識的対立の結果であるような選好」とされる (Offe and Preuss 1991: 170)．

ているならば、そのような選好の変容は理性的なものである[20]。理性こそ、熟議において選好の変容が民主主義的と見なされるための基準なのである。自己利益の制約も、それが理性的判断に基づく限り、（統治能力の危機論とは異なり）決して非民主主義的ではない。熟議民主主義論は、政治における理性の役割を重視することで、「統治能力の危機」論の明確な乗り越えを実現したのである。

　確実性の創出＝集合的に拘束する解決策の提出は、いつの時代においても政治の役割である。しかし、不確実性を特徴とする現代社会において、確実性創出という課題の重要性はますます増大していると言えるであろう[21]。この現代的な文脈において、熟議民主主義は確実性創出の原理として注目されることになった。その理由については、既に述べたのでここでは繰り返さない。むしろ、ここでは、本節の考察がもたらすであろう疑問について考えておきたい。
　その疑問は、そもそも政治の役割が確実性の創出にあるとすれば、確実性の創出によって熟議民主主義論を特徴づける意義は一体どこにあるのか、というものである。この疑問に答えるためには、熟議民主主義論以外の現代民主主義理論の潮流を検討することが必要であると思われる。そのような作業は、熟議民主主義論が固執している前提や要求がいかなる問題性をはらんでいるのか[22]

19　オッフェ（Offe 1989: 755）が、「革命」を「進歩」に対する「非常ブレーキ」として捉え直すヴァルター・ベンヤミンの構想に賛同しつつも、後者と袂を分かつのは、彼が「自らの実践を自己修正する実践理性の能力を信じる」からである。
20　ハーバーマスは、「ある発言の合理性は、批判および根拠づけが可能かどうかにかかっている」と述べている（Habermas 1981: 27=1985: 32）。
21　アルベルト・メルッチの次のような主張を参照。「複合社会において、政治は単に過去の残滓となってしまったわけではない。それどころか、政治的関係がこれほど重要であったことはない。決定・選択・政策等の諸手段によって複雑性を規制する必要性は、かつてないほど増大している。驚くほど急速な変化に従う諸システムの**不確実性**が減少させられるべきであるならば、そうした決定・選択・政策が保証されなければならない。**複雑性と変化**は、**決定の必要性**をもたらすのである。」（傍点による強調は引用者、ゴシックは原文の強調）（Melucci 1989: 165=1997: 211）。
22　なお、ある理論が（暗黙に）固執している要素を明らかにするという問題関心については、フリードリッヒ・ニーチェやマルキ・ド・サドの視座に照らすことによって、（近代）政治理論における前提や固執を明らかにしようとする、ウィリアム・E・コノリーの著作（Connolly 1988, chap.1, esp. pp. 1-6=1993: chap. 1, esp. 3-14）からも示唆を得ている。

を明らかにすることにもつながるであろう (cf. Hauptman 1999). 実際, 第1章第2節で述べたように, 現代民主主義理論は, 現代社会における不確実性への対応をめぐって分岐している. その一方の潮流, すなわち闘技民主主義を検討することによって, 熟議民主主義を確実性の創出として特徴づけることの意義とともに, 後者の抱える問題点もまた明らかになるであろう.

第2節　闘技民主主義・不確実性・情念

熟議民主主義に対しては, 様々な立場からの批判が提起されている[23]. その中には, 民主主義の擁護という点では熟議民主主義と共通しながらも, そこからさらに進むことによって, 熟議民主主義と袂を分かとうとする理論潮流が存在する. しばしば「闘技民主主義」と呼ばれる潮流がそれである. ここにおいて,「統治能力の危機」論に抗して民主主義を擁護する潮流は, 二方向に分岐する.

それでは, この分岐を特徴づける指標は, 何に求められるのであろうか. 本節では, 次の二点において, この分岐の内実が確定される. 第一に, 闘技民主主義における「対立」の契機への焦点である. 第二に, 闘技民主主義における「理性」への批判および「情念」の擁護である. 以下で検討しよう.

(1) 闘技民主主義における対立の契機

闘技民主主義は, 対立の契機を強調することによって, 熟議民主主義を批判

---

[23] リベラリズムの立場からの批判として, 井上 (1999: 207-233). 熟議民主主義論における経済的不平等への視点の不十分性という批判も枚挙に暇がないが, 差し当たり Bell (1999: 73), 川本 (1995: 115-125) を参照. 川本隆史は, ハーバーマスの「協議の政治」とロールズの「所有の分散」とを組み合わせることを提案している. ただし, 熟議民主主義論者がこの問題に全く無自覚というわけではない. むしろ, 熟議民主主義論において, 経済的不平等への対処は, 重要な論点である (Vgl. Buchstein 1996: 307-308, 318; 宇佐美 1993: 164ff.). 例えば, コーエンは, 権力・リソースの配分・富の不平等が熟議への参加に影響を及ぼすべきではないと主張している (Cohen 1989: 23,27). また, オッフェ／プロイスは, 経済的再配分の問題を, 単なる経済的不平等の是正ではなく,「集合的意思決定の結果の改良」のための, 市民の「道徳的・理性的能力の発展」という観点から捉え直すという興味深い観点を提起している (Offe and Preuss 1991: 162).

する．以下では，主にムフの議論に拠りながら，この点を確認してみよう．『カール・シュミットの挑戦』と題する論文集の序章において，ムフは，現在の政治理論の状況について，次のように述べている．

> 「…西欧の自由主義者たちは，敵対性（antagonisms）は根絶されてしまったと想像している．『再帰的近代化』の段階に到達してしまったので，今や倫理が政治に取って代わることができる〔とされる——引用者注〕．『ポスト慣習的アイデンティティ（post-conventional identity）』の発展とともに，友－敵政治の古典的な形態は衰退しつつある，と言われる．国際的に実施される『熟議的』あるいは『対話的』民主主義形態の機が熟した状況にあると主張されるのである．」(Mouffe 1999a: 2)

ムフは，熟議民主主義論を，「再帰的近代化」段階における「友－敵関係」というシュミットの意味での「政治的なるもの」の「衰退」を指摘し，人々の間での「包括的合意が今や可能である」と主張する理論と見ている．熟議民主主義を再帰的近代化論との連関で捉える点において，彼女の理解は，本書の議論と共通性を有している．ただし，ムフの理解は，前節で見たような，再帰的近代化段階であるがゆえに集合的意思決定の手段として熟議が要請されざるを得ない，という側面を捉えていない点で不十分性を持つ．しかし，今はこの点を問わないことにする．ここで重要なことは，彼女が熟議民主主義の核心を「包括的合意」に見ているということであり，そのような合意の展望は「願望」に過ぎないと考えていることである．

それでは，なぜ「包括的合意」の展望は，「願望」に過ぎないのであろうか．それは，そのような展望が「熟議による理性的な解決のいかなる形態をも排除するような敵対性の次元（antagonistic dimension）」(Mouffe 1999a: 2)を消去することによってのみ成立するものだからである．そして，まさにこの点にこそ，熟議民主主義論の最大の問題が存在する．なぜなら，「あらゆる合意は必然的に排除という行為に基づいている」からである (Mouffe 1993: 111=1998: 219)．シュミットが述べるように，民主主義の特徴である同一性＝包摂の確保は，内と外の区別に基づいている．内における同一性の確保は，外に対する他者性＝排

除を必然的にもたらす.すなわち,「民主主義は常に包摂 - 排除の関係を必然的に伴う」のである (Mouffe 1999b: 43)[24].熟議民主主義論の問題点は,民主主義のこのような性質を認識できない点に存する.

> 「理想的発話状況の実現およびそれがもたらすであろう排除なき合意への障害は,民主主義の論理それ自体に組み込まれているのである.実際,共通の関心事についての,自由で制約のないすべての当事者による公共の熟議は,『我々』と『彼ら』の間に境界線を引くという民主主義の必要条件に反する.我々は,今度はデリダの用語を用いて,次のように言い得るであろう.すなわち,まさに民主主義が作動する可能性の条件そのものが,同時に熟議民主主義によって構想されるような民主主義的正統性の不可能性の条件を構成するのだ,と.」(Mouffe 1999b: 46)

熟議民主主義論が目指すような合意は達成され得ない.民主主義が包摂 - 排除のメカニズムを有しているとすれば,重要なことは熟議民主主義論が「消去」した,「敵対性の次元」を再認識し,これを承認することである.かくしてムフは,「合意」に「敵対性」を対置し,以下のように主張する.

> 「完全な合意であるとか,調和的な集合意志であるとかいった理念は放棄されなければならず,恒常的な紛争と敵対関係とが受け容れられなければならないのである.」(Mouffe 1993: 104=1998: 208)

ムフにおいて,この「恒常的な紛争と敵対関係」は,単に,民主主義がやむを得ず受け入れざるを得ない現象ではない.むしろ,彼女は,「十分に機能する民主主義は,民主的な政治的立場間の対立を必要とする」と述べて,「現代民主主義において紛争が果たす統合的役割」を強調する (Mouffe 2000: 113).例

---

[24] なお,本書ではムフを事例としているが,民主主義が包摂 - 排除という問題を不可避的に伴うことは,コノリー (Connolly 1988=1993; Connolly 1991=1998; Connolly 1995) やボニー・ホーニッグ (Honig 1996) といった他の闘技民主主義の理論家も共有する論点である.コノリーの議論の紹介・検討として,小野 (1996: 153-165) をも参照.

えば，彼女の見るところでは，政党への不満，「民主主義的政治的公共空間の衰退」，法への過度の依拠，そして「ポピュリズム的な極右政党」の台頭などの諸現象は，まさに異なる政治的立場の間の対立が十全な形で表現されていないがゆえに，もたらされているのである (Mouffe 2000: 114-116)．したがって，これらの諸問題を解決するためには，政治勢力間の対立が十全な形で表象されなければならないのである．

　しかし，このような紛争や対立などの「敵対性」の強調は，一つの疑問を引き起こすであろう．すなわち，「敵対性」の全面化は，「万人の万人に対する闘争」状態を帰結しないのであろうか，という疑問である．ムフは，「敵対性」を，「敵 (enemy)」と「対抗者 (adversary)」の二つに区別することによって，このような疑問に答えようとする．この区別の基準は，「民主主義的な『ゲームのルール』」受容の有無にある．「敵」は民主主義的秩序の外部に存在し，この「ゲームのルール」を受容しない人々ないし集団である．他方，「対抗者」は，民主主義秩序の内部に存在し，その存在は，「正統なものであり，寛容に処せられなければならない」ような人々ないし集団である (Mouffe 1993: 4=1998: 8)．この場合に，「敵」同士の「闘争 (struggle)」が「敵対性」であり，「対抗者」同士の「抗争 (confrontation)」が「闘技」ということになる (Mouffe 1999a: 4)．

　このように「敵対性」と「闘技」とを区別した上で，彼女は，民主主義的な政治にとって重要な問題は「いかにして『敵対性』を『闘技』へと変容させるか」であると主張する．すなわち，

　　「民主主義的政治の目的は，紛争が敵同士の敵対的闘争として表れる代わりに，対抗者間の闘技的対立の形態をとることができるような枠組を提供することであるべきだ，というのが私の見解である．」(Mouffe 2000: 117)

　このような「対抗者間の闘技的対立」としての民主主義において展開される議論は，熟議民主主義が想定するような性質のものではあり得ない．

　　「民主主義的な論議は，全員によって受け容れられる『単一の』理性的解

決策への到達を目指す熟議ではなく，対抗者間の抗争である．」(Mouffe 1999a: 4)

以上のように，ムフの民主主義論は，熟議民主主義の合意志向に対抗して，民主主義における対立の契機を強調する議論と言えよう．このような闘技民主主義論における対立の契機の主張に対しては，次の二つの重要な問題点を指摘し得る．すなわち，闘技民主主義論は，第一に，熟議民主主義論の「合意」の契機についての過度に単純化された理解に基づいており，第二に，それが擁護する闘技の成立条件に十分な関心を払っていないのである．次章以降における，これらの問題点のより詳細な検討によって[25]，本書は，闘技民主主義による批判に抗して，熟議民主主義の意義を再確認することになるであろう[26]．

それにもかかわらず，闘技民主主義による熟議民主主義論における合意志向に対する徹底的な批判は，民主主義における対立の重要性を明確化したのであり，この点は適切に評価されなければならない．すなわち，一方で対立を政治ないし民主主義における不可避的構成要素として認識すると同時に，他方でそれ自体積極的に擁護されるべきものとして対立に規範的意味を付与した，という点に，闘技民主主義論の理論的意義を確認することができるのである．

(2) 理性への批判と情念の擁護

本項では，本章第1節（4）で用いた，「理性」「利益」，そして「情念」の区別に依拠して，熟議民主主義に対する闘技民主主義の位置づけをより明確化してみたい．まず指摘しておかなければならないことは，利益中心の政治に対する批判という点において，闘技民主主義と熟議民主主義は一致している，という点である．ムフは，共同体論者（コミュニタリアン）が個人の自由に対して共通善を優位に置こうとすることには批判的であるが，それでも共同体論者の

---

[25] 第一の問題点に関して，熟議民主主義における「合意」をどのように理解するかについては，第4章第3節および第4節で述べる．また，第二の問題点については，第3章第2節において検討する．
[26] もちろん，その場合の熟議民主主義は，闘技民主主義の論点を大幅に組み込んだものとなる．

次のような見解には一定の共感を示している．

> 「〔自由主義者が主張するように——引用者注〕近代の民主主義社会にはただ一つの実体的な共通善は存在しないということ，そして道徳の領域と政治の領域とが分離されているということが，個人の自由にとって紛れもない利益を意味してきたのは間違いない．しかし，政治にとっての帰結は，きわめて有害なものであった．あらゆる規範的な関心が次々に私的な道徳の領分へと，『諸価値』の領野へと追いやられ，政治はその倫理的な構成要素を剥ぎ取られてしまった．そして政治は，定義の済んださまざまな利益の間の妥協にしか関心を持たない道具主義的な概念の支配するところとなった．…共同体論者はこうした状況を批判する点において正しいし，古典的な政治概念のいくつかの側面を蘇らそうとすることにも異論はない．我々は，まさに，倫理と政治との間の失われた結びつきを再建しなければならない．」(Mouffe 1993: 65=1998: 130-131)

利益中心の政治——その集大成がロウィの言う「利益集団自由主義」である——に対するムフの批判は，前節で検討した熟議民主主義論者の立場と共鳴するものである．しかし，出発点としての反利益からの展開において，闘技民主主義は，熟議民主主義とは異なる方向へと進むことになる．次のムフの主張は，この点を端的に示している．

> 「…利益中心の民主主義概念に抗して，彼／彼女ら〔熟議民主主義の理論家たち——引用者注〕は道徳と正義の問題を政治に導入しようとする…しかしながら，利益と選好の集計よりも理性と合理的論証 (reason and rational argumentation) を政治の中心的論点と見ることを主張することによって，彼らは，経済的モデルを，それとは異なる方法によってではあるがやはり政治的なるものの特殊性を見失う道徳的モデルによって，単に置き換えたに過ぎないのである．」(傍点による強調は引用者)(Mouffe 1999b: 44)

闘技民主主義は，熟議民主主義による利益中心の政治モデルに対する批判を

共有する．しかし，闘技民主主義の理論家にとって，熟議民主主義が利益を理性あるいは道徳によって「置き換える」ことは，承認しがたいことである．利益であろうと理性であろうと，「政治的なるものの特殊性」を把握できないという点に変わりはないからである．それでは，利益を批判しつつ，「政治的なるものの特殊性」を見失わないためには，どうすればよいのか．そこで，闘技民主主義論は，「情念」の重要性を強調する．

> 「欺瞞のない理性的なコミュニケーションと，理性的な合意に基づく社会的統一への合理主義的な熱望は，根本的に反政治的である．なぜなら，それは，情念と情動（passions and affects）が政治において占める重要な位置を無視するからである．まさに，政治は，合理性の『限界』を示すものであるゆえに，政治を合理性に還元してしまうことはできないのである．」
> （傍点による強調は引用者）（Mouffe 1993: 115=1998: 226-227）

　政治とは「合理性の限界」を示すものであり，したがってそこにおいて「情念」が占める「重要な位置」を承認しなければならない．しかし，熟議民主主義は，この点を認識しておらず，それゆえ「反政治的」たらざるを得ないのである．かくして，「利益」批判において一致した熟議民主主義と闘技民主主義は，次なる段階において，一方は「理性」，他方は「情念」に，自らの政治構想の基盤を求めることになった．
　しかしながら，闘技民主主義論の主張は，直ちに疑問を引き起こす．確かに，政治において「情念」の占める「重要な位置」について注意を促したという点において，闘技民主主義論は政治理解における重要な問題提起を行っている．しかし，その際に，「理性の占める位置」はどうなっているのであろうか．「情念」を説くことが「政治的」であり，「理性」への依拠は「反政治的」ということなのであろうか．もちろんムフは，「政治を合理性に還元」することはできないと述べているのみであって，政治における理性の存在を否定しているわけではないと見ることも可能である[27]．しかし，仮にそうであったとしても，彼女の議論から，理性の役割を正当化する積極的な志向性を読み取ることは困難であるように思われる．彼女の主張の要点は，あくまで，熟議民主主義の理

性中心性に対して情念の重要性を説くことにある．この点を，「理性だけではなく情念も重要だ」という主張として理解するならば，なぜ彼女が熟議民主主義をかくも激しく批判し，これに闘技民主主義を対置しようとするのか，その理由を十分に捉えることはできないように思われる[28]．

しかし，「政治を合理性に還元」することはできないとすれば，「政治を情念に還元」することもまた不可能であろう．そうだとすれば，闘技民主主義論による理性批判および情念の擁護という視点を踏まえつつ，次なる問題の解明へと進むことが要請される．果たして政治における理性と情念の占める位置は，どのように画定され得るのであろうか．こうして闘技民主主義論における情念の強調は，次なる検討課題を生み出すことになる．

第3節　小括

「確実性」の創出を（暫定的にであれ）目指す熟議民主主義と「不確実性」の局面を深化させようとする闘技民主主義との分岐，という第1章の考察を受けて，本章では，それぞれの民主主義理論の内容について，より詳細な分析を行った．

第1節では，確実性創出の原理として熟議民主主義が必要とされることには，十分な理由があることが確認されるとともに，そのための鍵である選好の変容が民主主義的であるための基準として，理性の重要性が指摘された．こうして，熟議民主主義論は，「統治能力の危機」論のように反民主主義的な立場をとる

---

[27] 例えば，ムフは，本書でも取り上げたマニンの議論を参照しつつ，次のようにロールズを批判している．「彼〔ロールズ——引用者注〕は…理性的なものの制約の中で熟議し，自らの合理的利益によってのみ動かされる合理的人間は，彼の正義の原理を選択すると確信しているので，一人の人間が全員の合理的自己利益を計算することで十分であると考えている．そうした場合，熟議の過程（the process of deliberation）は，蛇足でしかないことになる．」(Mouffe 1993: 51=1998: 101) ここでムフは，複数の人間の間で行なわれる熟議の意義を確かに擁護している．

[28] 例えば，本章第1節(2)で取り上げたヤングも，熟議民主主義の理性中心性を批判する論者の一人である．しかし，彼女の目的は，熟議民主主義への対抗というよりは，その修正である (cf. Young 1996: 120; Young 2000)．その論旨については，第3章第1節(1)および第4章第1節で論じる．

ことなく，現代社会における民主主義擁護の議論を提出し得たように見える．

しかし，このような熟議民主主義評価は，民主主義の課題を確実性の創出と見なす限りにおいて妥当であると言えよう．第2節で取り上げた闘技民主主義の立場からは，熟議民主主義論における確実性の創出への志向性とは，民主主義の特徴を理解しないままに「包括的合意」を目指す「願望」であり，「政治的なるものの特殊性」を見失った「反政治的な」発想に他ならない．闘技民主主義の目指す不確実性の局面の深化とは，政治における対立の契機を徹底的に擁護することであり，政治参加の動機において利益でも理性でもなく情念の占める重要な役割を承認することである．

このように見てみると，本章の考察は，序論で述べたような，二つの民主主義理論の「共約不可能な対立」関係を示しているように思われる．とりわけ，闘技民主主義論による熟議民主主義に対する激しい批判は，両者の「共約不可能性」という評価と適合的であるように見える．

しかし，第1章第2節で取り上げたウォーレンとムフの議論は，熟議民主主義と闘技民主主義との差異が極めて微妙なものでもあることを示唆している．一方の熟議民主主義を擁護するウォーレンも，「社会的基盤の喪失」という用語で，再帰的近代化状況にある現代政治における不確実性の重要性を主張していた．他方のムフにしても，彼女の構想する「根本的で多元的な民主主義」が対立の契機のみをもって成立可能なのかどうかは，検討の余地がある．彼女における情念の強調も，十分な説得力を持つというよりは，政治における情念と理性との関係について，むしろ新たな疑問ないし検討課題をもたらすものであった．

かくして，熟議民主主義と闘技民主主義とを「共約不可能な対立」関係として位置づけるのみでは不十分であるように思われる．「共約可能性」とまで言えるかどうかはともかくとしても，両者の接点ないし交錯地点といったものを確認することはできないのであろうか．次章で検討するのは，この問題である．

第3章　接点の模索

第1節　熟議民主主義における自己批判

　第2章第2節では，闘技民主主義の立場からの熟議民主主義批判について紹介・検討した．この批判は，熟議民主主義を，闘技民主主義の対極に位置づけるものであった．しかしながら，他方で，熟議民主主義を（程度の差こそあれ）擁護する論者からも，熟議民主主義の問題点ないし限界が指摘されるようになっている．これらの批判の論点は多岐にわたるが，それらは全体として，熟議民主主義における対立の契機の軽視を問題にしていると言える．本節では，これらの熟議民主主義論における自己批判ともいうべき議論を概観する．

　これらの批判の具体的な論点は，以下の四点に整理し得る．第一に，熟議民主主義における理性中心性の問題である．第二に，選好の変容に関わる問題である．第三に，正統性の問題である．最後に，熟議民主主義の望ましさについての問題である．以下で，順に検討しよう．

(1) 理性中心性の問題点

　何人かの論者は，熟議民主主義における理性の中心性は政治的議論に特有の困難を認識することに失敗している，と主張している．以下では，第2章で提起した政治行動の動機における理性・利益・情念の区別を踏まえつつ，その主張を整理してみたい．

　最初に利益について検討しよう．第1章第1節で述べたように，政治学における利益の中心性は見直されつつある．しかし，現在において利益中心の政

治分析がなくなったというわけではない．例えば，合理的選択理論に依拠する政治分析は，しばしば，政治家は再選のために得票の最大化を追求し，有権者は地元等への個別的利益誘導を期待して投票し，官僚は自らの出世・組織拡大・予算最大化を目指して行動するとの想定に基づいている[1]．近年の実証研究の中には，このような自己利益を追求するアクターという想定に対して異議を唱える研究も存在する[2]．とはいえ，政治において，このような想定が当てはまる局面が存在することもまた否定できない[3]．

　実際，熟議民主主義を擁護する理論家も，政治における利益の存在を否定するわけではない．例えば，オッフェは，自分の利益を実現しようとする際の「戦略的に動機づけられた不誠実」は，何も政治家だけのものではなく，広く「国家や政治に関係する市民の行動」をも特徴づけるものであると述べて，いくつかの具体的な例を挙げている (Offe 1994: 128ff.)[4]．

　ここで考慮すべきことは，このような「戦略的に動機づけられた不誠実」が，熟議において顕在化する可能性である．熟議民主主義の理論家たちは，熟議において参加者たちは共通善の実現を目指して議論するようになると考える．熟議民主主義が求められる理由の一つは，このような共通善の実現にあった[5]．しかし，「戦略的に動機づけられた不誠実」という洞察は，そのような想定が

1　合理的選択理論だからといって，必然的に自己利益を分析の中心に据えるとは限らないが，ここで念頭に置いているのは，Ramseyer and Rosenbluth (1993=1995), 建林 (1997) などのような研究である．なお，建林(2002)では，アクターの合理性の想定に変化が見られる．
2　例えば，Lewin (1991), Quirk (1990), 内山(1998)などを参照．
3　例えば，鈴木基史は，合理的選択理論に基づく日本政治研究を批判的に検討した論文において，次のように述べている．「私利の最適化に専念して社会的連帯や公共利益をないがしろにするという個人の想定は間違っているわけではない．しかし，ここで生じる必然的な疑問は，なぜ私利の追求という個人の選好は政治過程から独立して存在し不変であり続けるのか，なぜ政治社会における市民は一時も公益を意識して行動しないのか，ということである」(鈴木 1996: 90-91)．ここで鈴木は，政治的行為における「私利の追求」という局面の存在を否定するのではなく，あくまで，政治的行為は「私利の追求」に尽きるものではない，と主張しているのである．また，政治における「公共利益」の重要性を実証的に明らかにしようとするレヴィーンも，本文で述べたような意味での有権者・政治家・官僚の「合理的行動」の存在を否定しているわけではない (Lewin 1991: 98)．この点は，規制緩和における「理念の政治」の意義を唱えるポール・J・クウェークにおいても同様である (Quirk 1988: 39-40; 1990: 194, 197)．

果たしてどこまで妥当性を有するのか，という問題を提起するように思われる．なぜなら，もしも，「戦略的に動機づけられた不誠実」が政治において広く見られるのであれば，熟議においてそのような行動が発生しない保証もまた存在しないように思われるからである．実際，このような「戦略的に動機づけられた不誠実」の存在に，熟議民主主義の限界を見る論者も存在する．例えば，ウィリアム・E・サイモンは，「戦略的に動機づけられた不誠実」の態度をとるアクターとの熟議は，「よくて時間の無駄」であり，「最悪の場合，実際以上に理性的な存在として他者の前に現れる人物の手助けをする」ことになりかねないと主張する (Simon 1999: 53)．そうだとすれば，熟議民主主義は，特定の利益の実現に資することとなり，共通善の実現という目標は，後景に退くことになるだろう．

以上のように，自己利益の実現を目指しての「戦略的に動機づけられた不誠実」の存在は，熟議民主主義の擁護者が取り組むべき一つの難問を提起するのである．

次に，政治的議論における情念の重要性についても，いくつかの指摘がある．ジョンソンは，情念に関わる対立の深刻さについて，次のように述べている．熟議への参加者の行動や政治的見解が「理性的」であるべきとする要求は，「政治的議論が，しばしば全く『根本的』で，『存在論的』でさえあるようなレベルで互いに挑戦し合う参加者を伴うということ」を理解できない．重要なことは，政治的議論は参加者の「世界観」をめぐる争いという性格を有している

---

4 オッフェの言う「不誠実」とは，命題Aと命題Bとが両立しないことを「知っている」にもかかわらず，両者を支持するような態度，あるいはこの両者が両立しないことは「知らない」が，両命題の関係について調べたり情報を得ようと思えば可能な場合にそれを行わないような態度，のことである．その例としては，①裁判において不利益や損害を過大に主張すること，②公的助成の申請における誇張，③公共サービスに従事する労働者が労働条件改善・給与引き上げ要求の際に，より良いサービスのためという「私欲のない動機」に訴えること，などが挙げられている．

また，社会的選択理論の領域では，決定関与者・決定参加者が「自分にとって好ましくない結果を…防ぎ，より好ましい結果を生じさせるためにとる」戦略的行動について，多くの議論の蓄積がある．集合的決定における戦略的行動の主な類型としては，議事操作，戦略的投票，および票取引がある．この点については，宇佐美 (2000: 97-125) を参照．

5 この点については，第2章第1節(2)を参照．

という点である．すなわち，政治的議論においては，単に価値・利益・選好が争われるのではなく，「それらを支える，より広義の理解やコミットメント，すなわち世界観」が争われざるを得ないのである．政治的議論の性質をこのように捉えるならば，熟議民主主義論が「理性と情念（emotion）との間に確固たる境界線を引く」ことは，「一種の概念的ゲリマンダー」である，ということになる（Johnson 1998: 165-167）．

　利益中心的な民主主義モデルに対して熟議民主主義の意義を認めるヤングも，熟議が「脱情念化され，脱身体化された（dispassionate and disembodied）発話」を特権化する点を問題視する．彼女は，熟議は「精神と身体，理性と情念の間の対立を前提とする」（傍点による強調は引用者）傾向があると主張する．したがって，例えば「怒り・苦痛・熱烈な関心の表現は，それが伴っている主張や理由の価値を減じさせる」ものとなる．発話における身体表現や比喩的表現の使用は，自分の主張の価値を低下させるか，あるいは発話者の客観性や自制の欠如を顕わにする「弱さの兆候」と見なされてしまう．彼女は，このような発話の種類における区別は他の社会的特権の差異と相関関係にあると主張する．「白人の中間階級の男性」の発話文化は理性的であるのに対して，「女性や人種的マイノリティ」の発話文化は「感情的で身体的」である．情念に対して理性を特権化する熟議民主主義は，このような社会的な不平等を前提としており，その結果として「排除の含意」を持つことになるのである（Young 1996: 124）．

　ジョンソンの「概念的ゲリマンダー」の指摘やヤングの議論から窺われるように，熟議を理性中心的に捉え，情念の意義を低く見ることは，熟議にかけられるべき争点を不当に限定することにつながる．ジョンソンの言葉を借りれば，熟議民主主義は，「いかなる種類の議論あるいは価値が政治的熟議や論争の過程に入ることを正統に認められるのかという問題を，不当に先決している」ということになる（Johnson 1998: 168）．

　情念の排除に基づく争点の限定は，以下の二つの問題をもたらすと考えられる．第一に，熟議によって，社会的不平等が再生産ないし強化され得る．ヤングは，「熟議モデルにおける排除の含意」として，上記の脱情念化・脱身体化された発話の特権化と併せて，次の二点を指摘する．第一に，熟議とその制度は，啓蒙の開始以来，「男性支配の制度」であり，白人の上流階級によって支

配されてきた．したがって，熟議自体が，「文化的に特殊であり，特定の人々の発話を沈黙させるか，価値を低下させる権力の形態としてしばしば作動する」．例えば議会における論議では，熟議は競争と見なされるが，そのような形態は，競争を好み，ゲームのルールを知る者を特権化する．「ここでは，断言調で対立的な発話のほうが，ためらいがちで，探求的な，あるいは相手をなだめるような発話よりも，価値あるものとされる」(Young 1996: 123)．第二に，熟議は，「形式的で一般的な発話」を特権化する．「形式的」というのは，前提から結論へと進む理路整然とした発話のことであり，「一般的」というのは，個別の事例に当てはまる一般性や原理の観点から自らの立場を主張することである．ヤングによれば，このような発話スタイルは，「社会的特権のあらわれ」である．それゆえ，公式の議論の場では，多くの人々が自分の「もたついた，まわりくどい発話」について「弁解しなければならない」と感じるのである (Young 1996: 124)．かくして，既存の不平等な社会的関係は，熟議を通じて解決ないし緩和されるのではなく，むしろ再生産ないし強化され得るのである．

　第二に，熟議における争点の限定自体が，熟議民主主義にとっての理論的ディレンマをもたらす．「何が議論の対象となるか」という問題は，熟議民主主義者が考えるほど容易な問題ではない．ジョンソンは，奴隷制の事例を挙げながら，熟議の対象となり得る主張を，「理性的／道理が通っている (reasonable)」か「非理性的／道理が通らない (unreasonable)」か，という基準で区別することから生じる「深刻なディレンマ」を指摘する．一方で，奴隷制肯定論を「非理性的／道理が通らない」として熟議過程から締め出すことは，奴隷制やその他の文化的多元主義などの「深遠な道徳的争点をめぐる不一致」を政治的アジェンダから外すことであり，これらの問題に対して熟議が無力である，ということを意味する．しかし，他方で，奴隷制擁護論者の熟議過程への参加を認めるならば，奴隷制擁護論の「不正義」について「説得」するためには，奴隷制擁護論者の世界観に対する攻撃，および最終的にはその打倒が必要になる．もはや，熟議の過程は，「理性的」な過程ではあり得ないであろう (Johnson 1998: 168-170)[6]．

---

[6] 熟議民主主義の限界を文化的多元主義ないし「アイデンティティの政治」に見る見解は，他にも多く存在するが，差し当たり Simon (1999: 50-52) を参照．

(2) 選好の変容論の射程への疑義

　熟議民主主義が主張する選好の変容についても，その理論的射程について疑義が提起されている．この批判は，二つの論点に即して提起され得る．すなわち，第一に，集合的意思決定の集計問題解決可能性に対する疑義であり，第二に，選好の変容による私的利益の克服可能性についての疑義である．

　まず，集計問題の解決可能性についてである．第2章で見たように，熟議民主主義は，選好の変容の提起によって，集合的意思決定の集計問題を克服しようとする側面を持つ．しかし，ナイト／ジョンソンは，選好の変容によって集計問題を解決することはできないと主張する．彼らによれば，集計モデルによって発生する投票結果の不安定性を回避するためには，不一致の諸次元を選り分け，できることならば減少させることを市民に可能にすることによって，「紛争の諸次元に関する共有された理解を引き起こす」ことが有効である．ここで，ナイト／ジョンソンは，この「共有された理解」の発生を選好の変容と見るべきではない，とする．なぜなら，「熟議は選好の変容を目指すという通常の主張」は，「あまりにも強すぎるか，あるいはポイントを外している」からである．

　選好の変容が「収斂する同質的な選好」を意味するとすれば，この選好は「紛争の諸次元に関する共有された理解」からすれば「強すぎる」ことになる．また，選好の変容が単に「より熟慮された，反省的で自覚的な」選好を意味するならば，「ポイントを外す」ことになる．熟議が「反省的な選好」をもたらすことが，直ちに集計モデルの不安定性を克服するわけではない．熟議がコンセンサスを目指すものであるとしても，「熟議がコンセンサスを産み出すという保証は存在しない」からである (Knight and Johnson 1994: 282-283)．むしろ，逆に，熟議の結果，熟議参加者間の見解の相違がより明確化することさえあり得る．とりわけ，ジョンソンが指摘するように，政治的議論から世界観をめぐる争いという次元を排除することができないとすれば，熟議を経た結果としての不一致発生の蓋然性は増大するであろう．また，ある政治的争点について，熟議によって互いに自分の選好に関する情報を開示した結果，その争点についての紛争の程度が従来信じられていたよりも大きいことが判明する，というこ

ともあり得る (Fearon 1998: 57). いずれにしても，熟議が「なぜ，一般的に，合意を減少させるのではなく，増大させるのか」(Fearon 1998: 57) について，熟議民主主義論の説明は十分ではない．もしも，熟議の結果が不一致の場合，選択肢は，不一致という現状を維持するか，それとも一方が他方に従うように強制するか，どちらかしか存在しないであろう (Mansbridge 1996: 47).

　選好の変容論に対する第二の疑義は，選好の変容が自己利益の克服，その結果としての公共精神の獲得へと導く可能性についての疑義である．シュマルツ-ブルンスは，第2章第1節(4)でも検討したオッフェらの「反省的選好」ないし「メタ選好」の概念は，自己利益と公共精神との関係についての理論化に成功していないと主張している (Schmalz-Bruns 1995a : 150, n.75. Vgl. Schmalz-Bruns 1995b: 60-61: see also Buchstein 1992: 122, n.3). オッフェらの「反省的選好」の概念においては，「より弱く評価される（利己的な）利益がより強く評価される（社会的）利益へと合理化される」との想定が見出される．つまり，オッフェらは，自己利益と公共精神との関係を「ヒエラルヒー的な選好構造」として捉えている．これに対して，シュマルツ-ブルンスは，フリッツ・W・シャープの「二重の選好構造」，すなわち諸アクターにおける「協調的動機と競合的動機との共存」という見解を参照する．シャープによれば，諸個人は，他者よりも多く利益を得たいという「競合的動機」と他者と共通の利益を獲得したいという「協調的動機」との両方を持っている．この「共存」状態は，諸個人の間で拘束的な合意が可能であり，かつ諸個人が互いに合意に達することに純粋に関心を持っている場合においても継続する．それゆえ，協調の発生は，制度配置によって決まる (Scharpf 1991: 53-86).

　このように，自己利益と公共精神との関係については，前者から後者へという「ヒエラルヒー的な選好構造」という理解だけではなく，両者の「共存」という「二重の選好構造」という理解も可能なのである[7]．この点を踏まえるならば，自己利益と公共精神との「ヒエラルヒー的な選好構造」という理解は「楽観的な想定」であり，「決して理論的に確実に証明され得ないように思われ

---

[7] 「二重の選好構造」の概念は，自己利益と公共精神との関係をより精緻に把握しようとする場合に，大きな示唆を与えるように思われる．これについては，第4章第3節において，「二重効用」論として再び論じることにしたい．

る」のである[8].

(3) 正統性確保の困難性

　熟議民主主義は,「人民の意思」に代わって政治的意思決定の正統性を確保するための原理であった．しかし，選好の変容論の有効性が問い直されるならば，選好の変容の発想を基礎とする熟議による正統性確保，という考え方もまた問い直されざるを得ないであろう．ナイト／ジョンソンは,熟議による正統性確保がはらむ困難性を指摘している．彼らは，しばしば熟議民主主義は正統性の根拠を「人民の意志」に求めるが，この試みは「的外れ」であるとする．「熟議の提唱者は，正統性の基準としての集合的意思あるいは人民の意思を放棄すべきである」．政治的意思決定の正統性は，その主張が熟議過程を生き残ったことに求められなければならない (Knight and Johnson 1994: 284)．しかし，この点は，まさにマニンなどが熟議による正統化として主張したことであった．ナイト／ジョンソンも，この点は認めている (Knight and Johnson 1994: 294, n. 41)．

　その上で，ナイト／ジョンソンが問題にすることは，熟議民主主義の目的である「紛争の諸次元に関する共有された理解」の創出と，その正統性の根拠とが「全く異なる方向に引き合う」のではないか，という点である．一方で，正統性の根拠を熟議過程そのものに求めることは，熟議の過程への自由で平等なアクセスの保障を必要とする．これは，単なる機会という意味でのアクセスの保障に止まらず，「かつて排除されていた人々を積極的に励まし，声をかけるためのメカニズム」をも要請する．しかし，他方，その結果として，熟議民主主義の目的は，脅かされることになる．なぜなら，「新しい熟議参加者の登場は，政治コンフリクトの次元についての既存の共有された理解をかき乱す」からである．この問題は，容易には解決できないであろう (Knight and Johnson

---

[8] もっとも，シュマルツ－ブルンスが「ヒエラルヒー的な選好構造」について「楽観的な想定」と述べている点については，「楽観的」理解によっては，異なる見方も可能である．「ヒエラルヒー的な選好構造」論では，当初の選好は自己利益を追求する選好である．これに対して，「二重の選好構造」論の場合は，「共存」とはいえ，諸個人は当初から競合的動機だけでなく，協調的動機も持っていると想定されていることになる．この意味では，「楽観的」なのは，むしろ「二重の選好構造」論ということになろう (Vgl. Buchstein 1996: 300-301)．

1994: 289). さらに，こうして熟議民主主義による正統性の根拠に疑問符が付されるならば，そもそも熟議民主主義自体がどれほど望ましいものなのか，という点までもが問い直されたとしても不自然なことではないであろう．

(4) 熟議の望ましさ

最後に，熟議民主主義を擁護する論者の中には，その適用範囲の限定がむしろ望ましい，との主張も見出される．熟議限定の主張の一つは，マクロな社会システム理解に基づいたハーバーマスの議論である．ハーバーマスは，コーエンの以下のような主張を取り上げる．

> 「熟議民主主義の概念は，アソシエーションの協約や条件の正当化が平等な市民の間の公共的討論と理由づけによって進展するという，民主主義的アソシエーションの直観的な理想に根ざしている．そのような秩序における市民は，公共的理由づけを通しての集合的選択の諸問題解決へのコミットメントを共有し，自分たちが自由な公共的熟議のための枠組を確立する限りにおいて，自分たちの基礎的諸制度を正統なものと見なす．」(Cohen 1989: 21)

ハーバーマスによれば，このような主張は，コーエンが依然として「『全体的に』熟議によって制御された，それゆえ政治的に構築された社会という理念」を免れていないことを意味している (Habermas 1992: 369=2003: 29)．このような理念は，共和主義的な政治理解と共通するものである (Habermas 1996: 26-27)[9]．これに対して，ハーバーマスは，熟議の手続きを「『あらゆる』社会的諸制度のためのモデル」として理解することに反対する．むしろ熟議は，「分化し，法治国家的に形成された政治システムの中核構造」(Habermas 1992: 370=2003: 29-30) として理解されなければならない．なぜなら，複数の行為システムに分化した複雑な現代社会では，政治システムは「頂点」でも「中心」でも

---

[9] ハーバーマスの「共和主義」理解が妥当なものなのかどうか，あるいは彼の理論が，自身が言うほど「共和主義」と異なるものなのかどうかについては，議論の余地があるだろう．この点については，大森 (2006) を参照されたい．

なく,「いくつかの行為システムの中の一つに過ぎない」ので, 単一の原理による「全体的な」制御は不可能だからである (Habermas 1996: 29-30). あるいは,

> 「熟議の政治が社会的全体性を刻印する構造へと拡大されるべきだとするならば,『法システム』に期待される討議による社会形成様式は,『社会の』自己組織化へと拡大され, その〔社会の――引用者注〕複雑性に全体として行き渡らねばならないことになってしまう. しかし, 民主的手続は, それ自身では規律することのできない埋め込まれた文脈に依拠せざるを得ないのだから, そのようなことはそもそも不可能なのである.」(Habermas 1992: 370=2003: 30)

このようにハーバーマスは, 複雑な現代社会の機能分化に熟議の適用限定の根拠を見るのである. 単なる熟議拡大の主張は, 不可避的かつ望ましいシステム分化の趨勢を逆転させ, 共和主義あるいはかつてのマルクス主義的思考が囚われていた「全体性」を回復しようとする不可能かつ危険な試みに他ならない.

現代社会の機能分化を正面から受け止めようとするハーバーマスの意図は, 十分に理解できる. ただし, そこから導かれる熟議の限定の度合いがどの程度のものであるのかについては, なお詳細な検討を要するであろう. むしろ, 複雑性と不確実性とを特徴とする現代社会だからこそ, 熟議による問題解決が重要となる局面が増加するとも言い得る. シュマルツ-ブルンスの言葉を借りれば,「複雑性は, コミュニケーション的な構造の遂行能力をむしろ明確に出現させる」のである (Schmalz-Bruns 1995b: 65). 何人かの論者が, 直接民主主義に対する批判を市民社会における熟議民主主義の擁護に結びつける議論を提起しているのも[10], このような局面の重要性を認識してのことであると思われる.「全体性」の脅威を回避するあまり, このような可能性を見落とすならば, 熟議民主主義の射程の不当な限定をもたらしかねない. 実際, コーエンを批判してハーバーマス自身が提案する「熟議政治の複線モデル」は[11], 確かにシステム分化を承認し, その意味で「民主的手続は, それ自身では規律することのできない埋め込まれた文脈に依拠せざるを得ない」ことを踏まえてはいるものの, 議論の焦点は「非公式の意見形成」がいかに公式の「意思形成(決定)」に影響

を与え得るかという点に向けられている．

　ハーバーマスの議論が社会システムというマクロな視点からのものであるのに対して，ウォーレンは，「政治的関与に固有の社会的・心理学的諸困難」（Warren 1996b: 242）というミクロな市民の意識の次元からの議論を展開する[12]．

　彼のテーゼは，熟議民主主義論は政治の「魅力のなさ（unattractiveness）」を認めるべきだ，というものである．熟議民主主義の理論家たちは例外なく，「民主主義的参加は魅力的な活動」であり，「人々は機会さえあれば自然にそれを選択するであろう」と考えている．しかし，ウォーレンによれば，このような想定は「ロマンティックなドグマ」に過ぎない．第1章第2節でも述べたように，彼は，現代社会における社会的基盤喪失に「民主主義的手段」によって対処することの「相対的望ましさ」を指摘する．しかし，このことと政治的関与の「魅力のなさ」とは，区別されなければならないのである（Warren 1996b: 243）．

10　例えば，オッフェの議論は，そのような性格を持つ（Offe 1992: 127ff.）．彼は，直接民主主義への過度の信頼は，「人民の意思」の「擬制」と「誤りやすさ」を考えれば「見せかけのラディカルさ（scheinradikal）」にすぎないと批判する．このような「人民の意思」＝直接民主主義批判は，一方で，議会や専門委員会などの「代表制的手続き」が有する「相対的能力」を認めるべきとの主張に結びつく．しかし，他方で，この批判は，熟議の重要性にも結びつく．なぜなら，もしも「人民の意思」が存在するとすれば，熟議による「人民の意思」形成過程内生的にのみ存在するからである．この点に関して，アメリカ政治の文脈を意識しながら，同様に「参加」と「審議」との関係について検討した，上田(1996)をも参照．なお，オッフェの言う「誤りやすさ」とは，例えば，「我々は決定の時点で極めて容易に，長期的ではあるが予測可能な損失という結果に対して，短期的利益を不適切にも優先するという誘惑に駆られ」てしまうことを指す（Offe 1992: 130）．このような時間差のある選択において，人間が短期的な「見てくれはよいがうわべだけ（specious）」の選択を行う傾向について，ロバート・H・フランクの著作（Frank 1988: 76-80＝1995: 94-98）をも参照．フランクによれば，短期的な利益を優先する選択は，将来の利得についての割引率を考慮に入れた合理的選択と見なすことはできない．
11　熟議民主主義の複線モデルについては，主に第5章で，部分的に第6章で論じる．
12　従来の主な直接民主主義批判の議論との関係では，ウォーレンの議論は，市民の政治的判断能力の疑問視（シュムペーター，サルトーリ）の議論というよりも，（政治活動につぎ込むことのできる）時間的制約の存在（ダール）と部分的に重なるところもある．ある論文でウォーレンは，ダールを肯定的に参照している（Warren 1996a: 46）．直接民主主義批判の論点の包括的な検討については，Budge（1996＝2000）が参考になる．彼の議論の重要な論点の一つは，政党を媒介した直接民主主義の構想である．

確かに，しばしばラディカル・デモクラシーの理論家が指摘するように，人々が政治的関与を好まないことを，民主主義的経験の欠如，構造化された公共空間の不在，政治的対話の意義を感じさせないような政治システムの存在，そしてマス・メディアによる公共的対話の（独占的）吸収などの反映として説明することは可能である．しかし，決定的に重要なことは，「最善の状況においてさえ，政治的諸関係というものは，社会的諸関係の中で最も困難なもの」という事実を認識することである（Warren 1996b: 244）．

それでは，なぜ政治には魅力がないのか．それは，政治が諸個人に「彼らが自然に回避したがるような責任とリスクを負うこと」を求めるからである．「基盤喪失」を特徴とする政治への民主主義的対応は，諸個人にとっていくつかのリスクを伴うものである．例えば，しばしば民主主義が喚起するような「自律」は，相互依存的な関係における結合性や信頼の一定の停止をもたらす．また，民主主義がもたらす「争いのポテンシャルの拡大」は，「もはやいかなる関係も絶対的確実性を持ったものと見ることはできない」ということを意味する．このような諸個人にとっての政治のリスクを考えれば，社会の政治化の展開（それは民主主義にとっての新しい機会をもたらす）が，同時に「新たな反政治的誘惑や原理主義的対応」をもたらすことも「不思議ではない」（Warren 1996b: 261）[13]．かくして，ウォーレンは，次のように述べる．

> 「ラディカル・デモクラシーの理論家は…人々が積極的な参加者となるチャンスに喜んで応じるのかどうかを問うべきである．人々がそのようなチャンスに応じないとしても，それは単に我々の文化がアパシーや過度の個人主義を引き起こしているからではなく，政治の非魅力的な特徴そのもののためなのである．」（Warren 1996b: 266）

したがって，ラディカル・デモクラシーの理論家の課題は，「いかなる制度デザインが，政治の不快感を表出し切り抜ける手段を提供しつつ，政治のリス

---

[13] ところで闘技民主主義論は，諸個人にこのようなリスクを引き受けることを迫る．なぜなら，安定的な空間（ホーニッグ（Honig 1996: 270）の言う「ホーム」）を維持しようとすることは，他方で外部の他者への抑圧を生むからである．

クを減少させ制限することができるのか」(Warren 1996b: 266) という問いに答えることである．この問いに対するウォーレン自身の解答については，第4章第5節で検討することにしたい．

　本節では，熟議民主主義を擁護する側からの，熟議民主主義に対する批判的再検討の内容について検討してきた．熟議過程における戦略的に行動するアクターや理性を超える「世界観をめぐる争い」の次元の指摘は，熟議における合意の成立可能性に重大な疑いを差し挟むものである．ジョンソンやナイトといった理論家たちは，熟議を合意ではなく，むしろ対立の相において特徴づけようとしていると考えられる．このような熟議における対立の契機の強調は，選好の変容論の再考を要請し，熟議による正統性確保に疑問符を付すこととなった．さらに，熟議民主主義の望ましさについての再検討も表れている．総じて，これらの批判の焦点は，熟議民主主義論が対立の契機を十分に考慮していない，という点に向けられていると言えよう．

　第2章第2節で見たように，熟議民主主義における対立の契機の欠如は，闘技民主主義が提起した批判であった．実際，本節で検討した熟議民主主義による自己批判は，闘技民主主義による批判と，その問題視角において相当程度共通する側面を持つ[14]．このことは，熟議民主主義が闘技民主主義の批判を受け止め，自らの構想の批判的再検討へと進みつつあることを示しているとも言えよう．

14　その例として，例えば，堕胎をめぐる議論の位置づけを見てみよう．ジョンソンは，これを，政治的議論が世界観をめぐる争いを伴うという彼の主張を論証する事例として用いている．彼によれば，堕胎をめぐる議論への参加者たちは，「異なる世界観に賛同しており，したがって，人間，母性，そして社会における女性の位置といった概念そのものの理解において異なっている」(Johnson 1998: 167)．したがって，堕胎をめぐる議論は，参加者の世界観の次元での争いを伴うことになる．一方，闘技民主主義論者であるムフの主張も，ジョンソンのそれと共通する性格を持つ．彼女は，堕胎をめぐる議論を，「善の構想」を公的領域から分離するロールズの議論を批判する論拠として用いている．「〔ロールズと異なり──引用者注〕多元主義といっても，それは，善に関して競合するそれらすべての構想が，公的領域への介入を試みることなく，平和的に共存する状態を意味するものでは決してない．私的領域と公的領域との境界は，所与として決定済みのものではなく，不断に構築され変化していくものである」(Mouffe 1993: 51=1998: 102)．

ところで，このように熟議民主主義が闘技民主主義の提起した論点を受け止めつつあるとすれば，それは，民主主義理論が分岐を超えて闘技民主主義の方向へと進みつつあることを示しているのであろうか．さらに言えば，熟議民主主義がその理論的問題点を対立の契機の不十分性に見出し，対立の契機を重視してゆくならば，その民主主義理論はもはや熟議を必要とせず，闘技のみで事足りるのではないだろうか．

この問題は重要である．確かに，ここまでの議論では，熟議民主主義は対立の契機を尊重し，闘技民主主義との差異を希薄化することに専念しているように見えるかもしれない．しかし，熟議民主主義の理論家たちは，決して熟議の重要性を否定するわけではない．第4章で紹介・検討するナンシー・フレイザーやジェーン・マンスブリッジといった論者たちは，それぞれ独自の観点から熟議民主主義論を批判し，「闘争」(フレイザー) や「強制」(マンスブリッジ) の重要性を主張する．しかし，彼女たちは，熟議民主主義を否定するところまで進むのではない．例えばマンスブリッジは，「権力に対して闘う」ための拠点である「抵抗の飛び地」を，「対抗思想の成長を可能にする組織的・熟議的飛び地」と表現しているし (Mansbridge 1996: 59)，別の論文では熟議民主主義の可能性を積極的に擁護している (cf. Mansbridge 1995: 133-147; Mansbridge 1992: 32-57)．彼女たちが，対立の契機の重要性を認識しながらも，熟議民主主義を擁護することにはどのような意味があるのだろうか．この点は，次節において，闘技民主主義の問題点を検討することによって明らかになるであろう．

第2節　闘技民主主義における合意の契機
——民主主義的シティズンシップ論を中心に

ベンハビブは，『民主主義と差異』と題する論文集の序章において，同論文集の中には熟議民主主義の系譜に属する論文と闘技民主主義の系譜に属する論文との両者が存在すると述べた上で，両者の統合の展望について言及している．熟議民主主義は，文化的・倫理的生活の諸力に対して政治を免疫にしようとするものであり，他方，闘技民主主義は，民主主義を倫理的・文化的問題をめぐる絶え間ない争いと見るものである．民主主義の両理論をこのように整理した

上で，彼女は，「理論レベルで望ましいモデル」は「民主主義の闘技的精神を正当に扱い得る熟議民主主義」であると述べている (Benhabib 1996b: 9).

　ここで一つの疑問が生じる．なぜ，ベンハビブの提起するモデルは，「熟議的精神を正当に扱い得る闘技民主主義」ではないのだろうか．この問いは，前節の最後に紹介したフレイザーやマンスブリッジなどの理論家にも当てはまる．すなわち，ここで問われていることは，対立の契機の意義を認めながらも，なぜこれらの理論家たちは，最終的に熟議民主主義の立場を選択するのか，ということである．

　その理由は，ムフ，エルネスト・ラクラウ，そしてコノリーなどの「反基礎づけ主義的・ポスト構造主義的」民主主義モデルに対する，次のような彼女の批判に見出される．

　　「民主主義の反基礎づけ主義的理論は，次の点において循環論法に陥っている．すなわち，それらは，まさにその正当化のためにいわゆる『基礎づけ主義的』モデルがそもそも発展したところの，市民の平等・自由・民主主義的正統性といった道徳的・政治的諸規範をあらかじめ想定するか，もしくは単純に自明と見なしているのである．」 (Benhabib 1996a: 71)

　このベンハビブの批判は，本書のこれまでの議論に正面から異を唱えるものと言ってよい．彼女の考えでは，道徳的・政治的諸規範の「あらかじめの想定」ないし「自明視」によって「確実性」に依拠している理論は，熟議民主主義ではなく，闘技民主主義なのである．そして，闘技民主主義の作動は，熟議民主主義の作動を前提とするのである．以下で，このベンハビブの主張を検証する．

　まず，第2章第2節で述べた闘技民主主義論における「闘技」と「敵対性」との区別を想起してみたい．闘技民主主義論が，熟議との関係で規範的に正当化するのは，「闘技」のほうである．これに対して，「敵対性」については，その不可避性ないし根絶不可能性が指摘されるが，それ自体が望ましいものとして擁護されるわけではない．むしろ，敵対性は闘技へと変容されるべきものとされる．つまり，闘技民主主義論は，それが擁護する対立の中でも敵対性の次

元については，その不可避性は承認するものの，その制約が望ましいと考えているのである．

　ここで重要な問題は，対立を敵対性ではなく闘技の次元において実現するための，もしくは対立を前者から後者へと変換するための論理が，闘技民主主義論に存在しているのかどうか，である．本書は，闘技民主主義論はこの論理を理論内在的に導出することに成功しておらず，この点に熟議民主主義のメリットが存在すると考える．この点を確認するために，ムフの議論を参照してみよう．

　ムフが，「政治的なるもの」の核心として対立の次元を擁護する動機の一つに，ロールズなどの自由主義の個人主義に対する批判がある．彼女によれば，個人主義的な立場からは，政治を構想することはできない．なぜなら，「政治の領域において我々が遭遇するのは，集団や集合的アイデンティティであって，孤立した個人ではない」(Mouffe 1993:140=1998: 283) からである．この「集団や集合的アイデンティティ」は，どのようにして成立するのであろうか．ここでムフが提起する概念が，「ラディカル・デモクラシーのシティズンシップ」である．そのより具体的なイメージは，次のように述べられている．

> 「ラディカル・デモクラシーのシティズンシップは，ラディカル・デモクラシーの立場からなされる自由と平等の原理の解釈に共同して同一化することを通じて『われわれ』を構成すること，言い換えれば，民主主義的等価性の原理によって様々な要求を接合すべく，それら諸要求の間に等価性の連鎖を構成することを目指すのである．」(Mouffe 1993: 70=1998: 142)

　この「ラディカル・デモクラシーのシティズンシップ」の基盤の上に，闘技は成立する．逆に言えば，闘技は，その参加者が「ラディカル・デモクラシーの立場からなされる自由と平等の原理の解釈に共同して同一化」することなくしては成立し得ないのである．しかも，このシティズンシップは，諸個人の自己利益よりも上位に置かれるものである．なぜなら，

> 「われわれは，自分たちの自由を確保し，自由の行使を不可能にするよう

な隷属を避けようと思うなら，市民の徳を陶冶し，共通善のために尽力するのでなければならない．私的利害よりも上位にある共通善の観念は，個人の自由を享受するための必要条件なのである．」(Mouffe 1993: 63=1998: 127)

　ここでムフが，政治を自己利益に還元することを拒否し，「市民の徳」や「共通善の観念」の重要性を主張していることは，これまでの本書の議論とも合致する．しかし，他方で，ここまでの議論で示してきたように，自己利益と「市民の徳」ないし「共通善の観念」とを接続するためには，何らかの媒介の論理が必要となる．換言すれば，彼女の言う「民主主義的シティズンシップ」の成立は，ミクロ－マクロ媒介の問題を解決しなければならない．この問題の解決は，敵対性から闘技への対立関係の質的転換を実現することでもある．しかし，彼女は，この問題を解決する原理を闘技の原理から直接に導いていない．ここに，彼女の議論の抱えるアポリアが存在する．諸個人が「敵対性」から「闘技」の関係へ移行するための鍵である「民主主義的シティズンシップ」は，「民主主義的な『ゲームのルール』の受容」(Mouffe 1993: 4=1998: 8) を意味する．しかし，これは言わば，民主主義的な闘技のゲームに外在的な条件である[15]．闘技民主主義が「道徳的・政治的諸規範をあらかじめ想定している」とのベンハビブの批判は，この点を指しているのである．

　それでは，民主主義的シティズンシップの形成としての同一化の過程，すなわち「諸要求の間に等価性の連鎖を構成する」過程は，どのようにして実現可能なのだろうか．「諸要求の間に等価性の連鎖を構成する」とは，言い換えれば，「敵」から「対抗者」への移行を実現する，ということである．したがっ

15　ヨハネス・ベルガーとオッフェは，合理的選択論に基づくゲーム理論について，ゲーム外在的な条件の存在を指摘している．「論理的には，諸行為主体が構成され，ゲームの一部と見なすことができない諸過程の結果として，それらの選好順序が形成された後でのみ，ゲームは始まる」(Berger and Offe 1982: 525)．合理的選択論に基づくゲーム理論に対するこのような批判が正鵠を得たものであるかどうかは，本書の検討課題ではない（ただし，第4章の第2節および第3節において，本書の叙述に関係する限りで，若干の言及を行う）．しかし，この批判は，少なくとも本書における闘技民主主義論批判のポイントをよく示すものである．

て，問題は，そのような移行は，どのようにして可能なのだろうか，ということになる．このような問いに対して，私は，熟議民主主義が少なくとも一つの解答を提示し得ると考える[16]．以下，この点について論じよう．

ムフは，人種主義における人種主義者やセクシズムにおけるセクシストとの争いは「敵対性」であるとする（Mouffe 1996: 25=1998: 40）．「敵」であるとは，人種主義者やセクシストの主張は，単に反対されるだけではなく，「そうした考えを擁護する反対者自身の権利」も疑われるべきであることを意味する（Mouffe 1993: 4=1998: 8）[17]．このような敵との間に「民主主義的シティズンシップ」を確立することは可能であろうか，またそれは望ましいことなのであろうか．

この問いに対する解答として，論理的には二つの選択肢が考えられる．第一は，そのような可能性を一切断念することであり，第二は，「敵」をできるだけ「対抗者」に移行させるよう努めることである．本書は，過程論的な熟議民主主義理解が第二の選択肢の実現可能性を高めることに貢献し得ると考える．

第一の立場では，奴隷制支持者との間にはいかなる意味でのコンセンサスも形成不可能なのであり，敵対性の関係の中で互いに打倒するか／されるかという点のみが焦点となるであろう．上述のムフの言明から読み取ることができるように，闘技民主主義論の観点からは，このような立場が導出されることになる．しかし，このような方策を採る限り，友／敵の関係は固定的であり，敵が対抗者へと移行する可能性は閉ざされたままである．ここには，敵同士の間での選好の変容という視点は存在しない．従来，敵と見なされていた行為者が互いに選好を変容させることを通じて，（両者の従来の立場を前提としては考えられなかったような）新しい関係性，志向性，あるいは決定を生み出す可能性は開かれ

---

[16] ここで私は，闘技の成立はもっぱら熟議民主主義によってのみ説明できる，と主張しているわけではない．私の目的は，熟議民主主義が闘技の成立という（闘技民主主義にとっての）アポリアを解決するための選択肢の一つであり得る，ということを示すことである．

[17] ただし別の論文では，ムフは，「『敵』の殲滅は物理的殲滅として理解されるべきではない」とも述べている（Mouffe 1996: 25=1998: 40）．破壊されるべきものは，「社会的な行為者たちと決して融合され得ない固有の『主体位置（subject position）』」およびこの主体位置が「具現化される諸制度」である．

ていないのである[18].

　これに対して，第二の場合は，ジョンソンが提起した「世界観をめぐる争い」を含む熟議を試みてゆくことになるであろう．ジョンソンは，奴隷制支持者との熟議について，奴隷制についての賛否は論者の「世界観」に関わるために，この争点について熟議を行う場合は，最終的には論者の「世界観を攻撃することが必要」と述べている (Johnson 1998: 170)[19]．つまり，奴隷制支持者との間に「民主主義的シティズンシップ」を形成するためには，確かに熟議が必要であるが，それは「相争う世界観に対するある種の『根本的攻撃 (fundamental attack)』」を伴わざるを得ないのである (Johnson 1998: 177)．

　このような「世界観をめぐる争い」としての熟議は，民主主義的な実践と言えるのであろうか．ドライゼックも指摘するように，熟議が公正に行われるための手続きに焦点を合わせる手続主義的理解（彼の用語では「自由主義的立憲主義」）の立場からは，このような熟議は正統なものとは言えない．熟議の手続主義的理解あるいは自由主義的立憲主義モデルは，ある言説が熟議の過程に入るための前提条件を設定する．例えば，エイミー・ガットマンとデニス・トンプソンの場合は，「互恵性」「公開性」「アカウンタビリティ」である (Gutmann and Thompson 1996)．また，ロールズの場合は，「理性的な (reasonable)」議論を保障するためには，「自己利益，偏見，イデオロギーに基づく主張，あるいは他の熟議参加者の中核的アイデンティティを攻撃するような主張」は排除されるべきとされる．今日では奴隷制支持の言説は，明らかにガットマン／トンプソンやロールズが挙げるような熟議の諸前提条件を満たすものとは考えられない (Dryzek 2000: 45-46)．

---

[18] 本書と共通する観点からの闘技民主主義批判は，杉田敦や小玉重夫の議論にも見受けられる．杉田(2000: 101)は，ムフやラクラウのアプローチにおいて，「異質な『他者』との接触によって，差異のシステムそのものが根本的に新しいものに変わる可能性は，あらかじめ拒否されているように見受けられる」と述べている．小玉(1999: 170, 177)も，ムフによるラディカル・デモクラシーの議論は，「敵対性によって創出される政治的アイデンティティの形成」に「主要なモティーフ」があるとした上で，「このようなアイデンティティ・ポリティクスの論理には，自己とは異質な他者とのコミュニケーションの契機は含まれていない」のであり，「アイデンティティを異にする異質な他者間の関係を概念化する方法は含まれていない」と主張している．

[19] 本章第1節(1)をも参照．

しかし，ドライゼックは，古代ギリシャや初期のアメリカ合衆国では，奴隷所有者や奴隷制支持者は熟議に参加するにふさわしい名誉ある（男性の）人物であり得たのであり，したがって奴隷制反対論者との間で生産的な議論に従事することが可能だったはずだと述べる．熟議の前提条件が作用する方法は，時空を超えて変化するのである．ここから彼は，熟議の（手続き的な）前提条件そのものが「熟議による精査において再考されなければならない」と主張する．すなわち，奴隷制支持の言説も，その主張の妥当性は熟議によって検証されるべきなのである（Dryzek 2000: 46）．

このようにドライゼックは，熟議にかけられるべき言説の内容について，あらかじめ何らかの制限を課す必要はないと考える．なぜなら，熟議は，「選好の範囲を制限するための内生的なメカニズム」を持っているからである．その例として，彼は，エルスターの「偽善の文明化効力」論やロバート・E・グッディンの「選好の洗い出し」論などの議論を挙げている（Dryzek 2000: 46-47）[20]．本書の観点からは，熟議に内生的なこのメカニズムは，単に選好の範囲を制限するだけではなく，選好を変容させることも含むものである[21]．しかし，ここで重要なことは，いずれにしても熟議民主主義の（手続主義的理解ではなく）過程論的理解が，敵対性を闘技に，敵を対抗者に移行させる可能性を有しているということである[22]．

もちろん，上記のメカニズムによって「世界観をめぐる争い」への解決策が必ず提供されると断言することはできないであろう[23]．しかし，敵対性から闘技への移行可能性という問題について，闘技民主主義および手続主義的熟議民主主義理解と比較した際に，過程論的熟議民主主義理解およびその核心である選好の変容論が，相対的により大きな解決可能性を提示しているという点については，示し得たのではないかと思われる．

　本章では，熟議民主主義論と闘技民主主義との接点を模索した．その結果として，両者が交錯するいくつかの地点を確認し得たと思われる．熟議民主主義

20　エルスターやグッディンの議論については，第4章第3節において検討する．
21　この点についても第4章第3節で論じるが，本書は，「偽善の文明化効力」論とグッディンらの「二重効用」論との差異を強調する立場をとっている．

の側では，対立の契機の重要性が様々な角度から指摘されつつある．また，闘技民主主義による熟議民主主義批判は部分的に妥当性を持つものであった．他方，闘技民主主義は，闘技成立の説明においてアポリアを抱えており，この点を解決するために熟議民主主義の過程論的理解が相対的に可能性を有することが確認された．

したがって，分岐以後の民主主義論にとっての課題は，熟議民主主義の過程論的理解を基礎としつつ，そこにどこまで闘技民主主義的な対立の契機を織り込んでいくことができるか，ということになる．第4章で取り組むのは，この課題である．

---

22 さらに，ドライゼックは，熟議民主主義におけるコミュニケーション様式として，通常想定される「論証」以外の他の様式を条件つきで認めることの重要性を主張する．彼がとりわけ重視するのは，「レトリック」である．「レトリックは，重要なコミュニケーション様式である．なぜなら，それは，異なる引照枠組あるいは言説に同意する人々に到達しようとするコミュニケーションを伴うからである」(Dryzek 2000: 167)．このドライゼックの議論は，ヤングらの「差異派」の議論を部分的に摂取しつつ熟議民主主義を修正してゆく試みである．ヤングによる熟議民主主義批判については，第3章第1節(1)を参照．それを受けたドライゼックの議論については，第4章第1節で検討する．

23 したがって，敵との関係については，可能性としては，厳密には「世界観をめぐる争いを含む熟議」と「敵対性の維持」という二つの場合があり得るということになると思われる．

第4章　分岐以後の民主主義モデルへ

　本章の課題は、熟議民主主義の過程論的理解を基礎としつつ、闘技民主主義の論点である対立の契機を織り込むことによって、分岐以後の民主主義理論の一つのモデルを提示することである．

　問題は、熟議民主主義の過程論的理解のいかなる地点に闘技民主主義的な要素を接合するか、ということである．しかし、この問題については、第3章の特に第1節の議論より、次の三つの論点が接合地点として重要であると言える．すなわち、第一に熟議の要素の拡大、第二に選好の変容論の再構成、最後に「強制」ないし「権威」の正当化、である．第一の論点については第1節および第2節、第二の論点については第3節および第4節、第三の論点については第5節で、それぞれ論じる．最後に第6節において、前章までの議論をも踏まえて、分岐以後の民主主義モデルを提示する．

第1節　情念の導入

　熟議民主主義は、その理論に戦略的アクターの「不誠実」や「世界観をめぐる争い」を組み込む必要がある．理性・利益・情念の区別で言えば、熟議民主主義は、理性と結びついた理論であった．これに対して、戦略的アクターにおける「不誠実」は利益に、「世界観をめぐる争い」は情念に関係していた．したがって、「不誠実」や「世界観をめぐる争い」の組み込みは、熟議民主主義も情念や利益を等閑視すべきではないということを意味する．本節では熟議と情念の関係を扱い、熟議と利益の関係については次節で論じる．

　情念を承認することは、熟議が「世界観をめぐる争い」となり得ることを認

めることである．「世界観をめぐる争い」としての熟議が，敵から対抗者への移行という問題に関して一定の可能性を有していることについては，第 3 章第 2 節で論じた．ここでは，情念に関するもう一つの重要な論点について検討することにしたい．それは，最終的には上記の問題をさらに掘り下げて検討することにもつながるはずである．

　第 3 章第 1 節 (1) で見たヤングの議論を再び取り上げてみたい．彼女は，熟議が「脱情念化され，脱身体化された発話」を特権化している点を問題視した．具体的に言えば，発話の核心を「論証」に見るコミュニケーション様式は，性や人種などの社会的に構築された不平等を前提としており，結果的に熟議が「排除の含意」を持つことを帰結する，というのがヤングの批判であった．熟議民主主義が帯びる「排除の含意」を解消するために，彼女は，「より広い発話の形態と様式の理念」の必要性を主張する．すなわち，熟議民主主義において中心的コミュニケーション様式と想定されている「論証 (argument)」に，「挨拶 (greeting)」「レトリック」「物語り (storytelling)」という三つのコミュニケーション様式を追加することが提案される．この三つのコミュニケーション様式は，「対話者の具現化と個別性とを認識するので…公開性 (publicity) の意味と存在に必要な多元性を確立し維持するのに役立つ」とされる (Young 1996: 129) [1]．

　コミュニケーション様式を追加することによって，熟議民主主義の「幅を拡大」しようとするヤングの戦略は，熟議民主主義の「排除の含意」を明らかにし，差異の尊重の重要性を指摘したという意味で，本書の考える民主主義モデルにとっても貴重な視点を提供するものである．しかし，議論の手続きという点から見れば，彼女の議論は不十分である．彼女は，論証における「排除の含意」を指摘し，それ以外のコミュニケーション様式がより多元的なコミュニケーションを可能にするという．しかし，論証以外のコミュニケーション様式が「排除の含意」を持たないのかどうか，という点については，検討されていない．ドライゼックは，まさにこの点を問題にする [2]．

---

[1] ヤングは，これら四つのコミュニケーション様式を持つ政治的対話の様式を，「コミュニケーション的民主主義」と呼ぶことを提起している．
[2] 同様の指摘として，平井 (1999: 195) がある．

「もしも挨拶・レトリック・物語りが，ヤングのそれらへの大きな期待に合致し得るのならば，それらが〔論証とは——引用者注〕異なる種類のヒエラルヒーをもたらすわけではないということの論証が必要である.」(Dryzek 2000: 67)

確かにヤングが言うように，論証は，特定の人々，すなわち高学歴白人男性の議論や対話における優位性をもたらしているのかもしれない．しかし，ドライゼックによれば，「同様の格差は，あるいはその他三つのこれらのコミュニケーション類型に当てはまり得る」のである．そこで彼は，論証を含む四つのコミュニケーション様式を，次の二つの基準に従ってテストすることを提案する．第一は，強制（の脅威）の有無であり，第二は，「個別的なるものを一般的なるものに接続する」可能性の有無である (Dryzek 2000: 67-68).

ドライゼックの分析では，三つのコミュニケーション様式は，いずれもこの二基準に抵触する場合がある．例えば，物語りについて見てみよう．第一の基準については，集団の規範が受け入れられ得る物語の範囲を限定している場合には，物語りは強制的な形態となる．具体的には，意識覚醒集団や原理主義的宗教の事例が挙げられる．第二の基準については，ある個人の物語が「純粋にその個人のもの」である場合には，それを聞く政治的ポイントというものは存在しないとされる．「物語は，その状況を共有していない——しかし他の特徴（共通の人間性のみだとしても）を共有する——諸個人と共鳴できなければならない」．したがって，「個別的な抑圧についての本当に効果的な物語は，より普遍的な諸基準への暗黙のアピールを伴ってもいる」のである(Dryzek 2000: 68-69)[3]．このように，論証以外のコミュニケーション様式においても，強制および個別的なるものの一般的なるものへの接続という二基準をクリアしない場合があり得る．したがって，論証の問題点を指摘し，他のコミュニケーション様式を導

---

[3] 例えば，戦争地帯からの避難の物語は，「当該紛争に固有の悲惨なエピソード，恐らく特定のエスニック・グループの抑圧」で満たされていることであろう．しかし，この物語が感動的であるのは，それが「より一般的な人間の尊厳という基準の甚大な侵害を伴っているから」であり，「聞き手が抑圧された当該エスニシティと同一化しなければならないから」ではない．

入することが直接的に熟議民主主義の改善をもたらすとは言えない．

しかし，だからといってドライゼックは，論証以外のコミュニケーション様式の重要性を否定するわけではない．例えば，彼は，「レトリック」の重要性に注目し，「異なる引照枠組を横断して訴えかける際に効果的にもなり得る」と述べている．そのような「相互的理解を志向するレトリック」の使い手として，アメリカ公民権運動の指導者であったマーティン・ルーサー・キング牧師が挙げられている（Dryzek 2000: 70, 51-52 See also Dryzek 1996: 153-154）．

さらにドライゼックは，論証についても，それが二基準に抵触する可能性を指摘する．彼によれば，個別的なるものの一般的なるものへの接続の失敗の結果として，論証における強制は生じる．「個別的なるものからの観点の論証」の事例として彼が挙げるのは，最高裁が「憲法に違反する」との理由で，ある法律を拒否する裁定を行う場合である．このような論証は「個別的」である．なぜなら，憲法は特定の集団にとっては不正であるかもしれず，この点を考慮せず憲法解釈をめぐる争いを認めないことは，論証の範囲を限定し，ひいては自由な対話を制限することに他ならないからである．また，「伝統，先例，あるいは想定された自然法則などの権威に最終的に訴える論証」についても同様の論理が当てはまる．論証において重要なことは，「挑戦は締め出されるべきではない」ということであり，この点が達成されないならば，論証も「強制的になり得るし，個別的なるものを一般的なるものに接続することに失敗する」のである（Dryzek 2000: 71）[4]．

このように，一方で論証以外のコミュニケーション様式が効果を発揮する場合があり，他方で論証も，他のコミュニケーション様式に比して，常に優れているとは言えない．したがって，情念との関係における熟議民主主義再構築の論点としては，次の二点を指摘し得る．第一に，レトリックなど論証以外のコミュニケーション様式の導入である．これは，熟議民主主義の理性中心性に対して，情念の占める役割を承認することを意味する．第二に，第一点目の論点の結果として，それでは最終的に理性と情念との関係をどのように考えるのか，

---

[4] 逆に，ドライゼックの言う「個別的なるものの一般的なるものへの接続」は，少数派集団の（自己利益を含む）要求の承認と矛盾しないし，いわゆる「公共の福祉」論とは対極に位置する発想であると言えよう．この論点については，本章第2節であらためて論じる．

という論点である．私の解答は，情念の意義を認めても，熟議における理性の「中心的」役割は否定されない，というものである．以下で，それぞれの論点について敷衍しよう．

　第一の論点について，これまでの本節におけるドライゼックの議論の検討を通じて，論証以外のコミュニケーション様式が熟議民主主義の発展に貢献し得ることが明らかにされた．とりわけ，レトリックに関する彼の，「異なる引照枠組を横断して訴えかける際に効果的」であり，「単なる論証が他者に到達できない場合に，しばしば欠くことができない」との指摘は，注目に値する (Dryzek 2000: 70)．第3章第2節で私は，やはりドライゼックを参照しつつ，「世界観をめぐる争い」について，熟議民主主義の過程論的理解が相対的に高い解決可能性を有していると論じた．熟議へのレトリックの導入は，世界観をめぐる差異を横断し，新たな関係性を形成し得る熟議概念の再構築を可能にする．「差異を横断する熟議は実際に可能である」(Dryzek 2000: 4)．

　ここで強調しておきたいことは，熟議へのレトリックの導入は情念の導入を意味する，ということである．「レトリックは，集団の中核的アイデンティティに対する脅威という観点から争点を形成することによって，情念的関心 (emotional stakes) を掻きたてる」．キングの主張が大きな影響力をもったのは，彼の用いたレトリックの「情念的アピール」のためなのである (Dryzek 2000: 70)．理性に対して情念の意義を強調することは，闘技民主主義の特徴の一つであった．したがって，熟議へのレトリック＝情念の導入は，熟議民主主義と闘技民主主義との接合地点の一つなのである．

　次に第二の論点として，このように情念の役割を認めることによって，熟議民主主義の特徴（あるいは本質）であった理性の役割は，どのように変化するのであろうか．この問いを言い換えれば，挨拶・レトリック・物語りなどと論証との関係を，全くの対等（すなわちどのコミュニケーション様式も一長一短であるから，文脈に応じてその都度適切なコミュニケーション様式が選択されればよい）と考えるべきか，それとも何らかの意味で熟議における論証の「中心性」は維持されると考えるべきか，ということになる．

　この問いに対してドライゼックは，「論証は熟議民主主義にとって常に中心的でなければならない」と解答する．彼は，レトリックおよび情念の意義を強

調した後に,「それにもかかわらず,情念は強制的であり得るのであり,このことが最終的にはそれが理性に従わなければならない理由である」と述べている (Dryzek 2000: 71, 53). しかし,彼自身が明らかにしたように論証もまた「強制的であり得る」以上,この指摘のみでは,情念に対する理性の優位を示したことにはならない.より強い論拠は,次の叙述に見られる.

> 「論証も,したがって,強制的であり得るし,個別的なるものを一般的なるものに接続することに失敗し得る.しかし,論証は,これらの失敗を暴露することもできる.それは,論証自体における失敗だけではなく,告白〔「物語り」と同義と考えられる——引用者注〕,挨拶,およびレトリックにおける失敗についても当てはまるのである.」(Dryzek 2000: 71)

ここでドライゼックは,論証自体も「失敗」すること(その意味では他のコミュニケーション様式と同等であること)を認めながら,論証だけがそのような「失敗」を明るみに出すことができるとする.しかも,論証だけが,他の諸コミュニケーション様式の「失敗」に対しても,これを明らかにすることができるというのである[5].この点にこそ,情念に対する理性の優位性という彼の主張の根拠がある.

ドライゼックの主張は,これまでの本書の議論とも整合的である.本書の観点からは,理性は,他者の観点を考慮に入れるような選好の変容のメカニズムを動機づけるものである[6].ドライゼックの論点は,コミュニケーションや集合行為問題 (Dryzek 2000: 71) において「個別的なるものの一般的なるものへの接続」が「失敗」する際には,「常に論証が中心的な役割を果たす」ということであった.本書とドライゼックとの間に共通するのは,「なされるべき集合的決定,解決されるべき社会的問題が存在する」がゆえに,「集合的結果の産出」が必要である,という問題意識である (Dryzek 2000: 78, 73). このような問

---

5 この叙述は,他のコミュニケーション様式が自らの失敗を克服する方策を持たないという意味ではなく,論証だけが自らを含む四つのコミュニケーション様式すべての失敗を克服する方策を提供し得る,という意味である.
6 本書第2章第1節(4)を参照.

題意識から，異質な他者間の関係を調整するための原理の重要性が導かれるのであり，したがって理性の優位性が支持されることになる．

以上の主張に対して予想される批判の一つは，「意見の複数性を乗り越えられるべき与件と見なしている」のではないか，というものである．以下ではこの点について，齋藤の議論を参照しながら検討してみたい．齋藤によれば，

> 「討議は合意が形成される過程であると同時に不合意が新たに創出されていく過程でもある．合意を形成していくことと不合意の在り処を顕在化していくことは矛盾しない．」（齋藤 2000: 36）[7]

第3章第1節(2)で，熟議における合意形成に懐疑的な理論家たちの見解を紹介したが，彼らの場合は，熟議は合意を形成する（べきだ）という前提が存在していると言えよう．そうでなければ，熟議の結果としての不一致の蓋然性を熟議民主主義に対する批判として指摘する必然性はないからである．これに対して齋藤は，そもそも熟議は，合意形成の過程であるだけでなく，不合意創出の過程でもある（べきだ）と主張するのである．すなわち，熟議過程における不合意発生の可能性を指摘するだけでなく，不合意それ自体に積極的な意味付与を行おうとしている点に，齋藤の議論の独自性が存在する．これは，通常の熟議イメージを大幅に修正しようとする試みとして，注目に値すると言えよう[8]．

その点を踏まえた上で，ここで私は，齋藤の議論のさらに先に生じるであろう問題を指摘したい．確かに，「意思形成過程そのものにおける不合意に意図的にアテンションを向ける」（齋藤 2000: 36）ことは重要である．しかし，その場合に，意思形成過程の結果はどのように考えられているのであろうか．

熟議民主主義は，確かに一方で，齋藤の言うようにその合意形成への志向性，

---

[7] また，「理性的な不合意（reasonable disagreement）」と「非理性的な不合意（unreasonable disagreement）」とを区別するロールズ（Rawls 1993: 54ff.）の議論をも参照．

[8] 齋藤は，熟議における合意と不合意との関係を考察する際に，ハーバーマスの「討議概念」における「合意形成の契機」と「批判・反省の契機」とを区別し，両者の緊張関係を浮かび上がらせつつ，理論的に詰めてゆけば，この両契機が「並行するという保証」は存在しないことを明らかにしているが（齋藤 2000: 34-36），この点も興味深い考察と言えよう．

およびそのことがもたらす参加者の「正常化」効果を批判されてきた．しかし，他方で，熟議民主主義には，「集合的選択のためのメカニズム」を確定できない不十分な議論である，との批判も投げかけられてきた．「我々は熟議する，それでどうなるのだ」というわけである（Dryzek 2000: 78）[9]．この場合，熟議民主主義は，実際には有効な意思「決定」のための理論たり得ないと批判されていると言えよう．これらの批判を踏まえるならば，熟議民主主義の理論的課題は，一方で齋藤の指摘するように「正常化効果」を極力回避するとともに，他方でドライゼックが指摘するように「集合的決定がなされ，社会的諸問題は解決されるべき」（Dryzek 2000: 78）[10]との認識に基づき，熟議民主主義における意思決定のメカニズムを確定することだということになる．

　それでは，不合意が存在する場合の意思決定メカニズムとしては，どのようなものが考えられるのであろうか．意思決定過程において不合意が存在する場合の選択肢は，論理的には，不合意という現状の維持か，あるいは一方が他方に従うように強制するか，のどちらかしかあり得ない（Mansbridge 1996: 47）．それぞれの選択肢は，さらに解明すべき問題をもたらす．

　第一に，前者の選択肢について，不合意という現状の維持を「決定」の一つと捉えることは，もちろん可能である．齋藤も，合意が形成できないにもかかわらず「当面の集合的な意思決定が避けられないコンテクスト」における，「暫定的な妥協の形成」を指摘している（齋藤 2000: 35）．ここで彼は，（やや消極的ながら）不合意を意思決定と結びつけようとしていると言えよう．しかし，この場合でも，少なくともそのような決定を可能にする程度には，意見の複数性は

---

[9] ドライゼックは，同じ批判はコノリー，ムフそしてヤングなどの「差異の民主主義論（different democracy）」にも当てはまると述べている．ただし，ムフには，包摂／排除のメカニズムから「包括的合意」の不可能性とともに「決断」の重要性を導くという論理が存在する．

[10] この引用箇所でのドライゼックは，熟議民主主義と「集合的選択」との関係について，公共空間における言説の重要性を，部分的にレトリックなども用いながら，国家に伝導することを唱えている．このようにして公共空間における諸言説とその競合は，国家レベルの諸アクターの理解や想定へも浸透していくというのである．このように述べる場合，彼は熟議民主主義そのものによる意思決定の可能性を考えていないように見える．しかし，他方で彼は，熟議による同意がどのような形であり得るのかという点についても考察している．この点については，本章第4節で検討する．

「乗り越えられる」必要がある．したがって，この選択肢を不合意という観点からのみ捉えることはできず，不合意を維持するという意味での合意をどのように確保するのかという問題が発生することになる[11]．そこでは，情念の導入によって一定程度相対化されつつも，理性の役割が依然として重要となるだろう[12]．第二に，後者の選択肢，すなわち強制，については，これを理論的にどのように位置づけるのか，という問題が生じる．「統治能力の危機」論の批判的検討をくぐった後では，この熟議によらない集合的意思決定策もまた，民主主義的でなければならない[13]．

齋藤の議論は，確かに，熟議民主主義の一つの理論的アポリアを明らかにし，熟議における合意と不合意との関係について新たな見解を提起した，という意味で高く評価されるべきものである．しかし，彼の考察の帰結は，意見の複数性の重要性という洞察に止まらない．意見の複数性の擁護は，集合的意思決定の必要性ないしそのためのメカニズムをどう考えるか，という問題への解答を不可避とするからである．そのための選択肢としては，不合意の維持と強制の

---

11 この点に関わって興味深いのは，ボーマンの議論である．なぜなら彼は，一方で熟議の意義を「進行中の対話過程における協調の継続」に見出すのだが，他方でハーバーマスのような合意理解を批判しつつも，いかなる合意が可能かという問題にも積極的に取り組んでいるからである（Bohman 1996: 34, 84）．ボーマンの見解については，本章第4節で取り上げる．
12 本節で検討したように，熟議に，論証以外の複数のコミュニケーション様式を導入することは，熟議への情念の導入を意味するという意味では重要である．しかし，それ自体は，不合意の維持という意味での合意形成に対する有効な解決策を提示するものとは言えない．意見の複数性を一定程度「乗り越える」ことは，個別的なるものを一般的なるものに少なくとも一定程度接続する（ドライゼック），ということであり，この局面では情念に対する理性の優位が確保されるべきだからである．これに対して，合理的な理由づけの複数性，すなわちこのレベルでの不合意，を認めつつ，結論レベルにおける合意を確保することは，この問題に対する一つの解答となるだろう．本章第4節で，このような「異なる理由に基づく同意」について検討する．

なお，齋藤が指摘する，「当面の集合的な意思決定が避けられないコンテクスト」における「暫定的な妥協の形成」（齋藤 2000: 35）は，イメージとしては「異なる理由に基づく同意」と同様と思われる．ただし，齋藤の力点がどちらかといえば「議論が未完のものであることを了解し合う」という点にあるのに対して，私は「異なる理由に基づく同意」が意思決定策の一つであり，不合意という局面のみに還元することはできないという点を重視している．
13 この論点については，本章第5節で検討する．

二つが考えられる．前者は，情念に対する理性の最終的な優位という本節の主張と適合する．他方，後者の選択肢は，情念の存在が熟議以外の集合的意思決定メカニズムを要請する，ということを示唆している．意見の複数性の擁護は，この意味において，理性に回収され得ない情念の意義を照射したとも言えよう．

第2節　利益の復権

次に，熟議と利益との関係については，どのように考えるべきだろうか．サイモンは，戦略的アクターの存在に熟議民主主義の限界を見た[14]．しかし，ジョンソンは，熟議への利益の導入を目指して，次のように主張する．

> 「熟議についての説得力ある議論は——熟議を交渉（bargaining）から区別しようとして——自己利益に基づく主張か，あるいはそのような〔自己利益に基づく——引用者注〕主張が熟議の参加者が扱う一連の許される話題から引き起こすであろう紛争のどちらかを，カテゴリー的に排除してはならない．」（Johnson 1998: 174）

その理由は，「自分たちが排除されている限り，自分たちの『利益』が適切に考慮されない」（Johnson 1998: 174）点に求められる．熟議民主主義の構想の出発点には，「利益中心の政治への批判」という視点が存在した．ジョンソンは，利益の排除を否定することで，その視点を逆転させるのである．

しかし，熟議過程への利益の導入というジョンソンの主張は，利益中心の政治が有する諸問題点を復活させることにならないのであろうか．ここまでの議論から，利益中心の政治の問題点として，以下の三点を挙げることができる．第一に，「不誠実な」行動が熟議を無効化する可能性である．第二に，政治の公的性格を把握できない（その帰結が「利益集団自由主義」）ことである．最後に，ミクロ－マクロ媒介の困難性である（その一例として集計問題）．ジョンソンが主張するように，熟議への利益の導入が「自己利益に基づく主張と道徳的主張と

14　本書第3章第1節(1)を参照．

が必然的に相互排他的かつ敵対的であるとする見解を打破するのに役立つ」(Johnson 1998: 183) としても，これらの問題を解決できないのであれば，その主張の射程も限定的なものにならざるを得ない．熟議への利益の導入は，少なくともこの三点のいずれかを回避し，場合によっては克服するための手がかりを与える場合に，正当化され得ると思われる．

第3章第1節で述べたように，「戦略的に動機づけられた不誠実」は，政治行動において広く見られる．政治が権力や紛争という現象と関わるものである以上，このような行動を完全に否定することは非現実的である．しかし，不誠実な行動の存在によって，熟議が，「よくて時間の無駄」であり，「最悪の場合，実際以上に理性的な存在として他者の前に現れる人物の手助け」(サイモン) となるしかないのであれば，熟議民主主義を唱える意義は消失しかねない．

この点について，ゲリー・マッキーの議論が参考になる．彼は，熟議の場である「民主的フォーラム」が情報の送り手と受け手による「繰り返しの公共的相互行為」であることに注目している (Mackie 1998: 84-85, 73)．マッキーによれば，確かに一回限りの相互行為では，虚偽の行動をとってもその真偽を確認することができない．したがって，「不誠実な行動」をとることは容易である．しかし，繰り返しの相互行為では，討論の場で当該アクターが「一貫して正確で貴重な情報」を提供しているかどうかについての「評判」によって，「信頼性 (credibility)」が形成される．虚偽の行動をとるアクターは，当初は自分の目的を果たすことができるかもしれない．しかし，繰り返しの過程において，いったん彼女が虚偽の行動をとるアクターであることが判明すれば，彼女は信頼性を喪失する．これ以後，他のアクターは，彼女を「うそつき」と見なし，彼女の言うことを完全に無視することができる．このように繰り返しの相互行為では，自らの主張を実現するためには，「評判による信頼性」が重要となるため，不誠実なアクターは排除される．かくして，「公共的議論は，『一般的に』信頼に足る」のである[15]．

マッキーの議論によって，熟議における「不誠実な行動」が完全に除去されると証明されたわけではない．しかし，彼は，この可能性を熟議が「一般的に」有していることを示したのだと言えよう[16]．

次に，利益の導入と政治の公的性格との関係についてはどうであろうか．利

益集団自由主義の問題性は、特定の特権化された既存諸利益が政治的意思決定過程を支配している点にあった。これらの既存諸利益が公共的価値と等置されることによって、「政治の公的性格」が見失われるのである。すなわち、問題は、特定の利益が「公共的」と見なされる一方で、それ以外の利益は「私的」と見なされ、排除される点に存在する[17]。そうだとすれば、従来排除されていた利益の主張によって、利益集団自由主義における公私の境界線を問い直すことは、単なる私的利益の主張を意味しない。フレイザーが示唆するように、排除されていた利益の主張は、「何を公共的関心と見なし、逆に何を私的なものと見なすか」(Fraser 1997: 85=2003: 129) という問題に対する我々の注意を喚起する。したがって、それは、既存の「公共的」なるものを問い直すことを通じて、問題の焦点を「政治の公的性格」に合わせることに寄与すると考えられる。その際には、自分の利益を所与とした上でその実現を目指すのではなく、そもそも「何が自分の利益なのか」を再解釈する実践も行われ得る。このような実践は、利益集団自由主義批判において想定されているような単純な自己利益の追求・実現とは、質的に異なるものである[18]。熟議における共通善の形成が、

15　さらに、マッキーによれば、民主的フォーラムでは、情報の送り手と受け手がいずれも複数であり、コミュニケーションが多元的であることも、虚偽行動を減少させる重要な要因である。送り手が複数存在すれば、受け手は、その中で「正直な」「信頼性」があると判断できる送り手の情報のみを信じればよいし、そうするだろう。したがって、送り手の複数性は、送り手の側に「真実を言うことという規律」を課し得るのである。また、受け手が複数存在するならば、送り手は、各受け手に対して個別に真偽の情報を使い分けることが困難になる。なぜなら、もし一堂に会したときに（民主的フォーラム）、誰かに虚偽の情報を流していれば、すぐに明らかになってしまうからである (Mackie 1998: 86-89)。
16　マッキーは自らの考察を、「民主的フォーラムについてのより現実的な合理的選択モデル」(Mackie 1998: 73) と規定している。民主的フォーラムへの参加者がうそをつかない（傾向にある）のは、うそをつくことによって、評判が悪くなり信頼性を喪失する結果として、自分の意見が取り上げられなくなるからである。この場合、うそをつかないことが「合理的選択」であるのは、いかなる効用に基づいてのことであるのか、という点が問題となる。そのような選択は、自己利益の最大化という効用によって説明できるのであろうか。この論点については、二重効用論の文脈において次節で論じる。
17　この点は、ネオ・コーポラティズムにも当てはまる。ネオ・コーポラティズムの問題性についての指摘は多く存在するが、差し当たり、Offe(1984)を参照。なお、マンスブリッジ (Mansbridge 1995) は、コーポラティズムにおける熟議民主主義的契機の導入について論じている。

あらかじめ自己利益を排除することを条件として行われるならば，利益の有するこのような政治機能の適切な評価を妨げてしまうかもしれないのである．

しかし，熟議における利益（に由来する主張）を認めることは，ミクロ－マクロ媒介の問題に困難を持ち込まないのであろうか．フレイザーは，熟議における共通善への志向性を批判すると同時に，単純な集計モデルをも批判している．人々の利益は熟議の進展と無関係に定められるものではなく，「公共の熟議において，それを通じて言説的に構築される」ものだからである（Fraser 1997: 87）．このことは，熟議民主主義における利益の承認を，変容しない利益の集計と同一視する必要はない，ということを示唆する．フレイザー自身は，利益の承認と集計モデル批判とを両立可能にする論理的媒介項として，ハーバーマスの熟議の手続主義的理解を想定しているように見える（cf. Fraser 1997: 98, n. 39=2003: 148-149, 注(39)）．しかし，仮にそうだとしても，既に指摘したように，手続への依拠は，その手続の発生自体を説明できないという問題を生み出す．排除されていた利益をも熟議の対象と認めるような手続はなぜ可能なのか，フレイザーの議論は，不可避的にこのような疑問を引き起こすことになる．

ここに，多くの理論家によって，「道徳」や「規範」の重要性が指摘される理由が存在する．ボー・ロートシュタインは，「合理的に自己利益を追求するアクター」の間では，「集合行為問題を解決するための政治制度（およびその創出に必要な選択的誘因）は決して発生しない」のであり，「集合行為問題を解決するための政治制度の確立そのものが，集合行為問題を提出する」と主張する（Rothstein 1996: 158-159）[19]．集合行為問題を解決すること，つまり「社会が可

---

[18] ここでは，フレイザー（Fraser 1989）による「ニーズ充足の配分」から「ニーズ解釈の政治」への焦点のシフトという主張や，マイケル・イグナティエフ（Ignatieff 1994=1999）の議論が念頭にある．

なお，次のような齋藤の指摘は，「ニーズ解釈の政治」が単なる自己利益の追求・実現と異なることをよく示すものである．「互いの身体のニーズにきわめて感度が鈍くなっている現実——たとえば過労死を想起されたい——は，私たちが公共的空間における『ニーズ解釈の政治』を怠ってきたことを示唆している」（齋藤 2000: 86）．このような「ニーズ解釈の政治」は，「他者の観点を考慮に入れる」という志向性において，本書における選好の変容の視点と共鳴する．

[19] 同様の指摘として，Bates（1988），Berger and Offe（1982），Buchstein（1996: 311）などを参照．

能な理由」を理解するためには,「協同・信頼・信義・義務・責務についての社会的・歴史的・文化的に確立された規範を考慮に入れなければならない」のである (Rothstein 1996: 159)[20].

　また,「集合行為問題を解決するための政治制度」がいったん成立した場合も,その持続をどう説明するかという問題がある.近年の研究によれば,いったん成立した集合的行為のパターンが持続する理由は,ゲーム理論によって説明可能であるという (Taylor 1987=1995).しかし,他方で,集合的行為の持続を説明する繰り返しゲームについて,複数の均衡解の存在およびアクターの情報の不完全性ゆえに,繰り返しの過程において非協調戦略が選択される可能性も指摘されている (Hechter 1992; Kreps 1990: 95-107=2000: 102-115; 盛山 1995: 82)[21].ここで合理的選択理論の可能性にも関わるこれらの主張の当否を判定することはできない.ただし,熟議民主主義の理論家は,後者の主張を支持するように思われる.例えば,オッフェ／プロイス (Offe and Preuss 1991: 156) は,自己利益に基づいた社会契約も,その持続において何らかの「道徳的努力」あるいは「道徳的に基礎づけられたコミットメントないし自己制約」が必要となると主張する.なぜなら,「社会契約が長くなればなるほど,自分自身の利益のためにそれを破壊する誘惑 (つまり,他者の協調の下でのフリー・ライダー),あるいは他者に先んじるために最初にそれを破壊する誘惑のどちらかがますます大きくなる」からである[22].

　さらに,エルスターは,「自己利益に導かれた」熟議参加者でさえも,自己利益ではない要素の存在を前提とせざるを得ないと主張する (Elster 1995: 244).

20　ただし,ロートシュタイン自身が別の著作 (Rothstein 1998) で述べているように,規範をもっぱら「社会的・歴史的・文化的」に確立されるものと見ることは,議論を「歴史決定論」へと導くなど,あまりにも「一次元的」なモデルとなり,この意味では,個人の効用最大化という自己利益中心モデルと類似してしまうことにつながる.ロートシュタインは,規範の源泉を政治制度に求める.「社会規範は,政治制度が諸アクターに直面する意思決定状況を構造化し,〔アクター間の——引用者注〕信頼に影響を及ぼす方法によって説明され得る」(Rothstein 1998: 134).この見解は,所与の共通善を想定せず,熟議 (の場・制度) におけるその形成という視点を評価する本書の立場とも共鳴する.
21　また,マイケル・テイラー (Taylor 1987=1995) も,繰り返しゲームにおける非協調戦略発生の可能性を否定しているわけではない.
22　同様の指摘として,久慈 (1991: 40) をも参照.

このような参加者にとって,「共通善」や「公共利益」といった理念はせいぜい「リップ・サービス」であり,「これらの目標の観点から熟議が行われている時でさえ,しばしばそれらは部分的もしくは党派的な目標のための単なる口実」である.彼ら／彼女らは,「不偏性 (impartiality) や真実 (truth) といった (非戦略的な) 理念を戦略的に利用」しているに過ぎない (Elster 1995: 239)[23].しかしながら,仮に参加者たちが「誰もが常に自己利益によって動いている」と信じているとすれば,そもそも「公正な熟議によって他者を説得しようと試みる理由」は存在しない.すなわち,もしも自己利益に拠らない理由を掲げて熟議に参加するならば,その参加者は,逆説的にも,自己利益ではないものの存在を承認しているのである.したがって,「戦略的行為者による非戦略的理念への依拠」すなわち「熟議の戦略的利用」は,「公正は,自己利益達成の目的のためにそれを活用する試み(あるいはそれを尊重する必要性)に論理的に先行する」ことを意味する.そして,自己利益追求の行動は,「純粋な自己利益志向ではないアクターの存在に寄生的なもの (parasitic)」である (Elster 1995: 248).エルスターのこの主張を踏まえるならば,先に紹介したマッキーの繰り返しの相互行為への参加者たちも,単に「自分にとって損になるから」という理由だけではなく,「虚偽の主張は問題だ」という規範意識を持っているからこそ,「虚偽の主張」を行わない,ということになるだろう.

このように,自己利益のみに依拠したミクロ－マクロ媒介問題の解決策は,その発生(ロートシュタイン)および持続(オッフェ／プロイス)において理論的問題点を持ち,自己利益によって説明可能と思われる場合であっても,自己利益とは異なる要素を前提とせざるを得ない(エルスター).かくして,熟議民主主義論における利益の承認は手続的次元を超え,自己利益と「道徳」や「規範」

---

23 その理由として,エルスターは,次の五点を挙げている (Elster 1995: 247-248).第一に,非利己的な態度を見せることで,(自分より)強力な他者も自分の主張を撤回するかもしれない.第二に,実際には「特殊利益間の取引」にすぎないものをごまかすことができる.第三に,一般的な理由を持ち出すことで,他者を説得することが可能になる.第四に,自己利益の追求を妨げる「社会的規範」の存在.最後に,公正な理由の提示は,対立者に「恥をかかせる (humiliating)」ことを回避することができ,その結果として両者が一定の満足を得る結果を達成できる.なお,第四の社会規範について,エルスターは,個人の合理的行動から社会規範を導こうとするジェームス・コールマンの試みには批判的である.「社会規範が個人の自己利益に還元可能であるとは考えられない」からである.

とをどのように媒介するかという問題を改めて提起する．ここに，手続次元ではなく，諸個人の認知的次元に焦点を当てる選好の変容論の重要性が再浮上することになる．ただし，選好の変容論については，熟議民主主義を擁護する論者からも批判が提起されていた[24]．批判を受け止めた上で，選好の変容論を擁護することは可能であろうか，次に検討するのは，この問題である．

第3節　選好の変容再考①
――「紛争の次元についてのコンセンサス」と二重効用論

(1)「紛争の次元についてのコンセンサス」論

　前節で見たように，利益の復興は，選好の変容という視点の不必要性を意味しない．他方，ナイト／ジョンソンが指摘したように，選好の変容が必ずコンセンサスをもたらすとは言えない．したがって，問題は，選好の変容の到達点をどの地点に求めるかであると思われる．具体的な共通善ないしコンセンサスか選好の集計かという二分法を脱却し，どの程度の選好の変容か，あるいはいかなる意味での「共通善」ないし「コンセンサス」か，という点についての考察が必要なのである．この問題に答えることは，選好の変容論はどのような論理によって自己利益を道徳ないし規範に媒介し得るのか，という問題への解答ともなるであろう．

　この問題について，ナイト／ジョンソンは，熟議を「選好の変容ではなく，紛争の次元についてのコンセンサスを確立するという，相対的により穏健な目標を目指すもの」(Knight and Johnson 1994: 285) として捉えることを提唱している．「コンセンサスの確立」は主張されるが，しかしそれは，「紛争の次元」，すなわち「ある紛争において何が争われているか」(Johnson 1998: 177) という点についてのものである．確かに，このような規定は，「コンセンサス」理解としては相当に「穏健」なものである．それゆえ，問題は，このようなコンセンサス理解の修正がいかなる理論的意義を有するのかである．ナイト／ジョンソ

---

[24] 本書第3章第1節(2)を参照．

ンは，このような熟議とそれが達成するコンセンサス理解によって，熟議参加者が「単峰型選好（single-peaked preference）」を持つ蓋然性が増大する，と主張する（Knight and Johnson 1994: 282; See also Johnson 1998: 176-177）[25]．単峰型選好の形成によって，熟議参加者の間での「不一致の次元」が明確になるだけでなく，最終的な投票におけるサイクルの発生を回避することができるのである（Knight and Johnson 1994: 282-283）．こうして，ナイト／ジョンソンは，単なる選好の集計か最終的結論におけるコンセンサスか，という二分法を廃して，「紛争の次元についてのコンセンサス」という次元を導入し，その次元の成立に，熟議の役割を見出すのである．

　実現可能な熟議民主主義の形態を構想しようとする，ナイト／ジョンソンの試みは注目に値する．彼らの議論は，たとえ結論におけるコンセンサスをもたらさなくとも熟議の意義は依然として存在することを指摘するものだからである．彼らの主張はまた，次の点においても興味深い．第3章第2節において私は，闘技民主主義における闘技の成立，あるいは対立の「敵対性」から「闘技」への移行について，熟議民主主義が一つの媒介論理を提供し得る，と論じた．「紛争の次元についてのコンセンサス」というナイト／ジョンソンの議論を，この媒介論理の説明として捉えることができるように思われるのである．

　しかし，ナイト／ジョンソンの主張には，三つの問題点が存在するように思われる．第一は，彼らにおける「選好の変容」概念の拒否である．第二は，選好概念の「薄さ」である．第三は，結論レベルのコンセンサスの否定である．本節では，第一と第二の問題について検討する．第一の問題について，私は，「二重効用」の概念を導入し，質的に異なる二つの選好のあり方を区別することを通じて，「選好の変容」概念を維持することは可能であると主張する．第二の問題について，私は，選好を構成する諸要素を「価値」「信念」「表明された選好」の三つに区別することを提案する．第三の問題については，次節で扱

---

[25] 「単峰型選好」とは，各人の選好が同一の尺度上に位置づけ可能であり，かつその尺度の両端に行くほど，その選好保持者が減少する（選好の人気がなくなる）ように配置していることである．このような選好配置の状況では，配置上の中央値（メジアン）に位置する選好は，投票において常に多数派を獲得できることになり，集計問題の発生を回避することが可能となるとされる．この点については，Budge（1996: 141-142=2000: 216-217），佐伯（1980: 22-23），小林（1988: 59-60），宇佐美（1993: 19），宇佐美（2000: 27-29）などを参照．

うこととする.

(2) 私的選好と公的選好

　まず，第一の「選好の変容」の評価についてである．ナイト／ジョンソンは，「紛争の次元についてのコンセンサス」およびその結果としての「単峰型選好」の形成を「選好の変容」論に対置することによって，後者の意義を否定しているように見える (Knight and Johnson 1994: 283)[26]．両者の区別の根拠は，前者が「選好順序の構造」についての制約であるのに対して，後者は「選好の内容」についての制約である点に求められているようである (Knight and Johnson 1994: 282)．しかし，この区別によって選好の変容論を否定することに，論理的必然性は存在しないように思われる．実際，熟議の意義についてナイト／ジョンソンとほぼ同様の理解を有しながら，同時に選好の変容の観点を保持する論者も存在する．例えば，ミラーは，熟議民主主義の意義を，「熟議の過程によって，いかなる種類の争点が問題となっているのかを明らかにする」点に見る (Miller 1993: 87-88)．これは，ナイト／ジョンソンと共通の見解である．しかし，ミラーは，選好の変容の用語を放棄しない点で，彼らと異なっている[27]．私には，ナイト／ジョンソンによる「選好順序の構造」と「選好の内容」との区別は，いささか過剰な二分法に陥っているように思われる．そこで，以下では，「選好の変容」が発生するメカニズムをさらに詳細に検討する．この点の解明によって，ナイト／ジョンソンのように「選好順序の構造」の制約を「選好の変容」に対置するのではなく，「選好の変容」を引き起こすメカニズムこそ「選好順序の構造」の制約である，という関係として捉えるべきであることを示す．

---

[26] ナイト／ジョンソンからすれば，選好の変容の主張は，「強すぎる」か「ポイントを外している」か，どちらかである．一方で，選好の変容が「収斂する同質的な選好」を要求するならば，「強すぎる」想定である．他方で，アクターの選好が熟議によって「より考慮され，反省的で，自覚的な方法で保持」されるというならば，選好の変容がコンセンサスをもたらすとは限らない以上，この指摘だけでは集計問題が解決されないために，「ポイントを外す」ことになるのである．
[27] ミラーにとって，選好の変容とは，「当初の選好が他者の観点を考慮に入れるように変容する」ことである (Miller 1993: 75)．

手がかりとなるのは，グッディンの「選好の洗い出し (laundering preference)」論である (Goodin 1986: 87-88). 彼によれば，集合的意思決定過程には，人々に「自分の選好を体系的に洗い出す」気を起こさせるようなダイナミズムが存在する．ここでポイントとなるのは，「選好順序の複数性 (multiplicity of preference orderings)」と制度である．グッディンは，ある問題に対する「個人の対応は，その問題が問われる制度的環境に左右される」と述べる．個人は，いかなる制度的文脈においても常に，自己利益を最大化するような選択ないし選好順序の形成を行うわけではない．とりわけ，集合的決定という制度的文脈においては，「人々は，公的志向の倫理的選好 (public-oriented, ethical preferences) のみを表明し，私的志向の利己的選好 (private-oriented, egoistic preferences) は抑制する」ように，自らの選好を「洗い出す」のである．グッディンによれば，前者の選好は，「集合的意思決定の過程において参加者が発見する『より真の』利益」ではなく，「個人の内部で実際に作動する」選好順序である．人は，文脈に応じて異なる選好順序を採用するのである．

それでは，グッディンの唱える「私的志向の利己的選好」と「公的志向の倫理的選好」との区別，および前者から後者への切り替えのメカニズムは，何らかの意味で選好の変容と呼び得るほどの質的転換を伴っているのであろうか．この問題に答えるために，「選好の洗い出し」のメカニズムの説明として，論理的に想定し得る二つの方法を比較してみたい．第一は，「公的志向の倫理的選好」の表出の動機を自己利益によって説明するものである．第二は，「公的志向の倫理的選好」の表出を自己利益以外の動機によって説明するものである[28]．

第一の方法の典型は，エルスターの「偽善の文明化効力 (civilizing force of hypocrisy)」論に見ることができる．彼は，熟議が自己利益の観点からであれ，より公正な観点からの主張の採用を促進するとすれば，その結果としてより公正な結果がもたらされると主張する (Elster 1995: 250). すなわち，自己利益の実現を目指した戦略的な動機に端を発するという意味では，「公正な観点からの主張」は「偽善」であるが，それがより公正な結果をもたらし得るのである．

---

[28] この区別は，アマルティア・センの言う「共感」と「コミットメント」との区別に示唆を得ている (Sen 1982: 91ff.=1989: 133ff.).

このような「偽善の文明化効力」論は，その結果レベルにおける効果において，少なくとも「熟議擁護のための次善の論拠」(Elster 1998a: 12) を提供するとされる．しかし，この議論では，「公的志向の倫理的選好」が表明されるとしても，自己利益達成のためという動機にいささかの変更も見られない．熟議参加者の効用は，あくまでも自己利益の最大化であり，この効用の観点から表明される選好が選択されるのである．このメカニズムは，「選好構造の制約」に属するものであり，そこに「選好の変容」と規定するための根拠は存在しない[29]．

これに対して，グッディン自身も含む第二の方法は，「二重効用」論に見られる[30]．この議論によれば，諸個人は常に自己利益を最大化しようとして行動するわけではない．むしろ，大抵の個人は「自己利益を追求するけれども，同時に『正しいことを行う』ことを望む」(Rothstein 1998: 136)．彼らは，一方で「社会的善に貢献することを望み」つつ，他方で「自分の個人主義的な利益ができるだけ充足されることを確実にしたい」と考えるのである (Levi 1991: 133, 135. See also Levi 1997: 10)．ここで重要なことは，二重効用論においては，一方の自己利益の追求と，他方の「公正な行動」あるいは「社会的善への貢献」とが，異なる効用と見なされていることである．確かにこの両者は，「オルタナティヴな行動の費用と便益の計算に基づいた選択」という意味では，「合理的選択」であるとも言える (Levi 1991: 135)[31]．しかし，二重効用の発想の要点は，公正な行動や社会的善への貢献を利己主義の観点から説明することを拒否することにある．すなわち，大多数の諸個人にとって自己利益の追求と公正や社会

29　これとは別の観点から，ジョンソンは，「偽善の文明化効力」論は「選好の変容」をもたらすかもしれないが，それは「理性的な合意」ではなく，単なる「順応（conformity）」を引き起こすものであり，諸個人の自律という問題の重要性を看過してしまうと批判している (Johnson 1998: 171-172, 182, n.47)．
30　「二重効用」の用語は，ハワード・マルゴリス (Margolis 1990) によって用いられている．
31　リーヴィーによれば，二重効用の議論は，合理的選択理論を，「個人が自己利益を追求するという想定」を必要とせず，「物質的要因と倫理的要因の両方を含む総利得」を想定するモデルとして捉え直すものである．このような再構成によって，合理的選択理論は，自己利益の最大化といった「人間行動の狭い概念」を克服できるというのである (Levi 1997: 24-25, 34-35)．この点に関して，盛山和夫も，合理的選択理論における「合理性」ないし「効用」の「中味は無限定」であり，「利己的であることも，物質主義的であることも，決まっているわけではな」く，「行為者が何らかの道徳的・規範的価値を第一義において行為することも，十分に『合理的』である」と述べている (盛山 1997: 143)．

的善の追求とは,異なる効用なのであり,どちらか一方から他方を演繹して説明することはできないのである (cf. Margolis 1990: 240)[32]. この点について,マーガレット・リーヴィーの次のような主張を参照されたい.

「倫理的目標の達成は,自己利益の達成を保障しないかもしれないし,倫理的関心は,より利己的な目標と対立するかもしくはこれを侵害するかもしれないのである.」(Levi 1999: 10)

このように二種類の効用を区別するならば,「私的志向の利己的選好」と「公的志向の倫理的選好」とは質的に異なる選好である,と言うことができる[33]. 確かに前者から後者への変化は,「公的志向」への「選好順序の構造」の制約という性格を持つ. しかし,それは単なる制約ではなく,同時にその際の効用は,自己利益の最大化から公正あるいは社会的善の追求へと質的に変化していると考えられる. この点について,後藤玲子 (2002: 204-205) が,個人の「私的選好」の情報的基礎が「本人の状態のみならず,他者の状態や他者の厚生を含むものへと拡張され」る場合,「そのことは,個人の私的選好の定義域がそのまま拡張されることを意味するものではない」と主張していることが参考になる. それは,「それらの情報に基づいて公共的ルールを評価する関数それ自体

---

[32] なお,二重効用論は,(少数ながら)自己利益の追求のみを効用とする個人も中には存在することを否定するものではない. ただ,そのような個人はごく少数に止まるであろうと想定するのである (cf. Levi 1991: 133). また,共通善の促進が自己利益に由来する場合もあり得るが,共通善を促進しようとする行動は,それに尽きるものではない (cf. Goodin 1986: 88; Sen 1982: 91ff.; 宇佐美 1993: 110-112).

[33] ここで私が「質的に異なる」という用語を用いる際には,例えばロールズによる「合理的なるもの (the rational)」と「理性的なるもの (the reasonable)」との区別の仕方などが念頭にある. この区別について,ロールズは,次のように述べている.「公正としての正義において,理性的なるものと合理的なるものとは,二つの異なる独立した基本理念と見なされる. 一方を他方から演繹するという考えは存在しないという意味で,両者は異なる. とりわけ,理性的なるものを合理的なるものから演繹するという考えは存在しない.」(Rawls 1993: 51)

ところで,なぜ,人は質的に異なる二つの選好を持つと言えるのだろうか. この問いに答えるためには,人間論的な考察が必要となる. 本書では,第5章第3節において,不十分ながらこの考察を行っている.

が，私的選好とは質的に異なるものへと変化することを意味する」のである．この後藤の説明は，「当初の選好が他者の観点を考慮に入れるように変容」（ミラー）するプロセス，すなわち「選好の変容」が質的変化を伴っていることを説明したものと言える．このように考えるならば，二重効用の概念によって，「選好順序の構造」の制約を「選好の変容」をもたらすメカニズムとして説明することができるのである．

(3) 二重効用論と自己利益

　以上の説明に対しては，二重効用の議論は，共通善との関係で（自己）利益について，劣位の位置づけしか与えていないのではないか，という疑問も提起され得る．本章第2節において私は，熟議における利益の（再）導入の必要性を主張した．しかし，熟議によって私的な選好も公共的選好に変化するのだとすれば，結局利益は熟議の対象となった途端に変化を迫られるのみ，ということになるのではないだろうか．そうだとすれば，熟議への利益の（再）導入は，（熟議民主主義への批判をかわすための）形式的なものにすぎない，ということにならないだろうか．今や問われているのは，果たして利益と二重効用論とを整合的に理解し得るのか，という問題である．

　確かに上記の二重効用論の説明において，私は，「私的志向の利己的選好」と「公的志向の倫理的選好」との質的差異を強調した．しかし，ここから，熟議という制度的文脈の下では諸個人は自己利益を放棄し，もっぱら共通善のことだけを考えなければならない，と捉えるならば，過度の単純化に陥ることになる．熟議において，熟議参加者が直面する状況は，自己利益の追求か共通善の促進かという二者択一ではなく，「規範と自己利益とのバランスをとること」(Levi 1991: 135) だからである．以下では，まず，この「規範と自己利益とのバランス」について，やや立ち入って説明し，その後に，二重効用論と熟議における利益の位置という論点への示唆について述べよう．

　熟議は，「公的志向の倫理的選好」へと自らの選好を「洗い出す」ための制度的文脈を提供し，熟議参加者は，共通善の促進を目指して行動しようとする．ただし，そのような行動は，他の参加者も同じように公的志向の行動をとるという確信を前提とする．つまり，熟議参加者たちは，「他者も協力するならば，

協力したい」と考えるのである．これは，リーヴィーが「倫理的互恵性（ethical reciprocity）」と呼ぶ規範である．倫理的互恵性は，「公正に行動したい（behave fairly）という欲求」に依拠しており，自己利益の最大化という効用では説明できない（Levi 1999: 24-26. See also Levi 1998: 88-90）[34]．この場合は，「規範と自己利益とのバランス」は，規範が優位な形で成立していると言える[35]．

しかし，諸個人は，熟議に参加するからといって自己利益最大化という効用を完全に放棄するわけではない．したがって，倫理的互恵性の成立についての確信が得られなくなれば，自己利益最大化の観点からの費用－便益計算を考慮するようになると考えられる[36]．倫理的互恵性が成立していないならば，自分一人だけが共通善の促進を目指して行動することは，あまりにも費用のかかる非合理的な行動となる．なぜなら，そのような状況では，共通善を志向する行動をとることによって，自己利益の実現を目指す他のアクターの「カモ（sucker）」となってしまうかもしれないからである（Rothstein 1998: 137）．この場合，「規範と自己利益とのバランス」は，後者が優位な形で成立していることになる．

このように把握された「規範と自己利益とのバランス」は，二重効用論と熟

---

[34] リーヴィー自身は，倫理的互恵性の概念を，政府が行う納税や徴兵などの政策に市民が従う（compliance）理由を説明するために提起している．倫理的互恵性は，「政府の信頼性（trustworthiness of government）」とともに，市民が政府に従う四つのパターンの一つである「偶発的同意（contingent consent）」の構成要素とされている．なお，倫理的互恵性に基づく相互行為の関係は，ゲーム理論の用語で言うところの，「保証ゲーム」ないし「安心ゲーム」に近い（Levi 1999: 25）．ただし，倫理的互恵性と保証ゲームないし安心ゲームとは，後者が相互利益（mutual advantage）のための互恵性であるのに対して，前者はあくまで「公正に行動したいという欲求」に依拠している点で決定的に異なる（Levi 1999: 25）．安心ゲームについては，山岸（2000: 148ff.）をも参照．
[35] 「バランス」であるから，倫理的互恵性が成立している場合でも，自己利益が放棄され，「エゴイスト」から「純粋な利他主義者」に変容するのではなく，自己利益は「集合的利益と一致するように再定義」されると見るべきである（cf. Rothstein 1998: 119-120; Rothstein 1996: 149）．
[36] ここでは，偶発的同意に関するリーヴィーの次のような説明が念頭にある．「短期的な物質的自己利益がただのり（free riding）を個人的に最善の選択肢とする時でさえ，偶発的に同意する市民は，なおも協調することを好む．しかしながら，もしも服従（compliance）の費用があまりにも高くなれば，その場合には費用－便益計算が恐らく他の考慮を打ち負かすであろう．」（Levi 1998: 89）

議民主主義における利益の位置との関係について、いかなる示唆を与えるのであろうか。まず指摘できることは、二重効用論は熟議から利益をあらかじめ排除するものではないということである。熟議において倫理的互恵性が成立し、「公的志向の倫理的選好」が表出される状況を、個々の熟議参加者の選好形成メカニズムから見るならば、熟議参加者は、倫理的互恵性の成立という文脈を考慮に入れつつ、自己利益の追求と共通善の促進という二つの効用の観点から、自らの判断を反省的に問い直していると考えられる。これは、自己利益に「他者の観点の考慮」（ミラー）あるいは「他者にとっての結果の考慮」（レヴィーン）を加えてゆくという、本書が採用する熟議民主主義の構想と共通する。

この場合でも、依然として利益は修正を迫られることに変わりはない、との指摘がなされるかもしれない。しかし、熟議において自己利益に基づく主張・要求をあらかじめ排除しないことと、そのような主張・要求が内容的に変容しないままで維持されるということとは別の問題である。前者の場合は、前節で述べたような、利益の再解釈の可能性に開かれている。これに対して後者は、端的に利益集計の発想であり、この考え方を認めることはそもそも熟議民主主義の発想に適合しない[37]。

恐らく最も重要な問題は、例えばジェンダーに基づく不平等のように、従来「私的」と見なされ、その結果として政治的議論の対象から排除されていた利益が熟議の対象となる場合である[38]。このような要求にも選好の変容を求めるとすれば、それは、これまでその要求を「私的」と見なし、熟議の場から排除してきた集団にとって有利に作用し、結果的に既存の不平等な関係を再生産することに貢献するのではないだろうか[39]。熟議民主主義論は、このような要求に対しても、自己利益を最大化しようとする発言・行動については、そのよう

---

[37] 第2章第1節(2)を参照。併せて、フーベルトゥス・ブッフシュタインの次のような主張も参照。「最小限の共同体的な志向性（gemeinschaftlicher Orientierung）…が存在する場合にのみ、総じて政治は初めて可能になるのである。」（Buchstein 1996: 311）

[38] なお、このような要求が、自己利益最大化の要求であるのか、それとも正義や公正といった「公共的」観点からのものであるのかをどのように区別するのか、という問題もある。しかし、ここでの論点を明確化するために、このような要求には、これまで自分の被っていた不利益をできるだけ解消しようとする目的が少なくとも一定程度含まれているものと想定する。

な発言・行動を変容させるように求めることになるだろう．しかし，これをもって，熟議民主主義論は排除されてきた集団の要求に応えることができない理論である，と言うことはできない．なぜなら，熟議民主主義論における選好の変容の要請は，排除されてきた要求だけではなく，この要求を突きつけられた側にも当然当てはまるからである[40]．たとえ自己利益最大化という動機を含むものであれ，少数派による要求が熟議の場に提起されたならば，多数派はその要求を直ちに却下することはできず，それを「他者の観点」として受け止め，考慮に入れるように努めなければならないのである．

かくして，熟議民主主義は，既存の不平等な関係を再生産するのではなく，選好の変容を通じて，むしろこのような不平等性を生み出す既存の関係そのものを根本的に新しく作り替える可能性を秘めていると言えよう．この点にこそ，（利益を導入した）熟議民主主義論の核心が存在する．したがって，自己利益の変容を求めることが直接的に不平等な結果をもたらすとは言えないのである．

(4) 選好の三つの構成要素

ナイト／ジョンソンは，あり得るコンセンサスとして，「紛争の次元についてのコンセンサス」という概念を提起していた．彼らは，このコンセンサスの

---

[39] ここでの問題は，要求を突きつけられた側が（暗黙にであれ）既存の公私の境界線に則って，そのような要求は「私的」な要求にすぎないなどの言説によって却下することを可能にするのではないか，ということである．既存の公私の区別が固定的なものと見なされ，その境界線が問われることがない場合には，このような状況が発生し得る．この点について，クラレンス・トーマス氏のアメリカ最高裁判事補任用の事例を通じて検討した，フレイザーの論考（Fraser 1997: 99-120=2003: 151-183）をも参照のこと．

[40] したがって，熟議民主主義における「公共」は，とりわけ日本においてしばしば見られる「公共の福祉」の名において大規模地域開発や公共事業等を正当化しようとする言説とは全く異なる．この点に関して，行政法学者の室井力は，現代日本における「政府とそれに与する者たちの標榜する『公共性』」を，「一部の特権的私的利益を公的利益に転位せしめるための公共性論」と述べているが，この指摘は，「公共性」と特権的「私的利益」との等置を問題視する点において，本書の立場とも重なるものである（室井 1990: 13）．ただし，本書の観点からは，「公共の福祉」論の問題点は，それが言うところの「公共」について，反対者（他者）の観点を考慮しながら問い直すという視点をほとんど持ち合わせていない，という点に見出されるべきである．本書は，この意味で，「公共の福祉」論はきわめて「私的な」言説と言い得る，と考えるのである．

成立によって，単峰型選好順序が形成されると述べていた．あり得るコンセンサス概念を模索する場合，確かにこの概念そのものは，魅力的なアイデアである．ただし，この概念には，前項までで論じた，それが「選好の変容」を伴うか否かという問題とは別に，第二の問題がある．

その問題とは，「選好」が選択肢という次元のみで議論されているという点である．しかし，実は選択肢という次元は，「選好」の一部を構成するのみとも考えられる．この点について，ドライゼックとサイモン・ニーマイヤーは，選好形成の三つの要素を区別することを提案している（Dryzek and Niemeyer 2006: 638）．彼らは，エルスター（Elster 1998b: 100-101）の議論にヒントを得て，選好形成を，「価値」「信念」「表明された選好」の三つの要素に区別する．彼らは，この三つのレベルの区別について，世界遺産に指定されたオーストラリア最北の熱帯雨林地域を横断して建設された道路を今後どうするかという問題を例に挙げつつ説明している．まず，「価値」とは，エルスター（Elster 1998b）では「根本的選好」とも呼ばれており，意思決定過程を主導する価値のことである．道路の事例では，「コミュニティ」を尊重するか「環境」を尊重するかで，「価値」についての見解が分かれるとされる．次に，「信念」とは，その「価値」の実現（目的）にとって当該政策選択肢がどのような効果を持つか（手段），についての信念を指す．道路の事例では，「道路（手段）はコミュニティのためになる（目的）」「道路は環境に悪影響を及ぼす」「道路は環境のためになる」という三つの「信念」が挙げられている．最後に，「表明された選好」とは，当該政策選択肢に対する最終的な賛否の表明のことである．道路の事例では，「道路維持」と「道路閉鎖」という二つの選択肢が挙げられている．

ドライゼック／ニーマイヤーは，「価値」「信念」「表明された選好」のそれぞれの次元におけるコンセンサスの形態を，それぞれ「規範的コンセンサス」「エピステミックコンセンサス」「選好コンセンサス」と呼んでいる．これらについては，次節で述べよう．ここでは，それに加えて彼らが提案している，それぞれの次元における「メタ・コンセンサス」概念に注目したい（Dryzek and Niemeyer 2006: 638-642）．

まず，「価値」レベルでのメタ・コンセンサスとは，「争う諸価値の正統性の承認」を指す．しばしば異なる諸価値は衝突するものであるかのように捉えら

れがちである．しかし，心理学の知見等によれば，諸個人は，複数の価値の中のどれか一つのみを支持し，それ以外を否定するのではない．諸個人は，それらの「相対的な優先性」において異なるだけである．道路の事例では，ほとんどの諸個人は，「コミュニティ」と「環境」との「両方の価値を支持しようとする」のである．価値のメタ・コンセンサスとは，このような複数の価値の非トレードオフ性に人々が気づくことである．「熟議の主要な課題の一つは，対立する人々によって保持されている価値を正統ではないものにしようとする党派的な人々の戦略的行為によって覆い隠されている既存のメタ・コンセンサスを可視化することである」(Dryzek and Niemeyer 2006: 639).

次に，「信念」レベルのメタ・コンセンサスとは，「相争う信念の信頼性についての同意」を指す．ここで，「信頼性 (credibility)」とは，「当該信念を保持することが他者によって道理に適っているとして受け入れられること」を意味する．現象が複雑でそのために不確実性が存在する場合，複数の競合する解決策の説明からどれか一つだけを選ぶことはできない．「競合する複数の説明が共存することが許されるのである」(Dryzek and Niemeyer 2006: 640).

最後に，「表明された選好」レベルのメタ・コンセンサスとは，「相争う選択肢の性質についての同意」を指す (Dryzek and Niemeyer 2006: 641). このメタ・コンセンサスは，二つの側面を持つ．一つは，諸個人にとって受け入れ可能な選択肢 (選好) の範囲についての同意である．もう一つは，その論点に諸個人が同意することによって，選好が特定の順序で構造化されるような，そういう論点への同意である．たとえば，道路の事例では，当該熱帯雨林地域への「アクセスの程度」が最も重要な論点であることに同意が得られれば (メタ・コンセンサス)，「道路の舗装」から「道路の閉鎖」までの間の諸選好がこの論点に沿って単峰型に配列されることが可能になる．

以上のように，ドライゼック／ニーマイヤーは，本書がこれまで「選好」と表現してきたものが，「価値」「信念」「表明された選好」という三つの要素から成ることを明らかにし，かつそれぞれについて，コンセンサスだけではなく，メタ・コンセンサスが成立し得ることを指摘した．彼らのメタ・コンセンサス概念は，「紛争の次元についてのコンセンサス」と類似の発想に基づいている．ただし，後者では，議論の焦点が具体的な選択肢そのものの次元に，ドライゼ

ック／ニーマイヤーの言葉では「表明された選好」の次元に，それぞれ定められる傾向がある．しかし，各自の選好形成においては，「価値」や「信念」の次元も大きな意味を持っており，かつ，そのそれぞれの次元でメタ・コンセンサスとしての「紛争の次元についてのコンセンサス」が成立し得るのである．

第4節　選好の変容再考②
――結論レベルにおける「異なる理由に基づく同意」の可能性

　ナイト／ジョンソンへの批判の第三は，彼らのコンセンサス理解があまりにも弱いものに限定されてしまっているのではないか，という問題である．ナイト／ジョンソンは，熟議民主主義における選好の変容を，「収斂する同質的な選好」と捉え，このような見解は「強すぎる」と述べる．このような種類の選好の達成を目指すことは，複雑な現代社会において追求する価値のない「無駄な期待」として退けられる (Knight and Johnson 1994: 282)．

　前節では，ナイト／ジョンソンのこの主張を受け入れ，コンセンサスを（彼らに倣って）「紛争の次元」に関するそれとして捉え直した．また，それを選好の変容と規定することが可能であると論じた．しかし，このような議論は，ナイト／ジョンソンの「収斂する同質的な選好」の不可能性という主張を，やや無批判に受け止めすぎたかもしれない．たとえ彼らが指摘するように，「熟議がコンセンサスを生み出すという保証は存在しない」としても，だからといって熟議の可能性を「紛争の次元についてのコンセンサス」に限定する必然性もまた存在するわけではない[41]．そこで本節では，熟議による選好の変容が結論レベルにおけるコンセンサス（後に見るように，本書ではそれを「異なる理由に基

---

[41] ドライゼック (Dryzek 2000: 47) は，ナイト／ジョンソンが主張するような集合的決定の対象の限定は，「社会的選択理論の投票の強調によって方向づけられたままである」として，「不承不承の」承認ではなく，「投票の中心性を格下げすることは，民主主義の概念化における実質的な存在論的シフトを伴うであろう」と述べている．このようなスタンスから，彼は，後に述べる「異なる理由に基づく同意」のあり方を提起することになる．次節で述べるように，熟議民主主義の「格上げ」は，投票や権威の正当化と両立し得るという立場をとるという意味では，本書とドライゼックとの間には，（微妙な）力点の差異が存在する．しかし，民主主義の概念化における「存在論的シフト」を目指して，熟議による集合的決定の可能性を探求する彼の姿勢には，問題関心の方向性において共鳴するところがある．

づく同意（agreement）」と呼ぶ）をもたらす可能性について考察する．

　その際の論点は，「収斂する同質的な選好」をどのように理解するか，ということである．既に述べたように，熟議の過程において，諸個人は自らの主張についての理由づけの相互交換・相互修正を行うと考えられる．この過程においては，理性が重要な役割を果たす[42]．ところで，熟議民主主義における（理性的）コンセンサスへの批判は，しばしばコンセンサスを，集合的選択の結果レベルだけではなく，この理由づけのレベル，あるいは「妥当性要求」（ハーバーマス）における一致において理解し，その不可能性を指摘する．確かに，熟議民主主義の理論家の中には，このようなコンセンサス理解に依拠する論者もいる．例えば，ハーバーマスは，「〔政治過程の——引用者注〕当事者たちは交渉された妥協に，異なる理由から同意する（zustimmen）ことができるが，論証によって（argumentativ）もたらされるコンセンサス（Einverständnis）は当事者たちを『同じ方法で』確信させることができる同一の理由に依拠しなければならない」（傍点による強調は引用者）と述べている（Habermas 1992: 411=2003: 67）[43]．ここから窺われるように，ハーバーマスは，「コンセンサス（Einverständnis/consensus）」と「同意（Zustimmung/agreement）」とを概念的に区別している．そして，その区別の根拠が，理由の同一性の有無なのである[44]．同様にロールズも，「多くの非公共的理性」と「一つの公共的理性」とを区別している（Rawls 1993: 220）[45]．このように，ハーバーマスもロールズも，理由の同一性ないし単一性を想定しているのである（cf. Bohman 1996: 75, 83ff.）．「収斂する同質的な選好」が，このような理由づけのレベルにおける同一性を含むコンセンサスを意味するものであるとすれば，ナイト／ジョンソンが指摘するようなコンセンサス成立の困難は大いに予想され得るところであろう．

42　詳しくは，第2章第1節(4)を参照．
43　なお，引用箇所は，直接にはエルスターの理論展開について述べたものである．
44　ドライゼック（Dryzek 2000: 48）は，ハーバーマスにおけるコンセンサスと同意との区別について，前者を後者から区別するものは，「諸個人が本質的に同じ理由に基づいて結果を支持するということ」（傍点による強調は引用者）であると指摘している．
45　ただし，ロールズによれば「非公共的理性」は「私的理性」ではなく「社会的理性」と解されるべきである．

しかし，これとは異なる「コンセンサス」理解も可能である．すなわち，理由づけのレベルと結論のレベルとを区別し，前者における多元性の承認を，後者における「コンセンサス」の成立と結びつける理解である．例えば，ドライゼックは，人々はある決定について，「異なる理由に基づいて賛成し得る」と主張する．彼は，これを，同一の理由に基づくコンセンサスと区別して，「同意 (agreement)」と呼ぶ (Dryzek 2000: 49)．これは，ボーマンの言う「多元的な公共理性」の概念とも共鳴する (Bohman 1996: 75, 84-85, 102)[46]．これらの論者は，結論レベルにおいて同意するための根拠は複数存在して構わない，と考えるのである．

この点を説明するために，ドライゼック (Dryzek 2000: 49) は，メルボルン郊外の製紙工場における有害な排気レベルの規制の事例を紹介している．この規制は，健康や美観に関心を持つ反対運動，排気レベルの低減を興味深い技術的挑戦という観点から支持する工場の技術者，および善き法人市民としての企業イメージをアピールしたい広報スタッフなどの，異なる理由に基づいて排気レベルの規制に賛成する諸アクターの行動によって実現した．有害な排気レベルの規制という結論レベルでの同意は，健康や美観（反対運動），技術的挑戦の機会（工場の技術者），および企業イメージの向上に役立つ（広報スタッフ）といった，異なる理由によって達成されたのである[47]．

さらにドライゼックは，前節で検討したニーマイヤーとの共著論文において，コンセンサスの三つのタイプを区別することで，同様の議論をより精緻化している (Dryzek and Niemeyer 2006: 638)．ドライゼック／ニーマイヤーによれば，コンセンサスの概念は，「規範的コンセンサス」（価値），「エピステミックコンセンサス」（信念），そして「選好のコンセンサス」（表明された選好）という三つ

---

[46] ただし，ボーマンの場合は，結論レベルにおける理由づけの多元性というよりも，異なる理由によって異なる集団から受け入れられ，その結果として「対立する諸集団による社会的協調の維持を可能にする」ような「共通の枠組」を重視している．なお，ボーマンの議論にも言及しつつ，「相互の規範的主張や価値コミットメントにおける譲歩に基づく公共的な妥協」の重要性を主張する，平井(1999: 187-206)をも参照．

[47] なお，私は以前に，オッフェのベーシック・インカム (basic income) 論などを事例として，オッフェにおける「自己制約への動機づけの多様性を同一の目的達成へと結びつけてゆく志向性」を指摘し，この点にハーバーマスなどに対するオッフェの特徴を見出したことがある．田村(2002: chap. 9)を参照．

のレベルに区別することができる．「規範的コンセンサス」とは，決定過程を主導すべき価値に関する同意のことである．道路の事例では，「コミュニティ」を価値的に尊重するか「環境」を価値的に尊重するかで，見解が分かれるとされる．次に，「エピステミックコンセンサス」とは，ある政策のインパクトについての信念に関する同意のことである．道路の事例では，「道路はコミュニティのためになる」「道路は環境に悪影響を及ぼす」「道路は環境のためになる」という三つの信念が挙げられている．最後に，「選好のコンセンサス」とは，最終的なある政策に対する賛否の表明のことである．道路の事例では，「道路維持」と「道路閉鎖」という二つの選択肢が挙げられている．

前節で論じたように，ドライゼック／ニーマイヤーの中心的論点は，これらの「コンセンサス」がそれぞれの次元で「メタ・コンセンサス」を持つ，ということである．しかし，本節の関心からすれば，彼らがコンセンサスの三つの次元を区別したことを，「異なる理由に基づく同意」論の精緻化として位置づけることができると思われる．例えば，価値のレベルでは「コミュニティ尊重」と「環境尊重」との間で同意が得られなくとも，信念のレベルで「道路建設はコミュニティのためになる」「道路建設は環境のためになる」と判断されるならば，選好のレベルでは「道路維持」で一致することになる．もちろん，逆に，価値のレベルで「環境尊重」で一致していても，信念のレベルで「道路は環境に悪影響を及ぼす」と「道路は環境のためになる」という形で判断の不一致が発生すれば，選好のレベルでも「道路閉鎖」と「道路維持」との間で意見が一致しないということになる[48]．

このような異なる理由に基づく同意は，ハーバーマスにとっては「妥協」であり，コンセンサスよりも劣位に置かれるものである．しかし，ハーバーマス

---

[48] ドライゼック／ニーマイヤーの挙げるオーストラリアの熱帯雨林の事例を見る限りでは，結局，理論的には，「エピステミックコンセンサス」と「選好のコンセンサス」との区別は必要ないのではないか，との疑問も生じる．彼らの事例では，信念レベルで「道路は有益である」とする二つの見解がそのまま表明された選好レベルで「道路維持」となっているからである．しかし，これは当該事例の特殊性に起因するものと思われる．ドライゼック／ニーマイヤーがヒントを得た，エルスターによる1789年フランス憲法の制定議会における二院制の是非についての見解の分布の整理では，信念レベルにおける「二院制は体制を安定化する」と「二院制は体制を不安定化する」という二つの異なる見解が，選好レベルでは「二院制」支持で一致することになっている（Elster 1998b: 101）．

自身も承認している現代社会の多元性という状況下では，彼の求めるような「強いコンセンサスの概念」の実現不可能性を想起することは，むしろ正常なことであろう（Dryzek 2000: 48）．ドライゼック／ニーマイヤー（Dryzek and Niemeyer 2006）が指摘するように，現代社会における民主主義論の重要な課題は，多元性の要請とコンセンサスの要請との間の調停にある．そうだとすれば，結論レベルにおける「異なる理由に基づく同意」を，現代社会において実現可能な「コンセンサス」の一つの形態と見なすことも，不当ではないと思われる[49]．

確かに，熟議における選好の変容が，必然的にコンセンサスを達成するとは限らない．この意味で，ナイト／ジョンソンは正しい．しかし，本節で検討したように，熟議における理由づけの多元性を承認し，単一の理由に基づくコンセンサスではなく，異なる諸理由に基づく同意を結論レベルにおいてあり得る「コンセンサス」形態として想定することによって，熟議民主主義における「コンセンサス」の可能性を追求することは，決して非現実的とは言えないのである．

第5節　強制と権威の正当化

一方で熟議民主主義が常に最終的な意思決定を保証するとは限らず，他方で熟議民主主義への参加が常に規範的に望ましいとは限らないとすれば，民主主義的意思決定のための，熟議以外の手続き・要素を真剣に考慮することが必要となる．その中でも，ここでは，しばしば「非民主主義的」と見なされる「強制」と「権威」に注目し，集合的意思決定における熟議民主主義との関係という観点から，次のように両者を区別する[50]．強制とは，熟議民主主義によっても最終的な意思決定に到達することができない場合に必要となる意思決定手段

---

49 もっとも，このような「コンセンサス」理解に立つならば，果たして「コンセンサス」という用語を用いる必然性があるのかという点も問題となろう．私自身は，用語としては「異なる理由に基づく同意」を用いるつもりであり，その意味では「コンセンサス」という用語に執着するわけではない．ここで，「コンセンサス」という用語を用いた理由は，（ナイト／ジョンソンに抗して）あくまで「紛争の次元」についてだけではなく，結論のレベルにおいても正統性をもった合意が可能であることを示すためである．

を指す。これに対して、権威は、そもそもアジェンダ設定の段階から熟議民主主義と異なるルートによる意思決定手段を意味する[51]。

一見したところ、強制も権威も、民主主義と対立する概念であるように見える。本書もまた、「統治能力の危機」論に見られるように権威と民主主義を対立する概念として捉え、再帰的近代化の展開における前者の存立不可能性を指摘してきた。したがって、強制や権威と民主主義との接合を図ろうとすれば、次のような問いに対して一定の解答を与えることが必要となる。すなわち、いかなる理由でこのような意味での強制と権威が民主主義にとって必要と言えるのか、そしてそれらが民主主義と両立可能であるために必要とされる条件は何か、これである[52]。以下では、最初に、強制と権威のそれぞれについて、これらの問いに対する解答を試みる。続いて、熟議民主主義における強制と権威の承認が、闘技民主主義との関係でどのような意味を持つのか、という点についても考察する。

まず、強制について検討しよう。前々節で述べた「紛争の次元についてのコンセンサス」は、結論レベルにおける同意を保証しない。前節で述べたように、熟議によって結論レベルにおける同意が実現することはあり得る。しかし、それも必然的とまでは言えない。あるいは、齋藤の言うように不一致の新たな創出も熟議の重要な役割と言えるかもしれない。いずれにしても、熟議を経た後も不一致が存続する可能性は常に存在すると言えよう。多くの熟議民主主義の

---

50 以下では、「強制」を「権力」と同義で用いる。この用法については、マンスブリッジの論文（Mansbridge 1996: 47）に依拠している。権力と権威との区別および両者の関係については、大嶽・鴨・曽根 (1996: 47-48) の叙述に示唆を得ている。権力と権威との関係については膨大な議論の蓄積があるが、本書の議論は、それらと熟議民主主義との関係という限定的な視角からのものである。権力と権威との関係に関するより包括的な議論については、田口 (1990: chap. 2) を参照。

51 このような権威の定義は、Warren (1996a: 55) に依拠している。権威はしばしば、「判断の停止」によって特徴づけられ、それゆえその危険性が指摘されることがある（例えば、大嶽・鴨・曽根 1996: 47-48）。これに対して、本書はウォーレンとともに、「判断の停止」を「判断の放棄」と区別することによって「民主主義的権威」という類型を析出し得るし、またこのような意味での権威が必要だという立場をとる。

52 ここでの議論の目的は、事実問題として強制や権威が民主主義と両立するのかどうかということではなく、強制や権威が規範的に正当化され得るとすれば、それはどのような論理によって可能なのかを説明することにある。

理論家が集合的意思決定における投票の必要性を認めている背景には（Cohen 1989: 23; Elster 1998a: 5-6; Habermas 1992: 371; Manin 1987: 359-362），このような熟議による同意形成の困難の認識が存在すると思われる．

投票の承認は，熟議民主主義にとって重要な理論的問題を提起する．投票の実施は，最終的な結論についての同意が得られていないことを意味する．しかし，ウォーレンが指摘するように，「コンセンサスがなければ，解決の手段は権力を伴う」のである（Warren 1996b: 247. See also, Mansbridge 1996: 50）．したがって，投票が強制の契機を有することは否定できない．他方，権力の行使を伴うからといって，投票を非民主主義的な決定方法と見なすことも困難である[53]．そうだとすれば，投票が不可避的に帯びる強制の契機をどのように位置づけるかという問題が，民主主義理論にとって重要な論点として浮かび上がってくることになる．

マンスブリッジの議論（Mansbridge 1996）[54]が興味深いものとして登場するのは，この地点においてである．なぜなら，彼女の関心は，熟議民主主義を擁護しつつ，同時に強制の契機を真剣に考慮し規範的に位置づけることにあるからである．民主主義理論の現状について，彼女は以下のように評価する．

「現代における最高の政治理論家たちの多くは，民主主義的政体における，相争う諸利益の役割，および結果的に強制の役割にまともに向き合ってこなかった．H・アレント，S・ウォリン，M・ウォルツァー，そしてJ・ハーバーマスといった多様な思想家たちは，共通性の発見・創出・維持における民主主義的熟議の役割は賞揚するが，暗黙にもしくは明示的に，諸利益が争う場合の民主主義的強制の役割については中傷するようなやり方で，民主主義を構想してきたのである．」（傍点による強調は引用者）（Mansbridge 1996: 48）[55]

ここで「諸利益が争う場合の民主主義的強制の役割」が強調される理由は，

---

53 エルスター（Elster 1998a: 5-6）は，「自由かつ平等で，合理的な諸個人による集合的意思決定」の形態として，議論，交渉および投票の三つを挙げている．
54 マンスブリッジの権力論については，向山（1999）をも参照．

マンスブリッジが,熟議が合意をもたらすとは限らないと考えるからである. 確かに,優れた熟議は「合意領域を拡大」し,「残存する紛争領域を明確にする」ことができる. また,熟議参加者は,熟議以前よりも,自他の利害をより理解することができる. しかし,このことは,強制が不必要であることを意味しない.

> 「しかし,物質的関心,および各人に最も深く刻み込まれた諸価値への関心は,他者の物質的・理念的関心と常に調和可能であるとは限らない. 優れた熟議を経ても紛争が残存するこの時点において,民主主義は,二つの選択肢を持つ. すなわち,現状に止まるか,それとも他者に従うことの強制によって行動するか,どちらかである.」(Mansbridge 1996: 47)

マンスブリッジの認識は,「強制から自由な熟議という理想」に「接近することは可能」であるが,それを「完全に実現することは不可能」ということである. この認識から,彼女において強制の不可避性が導かれる. これは,「政

---

55 ここでマンスブリッジは,「中傷」というやや強い意味合いの言葉を用いているが,その内容について彼女は,具体的には以下のように述べている (Mansbridge 1996: 48-51). まず,アレントは,強制を「暴力 (violence)」と等置して非難し,これに彼女独特の「共通の目標を達成しようとする統合された人々の権力」としての権力を対置している. 次に,ウォリンは,単なる「競合的利益の闘争」としての「政治 (politics)」ではなく,紛争や敵対性を「共通性 (commonality)」へと形成する「政治的なるもの (political)」の意義を強調する. 彼は,共通性の形成のために,「合意の領域の創出」あるいは「競合的利益の妥協」を重視する. しかし,そこでは「強制」は「他の選択肢が存在しない状況に限定される」ものである. このような強制の規定は,「異論を唱えることができないが,相対的に空虚な規定」に止まっている. しかし,ウォリンは,強制についてこれ以上考察しようとはしていない. さらに,ウォルツァーは,民主主義における「発話,説得,修辞的技能」の重要性を主張し,「力 (force)」については,「社会的意味の侵害に用いられる権力」と定義し,その「非正統性」を述べる. ここから受け取るメッセージは,「ウォルツァーの民主主義理解において強制は価値ある役割を有していない」ということである. 結局,彼は,「説得が尽きた時の,投票の強制的権力のみによる決定についての規範的正当化を決して考慮しない」. 最後にハーバーマスは,アレントが「戦略的行為」に政治における役割を認めていないことを批判する. しかし,彼自身も,戦略的行為に正統性を認めていない. ハーバーマスにとって,唯一の「正統な権力は,強制から自由なコミュニケーションにおいて共通の確信を形成する人々のあいだから発生する」ものである.

治は『決定』を必要とする」(Mouffe 1993: 151=1998: 308) と喝破するムフなどの闘技民主主義論と共通する問題関心であろう．強制が不可避であるならば，多くの民主主義理論家のように，「異論を唱えることができないが相対的に空虚な規定」や「非正統性」に止まることはできない．そこで，マンスブリッジは，「強制および戦略的アクター間の競争も，おおよそ正統 (legitimate) であり得る」と主張するのである (Mansbridge 1996: 51)．

次に，権威についてである．ウォーレンは，政治と熟議民主主義の「魅力のなさ」[56]から，「熟議民主主義は権威を必要とする」との洞察を引き出す．しかし，第1章第1節で述べたように，権威と民主主義とは一種の対抗関係の位置にあるとも考えられる．それゆえ，「統治能力の危機」論は民主主義を批判したのであり，逆に民主主義者は現代社会における権威擁護の非現実性を説いたのであった．ウォーレンは，このような権威に関する文脈を踏まえた上で，次のように述べる．

> 「熟議民主主義は権威を必要とするが，それは特殊な権威である．すなわち，熟議による意思決定を補完すると同時に強化し，社会がそのリソースと能力をうまく利用することを可能にし，諸個人に自らの環境を相対的に安心で予測可能なものとして経験することを許し，政治参加への機会とその推奨を引き受けるような権威である．」(傍点による強調は引用者)(Warren 1996a: 51)

このような権威を，ウォーレンは「民主主義的権威」と呼ぶ[57]．確かに，そのような特徴を持った権威が成立するならば，民主主義と権威との対抗関係は解消され得るであろう．そこで問題となることは，民主主義的権威を根拠づける筋道である．彼がそのような権威を確立するために採用する理論戦略は，一方の権威自体の民主主義的再解釈と，他方の権威と「それに対する民主主義的に可能な挑戦」との関係の理論化とから成る．

---

56 この点については，本書第1章第2節および第3章第1節(4)を参照．
57 ギデンズ (Giddens 1998: 66=1999: 117) も，彼の言う「第三の道」において民主主義に裏打ちされた権威確立の重要性を主張している．

権威の民主主義的再解釈について，ウォーレンは，権威を「判断の放棄 (surrender of judgement)」ではなく，「判断の限定的停止 (limited suspension of judgement)」を伴うものとして理解し直すことを提案する[58]．例えば，専門家の権威を承認する場合のように，権威に従う人々は，「権威が，そのトピックや利点について他者よりもよりよく理解しており…その専門領域において信頼と服従 (trust and deference) を受けるに足る」と「判断」するのである．このことは，「権威に従う者は，権威に服従することを決定しなければなら」ず，権威は「政治的判断を行うことのできる自律的な行為者」を必要とすることを意味する (Warren 1996a: 55-57)[59]．

このように捉えられた「民主主義的な権威的意思決定」と「熟議的意思決定」との関係について，ウォーレンは，「熟議リソースの相対的希少性とその最適配分」という議論を展開する．ここで「熟議リソース」とは，熟議のための時間，政治的問題への関心，および専門的知識を指す．「希少性」とは，諸個人にとって上記の熟議リソースが「自分の生活に影響を及ぼすあらゆる集合的決定への熟議による参加を可能にするには不十分」であることを意味する (Warren 1996a: 57)．このように，諸個人の保有する熟議リソースの希少性は，熟議への参加に一定の限度をもたらす．そこで，この稀少なリソースの「最適配分」が重要な論点となる．熟議リソースがその個人にとって「重要な」争点に配分されるならば，その配分は「最適」である．ある争点が「重要」かそうでないかを区別するために，ウォーレンは，「政治的」争点と「固定的 (settled)」争点という区別を導入する．ある争点について，「鮮明な不一致が存在し，相対的に争われている」ならば，それは「政治的」争点である．これに対して，ルーティーン的に，相対的に異論もなく決定される争点は，「固定的」である．一般的に，多くの争点は「固定的」である．稀少な熟議リソースの「最適配分」とは，一方で「政治的」争点へは重点的にリソース配分（「政治

---

58 「判断の放棄」としての権威は，「自由主義的アプローチ」の特徴である．
59 ただし，この「判断停止の判断」が孤立した状況で行われるならば，判断は全くの個人的作業に委ねられることになり，政治との関連は見失われる．したがって，「反省的な判断を可能にする文脈」が重要である．ウォーレンは，「言説的挑戦のための制度化された機会」と「公共空間として制度化された，批判的政治文化」の必要性を指摘し，そのような文脈の下でのみ，「判断の停止」としての権威は有効に作動し得ることを強調している．

的」争点についての熟議への参加）を行い，他方で「固定的」争点については「権威に委ねる」ことを意味している (Warren 1996a: 57-58).

　この「政治的」争点と「固定的」争点との関係，あるいは熟議的意思決定と民主主義的な権威的意思決定との関係を媒介するものが，「信頼 (trust)」である．ウォーレンは，「集合的問題について決定する権威は，信頼の機能的必要性およびそこから発する便益に親密に結びつけられている」と述べている (Warren 1996a: 49). 信頼が存在することによって，諸個人は自らの希少な熟議リソースを安心して配分することができるのである．すなわち，信頼があれば，諸個人は，自らの生活に影響する意思決定について，常に直接参加したり影響力を行使したりする必要はない．希少な熟議リソースは，「政治的」争点のためにとっておくことができるのである．争点が「政治的」となることは，両意思決定の間の関係が，「不信 (distrust)」によって媒介されることを意味する (Warren 1999c: 4).

　この信頼と不信との関係が示唆するように，重要なことは，「政治的」争点と「固定的」争点との区分，したがって熟議と権威との区分，は固定的なものではないということである．

> 「重要な要素は，いかにして固定された争点が非固定的な争点になるか，およびいかにして政治的争点が固定されるかを理解することである．したがって，〔両者の——引用者注〕区分は…硬直的な制度的構造ではなく，紛争の発生と相対的に成功したルーティーン化とをあらわすような方法で，争点を集合的アジェンダに設定したりそこから外したりする運動をあらわしている．」(Warren 1996a: 58)

　「政治的」争点か「固定的」争点かの区別は，永続的なものではない．いかなる争点であれ，「固定的」にも，「政治的」にもなり得る．権威は，争点が「固定的」な場合に発生するが，争点が「政治的」な場合には消失し，熟議による問題解決が図られることになる．このようにして，権威と熟議民主主義との「競合的関係 (adversarial relationship)」が成立するのである (Warren 1996a: 58).

以上，本節では，民主主義理論における強制と権威の新たな正当化の試みについて，前者についてはマンスブリッジ，後者についてはウォーレンの議論を素材として検討した．注目すべきことは，彼らは民主主義を否定して，これに強制ないし権威を対置しているわけではない，ということである．ウォーレンにおける権威はあくまでも「民主主義的権威」である．それは，服従する人々による批判的な精査に開かれているとともに，争点が「政治的」となる場合には，その争点の解決を「熟議的意思決定」へと委ねるような権威である．マンスブリッジも，「正統な強制」が実現し得るための三つの基準・論理を提起しているが (Mansbridge 1996: 51-52)[60]，そのいずれも，根本的な正統化に成功することはあり得ないとしている．人々がある強制を一定程度受け入れる場合に，それが熟議によって形成されるコンセンサスに由来する場合は稀であり，大抵の場合，「社会的・文化的伝統の内面化に基づく慣習的で非反省的なコンセンサス」に由来するからである (Mansbridge 1996: 55)．したがって，彼女が強調することは，一定程度「正統」と見なされた強制に対して「闘うこと」，およびそのための拠点，つまり「抵抗の飛び地 (enclaves of resistance)」(Mansbridge 1996: 58) の認識とその促進の重要性である．このように，ウォーレンもマンスブリッジも，熟議民主主義と強制ないし／および権威が補完的かつ動態的な関係を切り結ぶことによって，民主主義がさらに深化する可能性を指摘しているのである．

　最後に指摘しておきたいことは，両者の議論には，いくつかの点で闘技民主主義と共通の問題関心が見られる，ということである．マンスブリッジによる強制の正当化の論理は，ムフなどの議論にきわめて近いものである．熟議民主主義と強制ないし／および権威との動態的な関係という把握は，闘技民主主義論における不確実性の追求の姿勢とも共鳴する．そして何よりも，彼女たちの強制と権威の正当化の出発点には，熟議民主主義およびそれを通しての合意形

60　第一は，直接的・間接的な「仮説的同意 (hypothetical consent)」である．これは，他者が同じ強制に服すると想定される限りで，強制に同意するというものである．「仮説的熟議」はその一形態である．この場合，強制は，関係者が合意する手続きに由来する程度に応じて正統と見なされる．第二は，「実体的な正義」へのアピールによる強制の正統化である．最後に，公正な（熟議ではなく）集計手続きによる正統化である．

成の限界地点をどのように考えるか，という問いが存在しているのである．

第6節　小括
——分岐以後の民主主義モデルと残された論点

　前節までで，闘技民主主義の視座を踏まえた熟議民主主義の過程論的理解の再構成のために，考慮すべき論点について検討した．その要点は，次の三点に整理できる．第一に，熟議民主主義における理性の中心性は，利益や情念の承認によって相対化される必要がある．このような「非理性的」要素の導入によって予想される困難は，利益中心的な政治像が抱える問題点の精確な理解や利益・情念を否定しない選好の変容論の再構成などによって解決され得る．

　第二に，この選好の変容論については，より詳細な規定が必要である．第一に，選好の変容は，「単峰型選好」の形成を通した「紛争の次元についてのコンセンサス」形成として捉え直すことができる．「選好の洗い出し」論や「二重効用」論を参照することによって，このような選好の形成が，「選好の変容」との規定を与えるに十分な内実を有していることが示された．第二に，他方で熟議を通じての選好の変容によって，結論レベルにおける「コンセンサス」が達成される可能性を放棄すべきではない．本書では，この「コンセンサス」を「異なる理由に基づく同意」として捉え直すことを提起した．

　最後に，一方で，それにもかかわらず選好の変容が常に結論レベルでの同意を達成するとは限らず，他方で，熟議への参加が諸個人にとって常に望ましいものとは限らないとすれば，熟議民主主義以外の意思決定原理・メカニズムの正当性をどのように根拠づけるか，という問題への解答が重要となる．熟議民主主義の活性化という観点から，強制や権威といった概念を規範的に正当化し，その上で，熟議民主主義と強制・権威との補完的関係を理論化してゆくことが必要なのである．

　以上の考察を踏まえた民主主義モデルが図1である．この図によって，熟議民主主義の意義と限定性，闘技民主主義の意義と限定性を視野に入れた民主主義モデルを提示し得たのではないかと考える．以下で，若干の補足的説明を行っておきたい．

第 6 節　小括　117

```
           「信頼」と「判断の限定的停止」
  ┌─────────────────┐  ⇨  ┌─────────────────┐
  │ 「異なる理由に基づく同意」  │      │    意思決定       │
  │ または「強制」による意思決定 │      │      ↑         │
  │       ↑          │  ⇦  │  民主主義的権威    │
  │ 焦点を定めた対抗的熟議   │      │                 │
  │ 〈政治的争点〉       │      │  〈固定的争点〉    │
  └─────────────────┘      └─────────────────┘
           「不信」と争点の政治化
     「紛争の次元についてのコンセンサス」としての民主主義的シティズンシップ
                    〈民主主義的空間〉

                    ⇩  敵対性の成立，
                    ⇧  ただし熟議による境界移動の可能性

                    〈非民主主義的空間〉
```

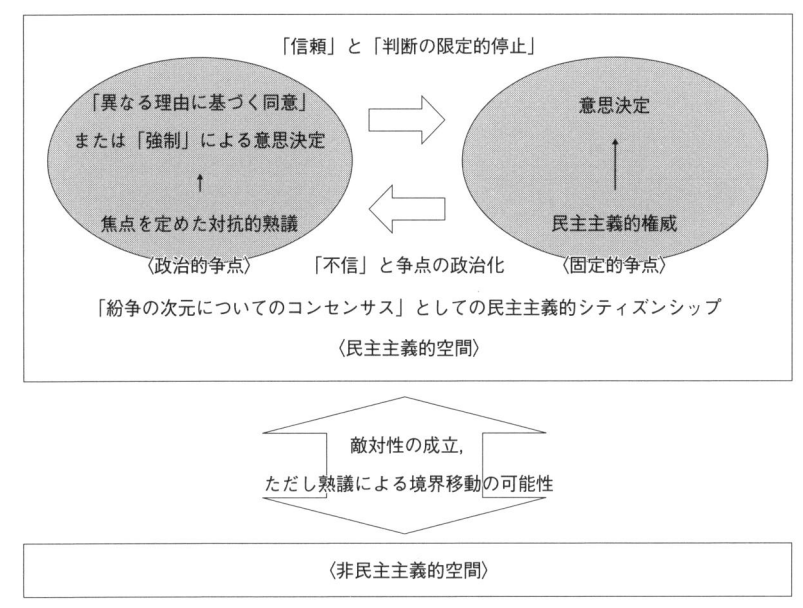

図 1　分岐以後の民主主義モデル

　まず，「焦点を定めた対抗的熟議（focused, contested deliberation）」についてである．「焦点を定めた」とは，「固定的」争点については「民主主義的権威」による意思決定に委ね，「政治的」争点のみが対象となることを意味している[61]．「対抗的」という修飾語は，この熟議における意思決定が利益や情念を排除しないために，通常の熟議民主主義が想定する以上に対立の契機を内包することを示すものである．この意味で，「対抗的熟議」は，ムフの言う「紛争をはらんだ合意（conflictual consensus）」（Mouffe 1999a: 4）から示唆を得ている．しかし，本書での議論を踏まえれば，ムフの定式化は，硬直的かつ一面的な熟議理解に基づいていると思われる[62]．また，彼女は熟議が有するミクロ－マクロ媒介の

---

[61] 「焦点を定めた」という用語は，Warren（1996a: 57）で用いられているものである．
[62] 「紛争をはらんだ合意」の定式化の際に，ムフは，次のように述べている．「民主主義的議論（democratic debate）は全員によって受容されるべき『単一の（the one）』理性的解決に到達することを目指す熟議ではなく，対抗者間の抗争（confrontation）である．」（Mouffe 1999a: 4）

可能性を正当に評価しているとは言いがたい．これは，闘技民主主義論一般の問題点でもある．「対抗的熟議」の概念は，ムフなどの闘技民主主義論の視点を継承しつつ，熟議の意義を適切に評価するための概念である．

次に「民主主義的空間」と「非民主主義的空間」についてである．「焦点を定めた対抗的熟議」と「民主主義的権威」とを包括するこの空間は，「民主主義的シティズンシップ」としての「紛争の次元についてのコンセンサス」によって成立する．闘技民主主義論が主張するように，この空間は，「敵対性」の次元を完全に消滅させることができるわけではない．「民主主義的空間」としての同一性の構築は，不可避的に「非民主主義的空間」を「差異」として構築するであろう．しかし，この同一性／差異のメカニズムが作用することと，敵対性の境界線を変更させ，民主主義的空間を拡大してゆくこととは，別のことである．第3章第2節で検討したように，闘技民主主義からは，既存の敵対性を闘技へと移行させる論理が出てこない．これに対して，選好の変容を強調する熟議民主主義の過程論的理解は，（世界観をめぐる争いを含む）熟議を通じた「民主主義的空間」と「非民主主義的空間」との境界の移動可能性を提起する相対的可能性を有している．

最後に，「焦点を定めた対抗的熟議」と「民主主義的権威」との関係は，「信頼（trust）」によって媒介される．市民が民主主義的権威に決定を委ねる（すなわち，判断を一時停止する）場合には，後者が「信頼に足る」との確信を有していることが必要である．その意味で，ウォーレンが指摘するように，「集合的問題について決定する権威は，信頼の機能的必要性およびそこから発する便益に親密に結びつけられている」(Warren 1996a: 49)．しかし，信頼を，民主主義にとって常に規範的に望ましいものとして捉えることは一面的である．なぜなら，「不信」も民主主義にとって有益であり得るからである．民主主義的権威が信頼に応えるのに失敗する場合には，市民は権威に対して不信を持つことを通じて，争点を政治化する必要がある．不信によってもたらされる非服従や積極的な異議申し立ては，権威の虚偽や違法性を明らかにし，制度的修正を刺激することができるのである (Levi 1998: 95)．

このような分岐以後の民主主義モデルは，熟議民主主義の過程論的理解を基礎としつつも，いくつかの論点において闘技民主主義的な視座を組み込むもの

となった．第一に，理性の中心性は一定程度相対化され，利益や情念に基づく主張の承認とその重要性が明らかにされた．第二に，それに伴って選好の変容論に，より詳細な考察が加えられた．熟議による選好の変容は，「紛争の次元についてのコンセンサス」と結論レベルにおける「異なる理由に基づく同意」という二つのパターンの「コンセンサス」をもたらし得る．利益や情念の承認を踏まえた選好の変容のメカニズムとしては，二重効用の観点の重要性が確認された．最後に，しばしば熟議民主主義において，批判の対象あるいは消極的肯定に止まっていた，強制と権威の正当な役割が承認された．結論レベルにおけるコンセンサスが必ず成立するとは限らない以上，強制の肯定は重要である．この意味で，強制の承認は，コンセンサスの不可能性を主張する闘技民主主義の主張と共鳴する．また，権威は，「統治能力の危機」論においては民主主義と敵対的であったが，諸個人にとっての「政治の魅力のなさ」を考慮することによって，「民主主義的権威」として再構築されるべきである．民主主義的であるとはいえ，強制と権威は，熟議とは区別されるべきものである．したがって，これらの正当性の承認は，現代社会における民主主義の原理として，この両者と熟議とが補完的関係を結びながら機能すべきであることを意味する．

しかしながら，以上に述べた民主主義モデルにおいては，なおも明確になっていない点がある．それは，このモデルがどのような制度的次元に位置づけられるのか，という問題である．言い換えれば，「焦点を定めた対抗的熟議」はどこで行われるのであろうか．国家・議会においてなのか，あるいはそれ以外の場——市民社会や公共圏と言われる場——においてなのか．そこで，次章では，本章までの民主主義モデルをベースにしつつ，国家と市民社会の関係の中に，このモデルをどのように位置づけることができるのか，という問題に取り組むことにしたい．

第5章　熟議民主主義の多層的深化

　本章で取り組む問いは，第4章第6節で提起した問い，すなわち民主主義モデルは国家と市民社会の関係という観点から見た場合にどのように位置づけることができるのか，というものである．この問いに対して，本章では，解決を要する「政治的争点」が存在し，熟議民主主義の行われるべき次元を，制度的次元（第1節）と非制度的次元（第2節）とに区別する．国家と市民社会の関係が問題になるのは，基本的には制度的次元においてである．ここでは，国家＝固定的争点，市民社会＝政治的争点といった単純な切り分けができるのかどうかも問題となるだろう．ただし，政治的／固定的という区別そのものは，非制度的次元においても当てはまり得る．例えば，親密圏において，あらゆる事柄が常に既に「政治的争点」となるわけではない．ある時点においては，「信頼」に基づいた「判断の停止」によって「固定的争点」と化していた争点が，ある時点で「不信」の対象となり「政治的争点」化するということは，親密圏においても十分にあり得るからである．

第1節　制度的次元

(1) 複線モデル

　熟議民主主義に対しては，しばしば，「熟議をすることが大切だというのはわかる．しかし，どうやって決定するのか．いつまでも話し合っているだけでは何も決められない」という批判がなされる．この批判に説得力あるかたちで応答するためには，「熟議の場はどこか」という問題を検討することが重要で

ある．もう少し具体的に言うと，「熟議の中心的な場は国家か，それとも市民社会か」という問題である．

　この問題に対して，前章までの民主主義モデルを素直に解するならば，次のような解答が得られるように思われる．すなわち，熟議の場は「政治的争点」の存在する市民社会であり，「固定的争点」を扱う国家は熟議の場ではない，と．しかし，このように解答してしまうと，次には，本当に国家において熟議は存在し得ないのか，議会における熟議というものは存在しないのか，という疑問が提出されることであろう．

　国家（および議会）という場における熟議民主主義は不可能ではない．もちろん，議会では最終的には投票（多数決）という手段が用いられる．また，議員は，しばしば所属政党や支持集団の意向に強く拘束されているため，熟議によって「選好の変容」を行うことは困難であるとも考えられる．それゆえ，「熟議を行っても時間の無駄である」という印象を与えがちであることは否定できない．それにもかかわらず，国家における熟議の意義は存在する．与党による強行多数決しかないと思われていた議案であっても，熟議を経ることによって，議員たちの当初の選好分布が変容して合意に至ることもあり得る．また，たとえ合意に至らなくても，当該議案について，議員間に，当初は存在しなかった問題意識の共有が発生し，その結果として採決の「強行」度が低下することも考えられる．あるいは，議員が「選挙区代表」として地元への利益誘導に邁進するのではなく，「国民代表」として幅広い観点に基づいて行動するために，議会における熟議民主主義が大きな役割を果たすことも期待できる．国家という場において，最終的な投票による意思決定に先立って，熟議が行われることの意義は小さくない．また，第6章で紹介するように，近年は議会における熟議民主主義の実証研究も登場してきている（Steiner et al. 2004）．

　このように考えると，前章における民主主義モデルは，その基本的な視点が市民の側からのものであったということがわかる．市民の側からすれば，「固定的争点」について「判断を停止」し「民主主義的権威」に委ねる，と記述すれば事足りる．とはいえ，少なくとも理論的には，今度はその「民主主義的権威」のレベルでも熟議が行われる可能性があるし，規範的にも望ましい，ということになる．前章までの議論では，国家と市民社会の関係が十分に考慮され

ていなかったために,「民主主義的権威」の内部がブラックボックス化されていた,と言ってもよいだろう.

ところで,このように国家という場における熟議,およびその後の投票・多数決による意思決定というプロセスによって,「熟議と意思決定の関係」という問題はクリアできるように見える.しかし,話はそれほど簡単ではない.熟議民主主義の理論家の中には,主たる熟議の場を市民社会(およびその中の公共圏)に求めるべき,との主張を行う者も多いからである.例えば,ウォーレンは,議員などの代表による熟議という発想自体は以前から存在するが,代表のみの熟議を強調することは反民主主義的でさえある,と主張する.彼によれば,今日の熟議民主主義論は,むしろ「制度化された熟議過程と社会の中で発生する熟議過程との相互作用」を強調すべきなのである(Warren 2002: 174).

ウォーレンの指摘は,熟議民主主義と意思決定との関係について,私たちに再考を求める.なぜなら,彼の指摘は,熟議と意思決定の結びつきが直ちに民主主義的であるとは限らない,ということを教えてくれるからである.たとえ国家レベルで,熟議と意思決定との関係という問題にある程度の決着がついたとしても,そこで行われる熟議の内容が市民の意見を十分に反映したものでなければ,そこでの熟議は「反民主主義的な」ものへと容易に転化し得るのである.したがって,熟議民主主義論は,「熟議」「民主主義」「意思決定」という三つの要素を両立させることを求められることになる.しかし,どのようにしてだろうか.

この点について,ハーバーマスは,民主主義の複線モデルを提起している.彼は民主主義のプロセスを,「『民主的手続により』規制される決定志向の審議(Beratungen)」と「公共圏における非公式な意見形成過程」とに区別する(Habermas 1992: 372-373=2003: 31).国家・議会における「決定志向の審議」は,「問題の発見と確定よりも,むしろその処理」,すなわち「新たな問題状況に対する感受性よりも,問題選択および競合する解決案の間での決定の正当化」を役割とする.しかし,この「正当化連関(Rechtfertigungszusammenhang)」としての国家・議会は,それだけで十分というわけではない.

「議会の公共圏は,行政の協働と執行に依存しているだけでなく,市民と

いう一般公衆によって担われる手続によっては規制されない公共圏という『発見連関 (Entdeckungszusammenhang)』にもまた依存しているのである.」(Habermas 1992: 373=2003: 32)

ここで「発見連関」と表現されている場において,「決定に関わらない意見形成」が行われる．ハーバーマスによれば, それは,「多かれ少なかれ自発的に形成される」「時間的・社会的・内容的に明確な境界を持たない重なり合う下位文化的公共圏の開かれた包括的なネットワーク」において実行される．この「一般的公共圏」は, 一方で, 議会の組織化された公共圏に比べて, 不平等に配分された社会的権力, 構造的暴力, そして体系的に歪められたコミュニケーションの抑圧・排除効果に対して無防備である．しかし, 他方でそれは,「『無制限の』コミュニケーションメディア」としての長所を持っている．すなわち, そこでは,「手続によって規制された公共圏よりも, 新たな問題状況が敏感に取り上げられ, 自己了解的熟議が広範かつ活発に行われ, 集合的アイデンティティとニーズ解釈が強制されることなく表出され得る」のである (Habermas 1992: 374=2003: 32). このように「一般的公共圏」として把握されるコミュニケーションのネットワークは,「市民社会 (Zivilgesellschaft)」において形成される．ここで「市民社会」とは,「自由意志に基づく非国家的・非経済的な結合とアソシエーション」「多かれ少なかれ自生的に発生した団体・組織・運動」のことを指す (Habermas 1992: 443=2003: 97).

国家・議会における「決定志向の審議」「民主的に組織化された意思形成 (決定)」は, このような市民社会・公共圏における「非公式の意見形成」との「協働」(Habermas 1992: 374=2003: 33) によって民主的なものとなる．すなわち,

「拘束的な決定は, それが正統なものであるためには, 周辺部から発せられ, 議会あるいは裁判所という入口で（および執行を司る行政という出口においても同様に）民主的で法治国家的な諸手続という水門を通過するコミュニケーションの流れによって制御されなければならない.」(Habermas 1992: 432=2003: 86)

第 1 節　制度的次元　125

　このようなハーバーマスの複線モデルについて，二点補足しておこう．第一に，このモデルは，公式の「意思形成（決定）」がその作動上不可避的に「非公式の意見形成」を要請すると主張しているわけではない，という点である．先の引用にもあるとおり，後者が必要であるのは，前者が正統性を獲得するためである．逆に言うと，「非公式の意見形成」がなくとも，正統ではないが決定は行われ得るということになる．以前より政治システムを「権力」という制御メディアによって媒介される領域として把握しているハーバーマスにしてみれば，このことはむしろ当然でさえある（もちろん，そのような状態が恒常化することは批判されるべき状態なのであるが）．ただし，以上の議論を第 4 章第 6 節において提示した民主主義モデルと関連づけるならば，公式の「意思形成（決定）」が単に権力を媒介にして作動している場合と，「非公式の意見形成」からの「信頼」と「判断の停止」とによって意思決定を委ねられている場合とを区別することができるように思われる．ハーバーマス自身の言葉を用いて言えば，「水門」が閉じていても，それが直ちに非民主性を意味するとは限らない．それはあくまで「固定的争点」に対して一時的な「判断の停止」によって閉じられただけかもしれないからである．

　第二に，ハーバーマスの議論を，一般市民の民主主義への積極的な関与を単純に推奨するものとして理解するべきではない，という点である．第 3 章第 1 節(4)でも論じたように，彼自身は，複雑に分化した現代社会における熟議民主主義の意義の限定性を主張していた．再度引用するならば，

> 「熟議の政治が社会的全体性を刻印する構造へと拡大されるべきだとするならば，『法システム』に期待される討議による社会形成様式は，『社会の』自己組織化へと拡大され，またその複合性全体へと行き渡らねばならないことになってしまう．だが民主的手続は，それ自身では規律することのできない埋め込まれた文脈に依拠せざるを得ないのだから，そのようなことはそもそも不可能なのである．」(Habermas 1992: 370=2003: 30)

　加えて，彼が，次のように述べて，一般市民の「負担軽減」という観点を強調していることにも注意が必要である．

「その限りでは，公共圏のコミュニケーション構造は，公衆から決定の負担を免除するのである．先延ばしされた決定は，決定を行う諸制度に委ねられたままである．」(Habermas 1992: 437=2003: 92)

　ハーバーマスの複線モデルは，一般市民の政治参加・決定への過度の参加を求めるものでは決してない．むしろ，そのような要請に伴う責任の重さから市民を解放するところにこそ力点があるのである[1]．
　ドライゼックも，ハーバーマスと同様に，国家における「決定」と市民社会・公共圏における「熟議」とを区別することの重要性を主張している (Dryzek 2006: chap. 3)．しばしば，熟議民主主義の批判者たちは，熟議民主主義は「理性的」と見なされる主張以外の主張を排除するため，争点についての対立が深刻である場合には適用できないと言う．しかし，ドライゼックによれば，熟議の場を公共圏として考えることで，むしろ熟議民主主義は深刻な対立・分断が存在する社会，すなわち「分断された社会」における問題解決に最も寄与することができるのである．熟議民主主義を部分的に意思決定と切り離し公共圏に位置づけることで，「当該公共圏の持つ国境横断的局面が持つ〔分断された社会における——引用者注〕アイデンティティの衝突に対する重要な緩和効果」が期待できるのである (Dryzek 2006: 47)．こうしてドライゼックは，「分断化された社会における民主主義の熟議と決定の契機との間の繋がりを緩めることの望ましさ」(Dryzek 2006: 54) を主張する．
　ただし，ドライゼックは，熟議と意思決定との完全な分離を主張するわけではない．彼は，自らの提案が「公共圏が政府および政府間の決定に影響を及ぼすことを禁止することを意味するものではない」と述べている (Dryzek 2006: 61)．そこで，ドライゼックは，ハーバーマスの複線モデルを基本的には支持する．ただし，そこには二つの留保がつけられる．第一に，ハーバーマスの唱えるような「主体なきコミュニケーション」は，各主体のアイデンティティそのものが争点となり，世論が深く多元化している場合には，あまりに不明確な表現である．そのような状況下では，むしろ，「言説を横断する争い (engagement

---

[1] この点に関しては，毛利 (2002: 80-81) をも参照．

across discourses)」を想定すべきである．第二に，「分断された社会」では，しばしば選挙は非常に問題含みのメカニズムであることに注意が必要である．

　こうして，国家と市民社会の関係を考慮に入れることによって，「熟議」「民主主義」「意思決定」の三要素を結びつけることが可能になる．国家レベルにおける民主主義では，熟議を経るとしても，最終的には投票・多数決によって，「意思決定」を行わなければならない．しかし，市民社会レベルの民主主義においては，必ずしも意思決定を行う必要はない．むしろ，重要なことは，国家における意思決定に先立ち，熟議民主主義を通じた「意見形成」を行うことである．議会という意思決定の場に届けられるのは，市民たちの「生の世論」(Ackerman and Fishkin 2003: 27) ではなく，熟議によって洗練された意見なのである．市民社会レベルにおける熟議民主主義の最大の意義は，この点に求められる．

　以上，ハーバーマスとドライゼックの議論を，やや詳細に紹介してきた[2]．ハーバーマスらの複線モデルに対しては，熟議と意思決定との関係，あるいは非公式の市民社会・公共空間における熟議と公式の議会・政党における熟議との関係が明確ではないという批判もある．例えば，ジュディス・スクワイアーズは，複線モデルには公式の議会・政党における熟議の可能性を承認する立場と承認しない立場とが存在するが，いずれも，非公式レベルの意見形成の熟議と公式レベルの（熟議的であろうと非熟議的であろうと）意思決定との関係について，十分な説明を提供していないと主張している (Squires 2002)．確かに，意思決定の問題は，熟議民主主義にとっての難問である．とはいえ，前章までの議論において，私は，熟議民主主義における「紛争の次元についてのコンセンサス」と「異なる理由に基づく同意」という二つの同意形態を区別することを通じて，熟議による意思決定あるいは意思決定のための基盤形成も可能であることを示そうとした．これに加えて，本章で言いたいことは，「意思決定」に先立つ「意見形成」の重要性という視点を踏まえることで，市民社会における熟議民主主義の深化という展望の正当性も増大するということである．私たちの日常の会議等の場でも，自分が当事者の一人として直接に決定を求められてい

2　ハーバーマスとドライゼックとの違いについては，山崎（2007）をも参照．

る場合よりも，決定は求められないで，自由に意見やアイデアを出すことが求められている場合のほうが，豊かな討論が実現することが多いのではないだろうか[3]．熟議民主主義の場を市民社会とそこでの「意見形成」に求めることには，十分な理由があるのである．

(2) 制度的次元の具体像

「制度的次元」が重要である最後の理由は，熟議民主主義の具体的イメージの提供である．熟議民主主義に対しては，しばしば，「理念はわかったが，どうやって実現するのか」という疑問が提起される．確かに，一言で「市民社会における熟議」といっても，実際に誰がどこで熟議を行うことができるのかについては，依然として明確ではない．したがって，市民社会における熟議民主主義の具体的な制度のあり方を考えていくことが，熟議民主主義の深化のために不可欠である．

ここでは，熟議民主主義の「制度化」の展望として，①アソシエーティヴ・デモクラシーとの接合，②「熟議の日」の設立，という二つの議論を取り上げてみたい．

①アソシエーティヴ・デモクラシーとの接合

熟議民主主義は，アソシエーティヴ・デモクラシーと接合されることによって，アソシエーションという制度における熟議という形で「制度化」の展望を得る．第1章で述べたように，ハーストらによって提案されているアソシエーティヴ・デモクラシーとは，国家から市民社会の様々な自発的結社（アソシエーション）に権限を委譲することによって，国家と大企業という公私の両領域における官僚制によって支配された「ポスト自由主義社会」において，市民の自由の侵害と市民に対するアカウンタビリティの欠如という現代民主主義の問題点の克服を目指す構想である．

アソシエーティヴ・デモクラシーの提案においてハーストは，アソシエーションによる自由とアカウンタビリティとの実現を期待している．しかし，それがうまくいくかどうかは，自明ではない．第一に，アソシエーションならば何

---

[3] 例えば，「ブレインストーミング」の方法などは，ここでの熟議民主主義のイメージと共通する特徴を持つように思われる．

でもよいというわけにはいかない．様々なアソシエーションの中には，非民主的なアソシエーションも存在し得るからである．各種の原理主義団体やカルト宗教団体などは，その典型であろう．また，それらとは結社の性格が大幅に異なるとはいえ，既存の利益集団等を批判する市民運動団体やNPOなども，一定の組織発展を遂げた後は，それらの結社が批判する利益集団と同様，組織保全の論理に従う傾向があることも指摘されている（高畠 2004: 37-39）．したがって，アソシエーションの質的区別の基準をどのように確保するのか，という点が明らかにされなければならない．

　第二に，自由とアカウンタビリティの確保が直ちに社会の統合をもたらすとは限らない．個人の自由および公私の官僚制に対するアカウンタビリティの確保は，市民と公私の組織との間の垂直的関係の調整に関わる問題である．すなわち，そこでは，巨大組織と市民との間に垂直的に存在する支配／服従関係の解消が目指されているわけである．しかし，諸組織や市民間の関係の調整は，垂直的な方向だけとは限らない．水平的な方向での関係調整も，同様に重要なのである．

　この論点の重要性を理解するために参考になるのが，「ゼロ・オプションのユートピア」と題する論文におけるオッフェの議論である（Offe 1996: chap. 1）．彼は，現代社会のシステム分化という，ルーマンなどによるシステム理論の現実診断を受け入れる．しかし，各部分システムの自立的な作動という命題は受け入れない．確かに，近現代社会において，各部分システムはその独自の作動論理に従って「近代化」を達成した．かつては，各部分システムの「近代化」が社会全体の「近代性」[4]をもたらすと考えられていた．しかし，今日では，各部分システムの「近代化」が社会全体の「近代性」をもたらすとは限らない，ということが明らかになった．例えば，経済システムの「近代化」は，工業生産の飛躍的な発展をもたらした．しかし，その結果として全体社会は環境破壊という問題に悩まされているのである．このように，各部分システムが独自に「近代化」を果たしても，全体社会の「近代性」は達成されない．したがって，重要なことは，「既に合理化〔近代化――引用者注〕された部分システム間の相互

4　オッフェは，部分システムの「近代化」と社会全体の「近代化」とを区別し，後者については「近代性」の用語を用いている．

作用の合理化」である．これをオッフェは，「二階の近代化問題」と呼んでいる（Offe 1996: chap.1）．

　オッフェの議論によって，アソシエーティヴ・デモクラシー論の克服すべき問題を明確化することができる．すなわち，部分システムであれ，アソシエーションであれ，各ユニット間の相互作用が不可避である以上，そこには水平的な次元での関係調整のメカニズムが必要なのである．そのようなメカニズムが存在しなければ，現代社会は，各ユニットの暴走によって，その存立の根本的危機を招きかねないのである．

　以上のように，アソシエーティヴ・デモクラシー論は，非国家的なアソシエーションの意義を主張することで，新しい民主主義の「非国家主義」の側面をよく捉えている[5]．しかも，それは，「アソシエーション」という「制度」のレベルに踏み込んだ議論を展開している．今日の規範的民主主義論が抽象的な原理の考察に重きを置く傾向があることを考慮するならば，ハーストの構想は民主主義の可能性の具体化という点において高く評価されるべきであろう．

　しかし，同時に，ハーストの議論は，現代社会の「自明性の解体」の側面について，十分に考慮できているとは言い難い．国家中心的な発想を脱却しても，自明性が解体しつつある現代社会では，様々な組織や制度，そして人々の間の関係が果たしてどのようにして調整されるのか，という問題に答えることが不可欠である．とりわけ，重要なのは，水平的な次元での関係調整をどのような原理に基づいて行うのか，という問題である．水平的関係を垂直的関係に転化させないためには，その原理は民主主義的でなければならない．それゆえ，あらためて，「いかなる民主主義か」が問われることになるのである．

　このように考えるならば，アソシエーティヴ・デモクラシーの長所を活かしつつ，その問題点を克服するための一つの筋道として，熟議民主主義との接合という考え方が浮上する．すなわち，アソシエーティヴ・デモクラシーを民主主義の場所またはシステムとして捉え，熟議民主主義を，そこでの意思形成・

---

[5] ただし，ハーストもオッフェも，国家が市民社会の諸関係を調整する機能を完全に喪失するとは考えていない．国家はこれまでよりも直接的ではない形態で，市民社会の諸関係を調整する役割を求められる．例えば，彼らは，介入的ではない国家による社会政策として，人々の社会的属性を一切問わずに，一律の現金給付を行う「ベーシック・インカム」の構想を支持する点で一致している．

意思決定の手続き・メカニズムとして捉えるのである (Perczynski 2001). 先に紹介したハーバーマスも, 市民社会における熟議が, その「制度的核心」としての「自生的に成立した団体・組織・運動」によって行われることを指摘している (Habermas 1992: 443=2003: 97).

　この接合によって, アソシエーティヴ・デモクラシーの問題点を克服することが期待できるであろう. 第一に, アソシエーションの質的区別という問題については, 熟議民主主義が行われているかどうかを, その判断基準とすることができる (Achterberg 2001: 90,102; Offe 1997). 第二に, アソシエーション間の水平的な関係調整の問題については, 熟議民主主義の実施によって対応することができる. 同時に, アソシエーション間の熟議に関与しないアソシエーションは, その質も問われることになる. なぜなら, そのようなアソシエーションは他の組織との共生に関心を持たない排他的・閉鎖的組織である可能性が高くなるからである.

② 「熟議の日」

　もう一つの「制度化」の提案として, 「熟議世論調査 (deliberative poll)」および「熟議の日 (deliberation day)」の提案について紹介・検討しておこう. 熟議世論調査は, 主にジェームス・フィシュキンによって提案されたもので, ランダム・サンプリングによって選ばれた一般市民が特定のテーマについて, 数日間集中的に熟議し, 熟議の前後における参加者の意識の変化を調べるものであり, イギリス, アメリカ, オーストラリアなどで既に実施されている (篠原 2004: 159-168). 熟議民主主義の「制度化」が, 単なるユートピアではないことを示す好例と言える[6].

　熟議世論調査の核心は, 熟議による「選好の変容」が世論というレベルにおいても期待できることにある. 通常の世論調査でも, 回答者はランダム・サンプリングによって選ばれている. しかし, 質問への回答は熟議を経ていないため, 「私的志向の利己的選好」が「生の世論」として, 政治過程に影響を及ぼ

---

[6] 「制度化」のその他の例として, 篠原 (2004: 169-184) の挙げている「コンセンサス会議」(デンマーク), 「計画細胞」(ドイツ), 「市民陪審制」(アメリカ) などがある. また, 本書第6章で言及する「権限を付与された参加型ガヴァナンス」(Fung and Wright (eds.) 2003) の諸事例もある.

す可能性が生じる．これに対して，熟議世論調査では，世論は「熟議の産物」となる．例えば，アメリカで行われた熟議世論調査では，当初はアメリカの対外援助予算を大幅に削減すべきだと考えていた参加者たちが，熟議の場で提供された情報によって，予算全体に占める対外援助費の割合がわずかに1％であることを知り，最終的には対外援助への支持が強固になったのである (Ackerman and Fishkin 2003: 23)．

　ただし，熟議世論調査は，ランダム・サンプリングであるとはいえ，市民の「代表」による熟議であることに変わりはない．その意味では，民主主義の観点からは，同じく市民の「代表」である，議員による熟議と同様の問題点が存在する．すなわち，熟議世論調査では，「代表」ではない「一般の人々（mass）」の熟議への関与を達成することはできないし，その結果として一般の人々との意見の乖離が生じる可能性も否定できないのである (Ackerman and Fishkin 2003: 12, 26-30)．

　熟議世論調査のメリットを引き継ぎつつ，その問題点を克服するために，フィシュキンがブルース・アッカーマンとともに提案するのが，「熟議の日」である (Ackerman and Fishkin 2003: 13-26; Ackerman and Fishkin 2004)．「熟議の日」は，総選挙の1〜2週間前に定められる．当日，有権者たちは近所の学校またはコミュニティ・センターに集まり，午前中は，ランダムに15人程度の少人数グループに分かれる．彼／彼女たちは，会場でテレビ中継された候補者の答弁を聞き，配布された資料などを読んだ上で，午後からの討論に向けて自分のグループからどのような質問を提出するかを決めるために，熟議を行い，最終的に投票によって質問事項を決定する．午後からは，まず500人程度の多人数グループで集まり，司会者の下で，午前に決めた質問事項について，会場に訪れる地元の各政党の代表との質疑応答を行う．その後，再び少人数グループに戻って，最終的な熟議を行うが，今度は投票を行ったり，結論をまとめたりするようなことはしない．「熟議の日」の後では，熟議参加者は経験を共有しているために，家庭や職場で「熟議の波」が引き起こされる．それは，さらに「熟議の日」に参加しなかった人々も巻き込んで，新聞を読む，ニュースやインターネットを見る，昔ながらの政治談議に勤しむ，といった行動を増加させる．政党のコマーシャルも，短時間でイメージ広告ではなく，長時間の討論的なものとなる．かくして，投票は異なる社会的意味づけを持つことになる．

人々は，選挙の根本的な争点について十分に思考した上で投票し，自分たちには市民的な責務が不足していたことに気づくのである．

このようにして，「熟議の日」は，熟議（による世論の形成）と（代表ではなく）一般の人々の関与との両立という，現代民主主義の理論と実践にとっての根本問題に対する，一つの解答を提供するものとして評価されるのである．

第2節　非制度的次元

(1)「非制度的次元」の必要性

市民社会・公共圏における「制度化」の方向だけが，熟議民主主義深化の唯一の方向ではない．「制度化」の狙いは，市民社会における熟議の成果としての意思「形成」を国家における意思「決定」へと媒介することにある．しかし，私は，これと同時に，国家へと必ずしも媒介されない熟議民主主義を構想することも可能であると考える．本節で扱うのは，この非制度的次元における，必ずしも国家へと媒介されるとは限らない熟議民主主義の可能性である．

「非制度的次元」の必要性について検討する前に，三つの注意点を述べておこう．第一に，「非制度的次元」の場合には，「制度的次元」に比べて「選好の変容」を実現するための制度的誘因は減少する．したがって，非制度的な熟議民主主義は，制度的なそれよりも，その成立可能性という点において困難を伴う．しかし，それにもかかわらず，非制度的な熟議が求められる局面が，現代社会においては確かに存在するのである．

第二に，ここでいう「非制度的次元」は，前節で紹介したハーバーマスやドライゼックの複線モデルとは異なる．ハーバーマスらも，国家における「フォーマルな」審議との対比で，市民社会における熟議が「インフォーマル」であることを強調している．しかし，彼らはそのような「インフォーマルな」熟議が「フォーマルな」場へと媒介される局面に関心を持っている．これに対して，本節で述べたいのは，「インフォーマル」に止まる熟議の意義である．

第三に，しかし，「非制度的次元」を提起する目的は，国家の民主化をあきらめて，もっぱら市民社会の民主化のみを図るということではない．そのよう

な「自己限定的な」民主化は，国家の民主化の断念という点だけではなく，国家の領域は十分な民主主義なしでも統合可能との印象を与えるという点においても，擁護できない．そうではなく，一方の熟議民主主義の「制度化」の深化と，他方の国家へと必ずしも媒介されない市民社会内部の「非制度的次元」における熟議民主主義の深化とが，等しく重要であるとの認識の下に，両者の共時的深化を目指すべきだということなのである．

　以上の三点に注意した上で，問題は，なぜ，国家へと媒介されない熟議民主主義も重要なのか，という点である．それには，二つの理由がある．第一は，非国家的領域における意思決定ないし問題解決の必要性である．確かに，現代社会において，国家レベルにおける意思決定は相対的に最も拘束的な意思決定である．ただし，理論的には，国家以外の次元においても，複数の人間に関わる共通の問題の解決を志向する場合には，程度の差こそあれ拘束的な意思決定が行われ得る（cf. 田村 2005）．そうだとすれば，そのような意思決定が熟議民主主義によって行われることは，そうでない方法で行われるよりも望ましいと言えるだろう．

　第二は，「社会的学習」としての熟議民主主義の意義である．ボラ・カンラは，「分断された社会」においては，意思決定が行われる以前に，まずもって分断された人々の間の関係性を再構築することが必要であると主張している．彼によれば，このような「社会的学習」としての熟議民主主義は，公式の意思決定への影響力が欠如していても発生し得る（Kanra 2005; see also Dryzek 2006: 28）．既に述べたように，公共圏・市民社会レベルにおける熟議を重視する複線モデルにおいても，その力点は，公共圏・市民社会における熟議がいかに国家・議会レベルにおける意思決定に影響を及ぼし得るかという点にあった．ここでは，公共圏・市民社会における熟議は，なおも国家との関係において考えられている．しかし，カンラの提唱する「社会的学習としての熟議民主主義」は，国家へと媒介されない熟議もまた極めて重要であることを主張する点で，複線モデルと一線を画している．彼の議論を，本書の用語で言い換えるならば，次のようになるだろう．すなわち，もしも諸個人の間の対話が「選好の変容」を通じて当該諸個人の間における社会的基盤の形成に寄与するならば，私たちはそれを熟議民主主義と呼び得るのである．

以上の二つの理由により，私は，国家への媒介を必ずしも志向しない，このような「非制度的次元」も，熟議民主主義の多層的深化にとって不可欠の構成要素であると考える．ここで，以上の議論を踏まえ，第4章第6節で提起した民主主義モデルを修正しておこう．本章第1節で述べたように，このモデルにおいては，国家と市民社会との関係が考慮されていなかった．この点を考慮に入れ，かつ，国家へと媒介されない「非制度的次元」における熟議民主主義をも組み込むならば，前章のモデルは，図2のように修正される．

　「固定的争点」は，国家・議会という「民主主義的権威」による意思決定に委ねられる．ここでは，代表による「制度化された熟議」（ウォーレン）が展開される可能性もある．これに対して，「分断された社会」である可能性も高い市民社会・公共圏においては，「政治的争点」について「焦点を定めた対抗的熟議」が行われる．この熟議は，国家へと媒介されるべき「意見形成」（ハーバーマス）を行う「制度的次元」と，国家へと媒介されない意思決定・問題解決および「社会的学習」を行う「非制度的次元」とに区別される．

　以下では，非制度的次元における熟議民主主義が必要な二つの理由の意味するところを，より具体的に説明する．第一は，親密圏における問題解決策であり，第二は，「脱社会的存在」との社会的基盤形成である．以下で順に検討しよう．

(2) 親密圏における問題解決

　非制度的な次元における熟議民主主義として，ここで考えてみたいのは「親密圏 (intimate sphere)」におけるそれである．近年の社会科学では，心の安らぎ・癒しを得ることのできる，安心な場所としての親密な空間（親密圏）の意義が指摘されつつある (cf. 齋藤 2000)．自明性が解体しつつある現代社会だからこそ，多くを語らなくとも分かり合えるような，自明性の程度の高い安らぎ・癒しの空間が求められるという逆説的な状況が存在するのである．

　しかし，問題は，親密圏といえども，そこでの関係性が常に安心できるものとは限らない，という点である．例えば，ポスト・モダニズム的な観点からすれば，いかなる関係性の固定化も，異なる人間間の差異の抑圧，その結果としての支配／従属関係あるいは他者の排除を帰結する．実際，ドメスティック・

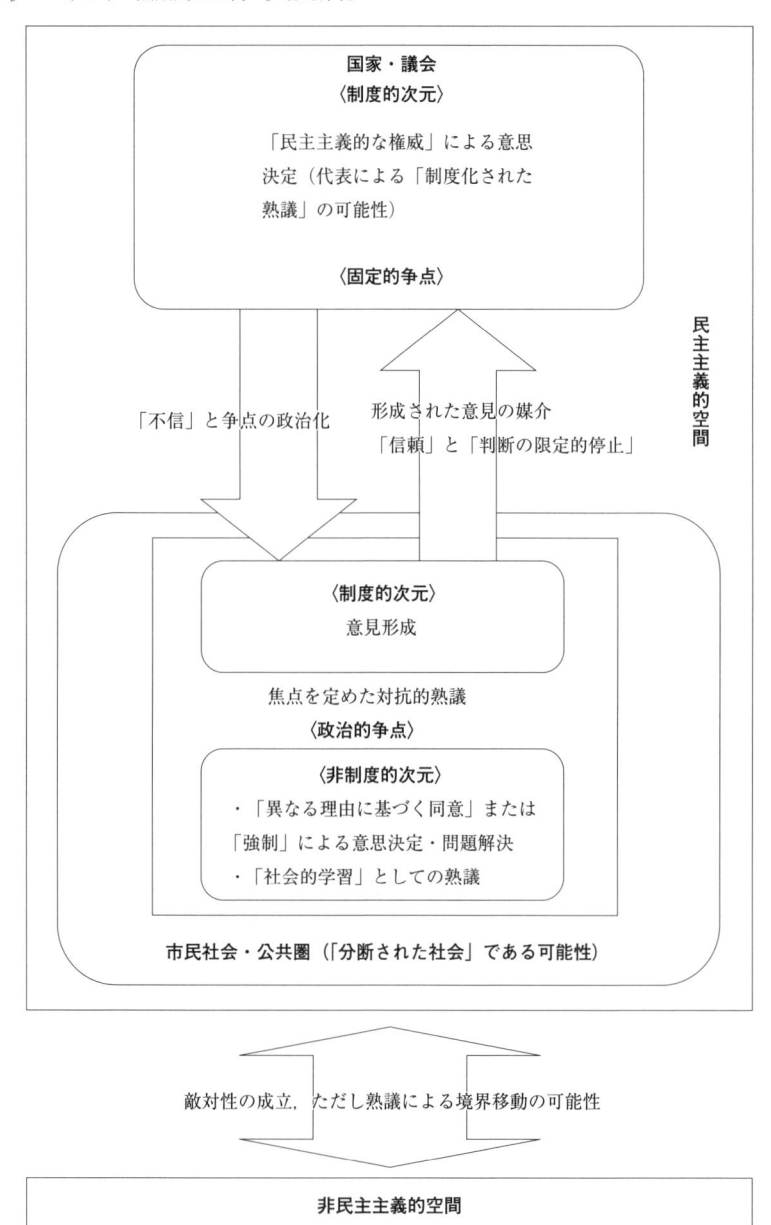

136　第5章　熟議民主主義の多層的深化

```
┌─────────────────────────────────────────────────┐
│            国家・議会                            │
│            〈制度的次元〉                         │
│                                                  │
│      「民主主義的な権威」による意思              │
│      決定（代表による「制度化された             │
│      熟議」の可能性）                            │
│                                                  │
│            〈固定的争点〉                    民  │
│                  ↓        ↑                  主  │
│       「不信」と争点の政治化                 義  │
│                    形成された意見の媒介      的  │
│                    「信頼」と「判断の限定的  空  │
│                    停止」                    間  │
│   ┌─────────────────────────────────┐         │
│   │         〈制度的次元〉           │         │
│   │          意見形成                │         │
│   │                                  │         │
│   │      焦点を定めた対抗的熟議       │         │
│   │         〈政治的争点〉            │         │
│   │   ┌──────────────────────┐      │         │
│   │   │    〈非制度的次元〉   │      │         │
│   │   │ ・「異なる理由に基づく同意」または│      │         │
│   │   │   「強制」による意思決定・問題解決 │      │         │
│   │   │ ・「社会的学習」としての熟議 │      │         │
│   │   └──────────────────────┘      │         │
│   │   市民社会・公共圏（「分断された社会」である可能性）│
│   └─────────────────────────────────┘         │
└─────────────────────────────────────────────────┘
              ↕
     敵対性の成立，ただし熟議による境界移動の可能性
┌─────────────────────────────────────────────────┐
│               非民主主義的空間                    │
└─────────────────────────────────────────────────┘
```

図2　「非制度的次元」における熟議民主主義を組み込んだモデル

バイオレンス (DV), ストーカー, 児童虐待などは, 親密な関係性 (という思い込み) ゆえにもたらされたものと言える.

そうであるとすれば, 親密圏の擁護に止まらず, そこにおける問題発生への対応方法についても検討せざるを得ないことになる. もちろん, DV, ストーカー, 児童虐待などの深刻な問題の場合は, 親密圏から国家への媒介回路を形成することによって対応することが不可避である. 親密圏における暴力について熟議する「対抗的公共圏」(Fraser 1997: 81=2003: 123-124) の形成および法的対応の必要性についての熟議の展開, その結果としての世論への問題周知と形成された意思の国家への媒介, そして国家における新法制定の意思決定というプロセスは, 親密圏をそこでの「不正義」に対してさえ, 他者の介入を排除する「私的な」領域に止めないために重要な意義を持つ.

しかし, 親密圏の問題への対応は, 親密圏と国家との媒介のみとは限らない. 親密な関係を前提としつつ, しかしその自明性 (「同じ家族なんだから／愛し合っているのだから, 何も言わなくてもわかるはず」) は前提としないで, 複数の人間の関係を調整する, 新しい共通理解・ルールを形成することも可能だし, 場合によってはそのような対応が望ましいこともあるだろう. 例えば, 第1章でも述べたように, 再帰的近代化の進展する現代社会では, たとえ親密な関係のパートナー同士であっても, 結婚や出産は自明ではなく, その「理由」について話し合い, 確認し合うことが必要となってくる. また, 仮に結婚や出産を行った後でも, 結婚状態を続けることや子どもを二人で養育し続けることの自明性は相当程度解体している. したがって, これらの状態の持続 (または中止) のためには, 断続的な熟議的なコミュニケーションによって互いの考えを確認する必要が生じるだろう. もちろん, 親密な関係性にある当事者間での熟議がうまくいかなかった時には, 法律に基づく解決策に依拠しなければならない場合もある. しかし, ここでのポイントは, このような結婚や出産を行うという判断を行うための熟議が常に国家レベルでの意思決定にまで媒介される必要はないし, そうなるとも限らない, ということである. 当事者間 (場合によって第三者を含む) での熟議が問題解決に寄与することもあるし, 熟議によって (すでに存在しないはずの) 自明性の強制への抵抗も可能となるだろう. 自明性の解体した現代社会では, 親密圏における非制度的な熟議民主主義は, ますますその必要性

を高めるのである．

(3)　「脱社会的存在」との社会的基盤の形成

　制度化されない熟議民主主義が必要であるもう一つの理由は，「社会的学習」としての熟議民主主義の意義であった．ここでは，その事例として「脱社会的存在」との社会的基盤形成，そのことによる社会的統合の再生という問題を取り上げる．「脱社会的存在」は，社会や他の人間に対して，異なる主義主張に基づき反対しているのではない．したがって，必ずしも社会や他の人間と「対立」しているわけでもない．彼／彼女は，端的に，社会や他の人間との接点を喪失しているのである．ケータイメールへの没頭にせよ，「理由なき殺人」にせよ，当人との接点がないからこそ，その言動は「社会」内部の人間には理解不可能なのである．

　このような「脱社会的存在」との間に最低限の社会的基盤を形成するとは，要するに，彼／彼女たちと「社会」との接点を回復することに他ならない．そして，私は，そのような彼／彼女と社会との再接続のための「社会的学習」としての熟議民主主義というものを構想可能であると主張する．以下，この点について説明しよう．

　手がかりとなるのは，「脱社会的存在」もまた，「社会」内に存在する私たちと共通の言語によって何事かを認識し，思考しているという点である．「脱社会的存在」の言動は，「社会」内部に住む私たちから見れば，ほとんど理解不能である．私たちは，「なぜ人を殺してはいけないのか？」という問いを公然と発してしまう彼／彼女の「脱社会化」ぶりに驚愕し，いったいどのような解答を示せば納得してもらえるのか，全く見当もつかず，途方に暮れてしまうことだろう．しかし，それでも私たちは，何を問われているのかはわかる（北田 2003）．このことは，「脱社会的存在」もまた，私たちと言語およびそれに基づく思考・行動様式を，少なくとも一定程度共有していることを意味する．

　ここに，言語を用いた熟議民主主義を媒介として，「脱社会的存在」に「自分は社会との接点がある」という認識を獲得させる可能性を，わずかであれ見出すことができると思われる．北田が指摘するように，「なぜ人を殺してはい

けないのか？」と問う「制度の他者」は，問いに対する解答およびその「理由」を求めているからである．この時点で，彼は，純粋な「制度の他者」ではなくなり，事実上，「規範の他者」へと「堕落」しているのである（北田 2003）．もしも，「理由」を求める他者に妥当と思われる「理由」を提示し，その「理由」に基づく解答に対して他者が何らかの反応を示し，そしてまたその解答への問いを求める……そのようなプロセスが成立するならば，それもまた熟議民主主義の一つの形態に違いない．そこでは，「脱社会的存在」は，「社会の敵」として排除されるのでもなく，またいつまでも「社会」の外部に立ったままで「理由なき殺人」を犯し得るのでもなく，新たな社会的基盤形成の潜在的可能性を秘めた存在として，扱われることになるだろう．

　しかしながら，この展望はあまりに楽観的に過ぎるのではないだろうか．「脱社会的存在」は，そもそも一切の「社会」への関心・関与の動機づけを持たない存在である．そのような「脱社会的存在」が，何故に「公的志向の倫理的選好」を有する可能性を持つと言えるのだろうか．

　最初の手がかりとなるのは，先ほど述べた「言語」である．諸個人の選好は，彼／彼女の全くのオリジナルというわけではない．なぜなら，「自分のもの」と思われる選好は，通常，言語（を用いた思考）を通じて意識化されるからである．もちろん，社会的基盤の解体に直面した現代社会では，様々なコミュニケーション・ギャップが頻繁に出現する可能性がある．それゆえ，言語の有する共通性を自明視することにも慎重でなければならない．それにもかかわらず，言語の共有が完全に消滅することはないだろう．「想像の共同体」（ベネディクト・アンダーソン）としてのナショナリズムが依然として存続していることは，その一例である．ドライゼックが指摘するように，それは「文化」によってではなく，「言説」によって創られているのである（Dryzek 2006: 53）．さらに，「脱社会的存在」「制度の他者」についても，彼／彼女が「なぜ人を殺してはいけないのか？」と言語によって問うことの意味自体は，「社会」内部の私たちにも了解可能である．以上より，諸個人の選好を，言語を媒介とした相当程度間主観的なものとして捉え直すことができる．それゆえ，言語を媒体とした熟議による「選好の変容」の発生を期待することもできるのである．

　しかしながら，言語はあくまで「社会」内部の道具である．社会の「外部」

に属する「脱社会的存在」に対して，この「道具」は通用するのであろうか．それに加えて，「公的志向の倫理的選好」の潜在的存在理由を説明することができるのであろうか．この点について，やはり北田の議論が手がかりとなる．彼は，（堕落した）「制度の他者」を説得する手がかりを，彼／彼女の「問いへの応答を求める欲求」に求めている．「なぜ人を殺してはいけないのか？」と問う以上，（堕落した）「制度の他者」には，そのような「問いに答えてもらいたいという特異な欲求」だけは存在するはずである（北田 2003: 138）．そのような欲求に訴えかけていくことによって，「社会」内部の私たちも説得を試みていることができる．北田は，その欲求への訴えかけには，他者を尊重することの道徳的正当化ではなく，（堕落した）「制度の他者」の自己利益に訴えることのほうが効果的であると言う．「なぜ人を殺してはいけないのか？」と問う少年は，「どんな人も，殺人を犯すときにはためらってしまう．それが理性の事実なのだ」と答える人よりも，自己利益に訴えかける「君が殺されたら困るだろ，殺人禁止の制度って結構役立つぜ」と答える人のほうに，「ウサン臭さを感じないのではなかろうか」というわけである（北田 2003: 150）．

　しかし，ここで問われるべきは，「解答への欲求」と「自己利益に訴える回答」とが果たして直接に結びつくのか，という点である．確かに，「社会」内部の私たちにとっては，「理性の事実」よりも「自己利益」に訴えるほうが，説得力がありそうに見える．その理由の一つは，恐らく，現代人である私たちが「自己保存」に根底的な価値の優位性を認めるからである．「自分の死の回避」という自己利益に訴えることが，「万人の万人に対する闘争」（ホッブズ）を避けるために，最も効果的というわけである．

　しかしながら，「脱社会的存在／制度の他者」にも同じことが当てはまると言えるだろうか．確かに，彼／彼女の存在は，「理由なき殺人」によってクローズ・アップされることが多い．しかし，自らを「透明な存在」と称する彼／彼女には，「自己保存」への動機づけさえも存在しない場合があるのではないだろうか．「理由なき殺人」を行う（堕落した）「制度の他者」は，誤解を恐れずに言えば，「理由なき自殺」（藤井・宮台 1999）を行ってしまう存在でもあり得る．彼／彼女は，人を殺してはいけない「理由」だけでなく，自殺してはいけない理由も少なくとも同程度にはわからないのである．そうだとすれば，（堕

落した)「制度の他者」が,自己利益＝自己保存に訴える説得に影響を受けることが自明であると,どうして言えるのだろうか.

それでは,「理性の事実」でも,「自己利益」でもない,第三の可能性は,どこに存在するのであろうか.その手がかりは,「社会」内部と「社会」外部という境界線の再考にある.「理性の事実」と「自己利益」は,いずれも「社会」内部に属する.私たちは,「社会」外部の(堕落した)「制度の他者」との熟議においても,「社会」内部のコミュニケーション道具,すなわち言語を用いるしかない.しかし,道具は「社会」内部のものだが,その内容は「社会」外部にも開かれている,ということもあり得る.つまり,「社会」外部の者に対して,「社会」内部の道具を用いつつ,「社会」外部のロジックに依拠して,説得を試みるのである.

ここで注目したいのが,全体論的な個人観である(伊田 2003).この考え方によれば,一見,自立的に見える「個人」も,「個人を超える大きなもの」とのつながりの中で存在している.この場合の「個人を超える大きなもの」とは,人間の「社会」を超えて,地球の生態系全体,さらには宇宙的な広がりを有するものである.「個人」は自己のみによって「自立」しているのではなく,「社会」をもその構成要素の一部としつつ,それに還元できず,むしろ「社会」を超え出る要素を持つような,多層的な「全体」の中の一部として存在しているのである.このような全体論的な個人像を採用することによって,個人が本書第 4 章で提示した「公的志向の倫理的選好」を有していることを説明できる.かつ,「社会」内部の私たちだけではなく,「制度の他者」「脱社会的存在」もまた,そのような選好を潜在的には有していることをも示すことができる.

ただし,なおも二つの解明すべき論点が残っている.第一の論点は,「社会」を超える要素について,「社会」内部の言語によって熟議を行うことが可能なのか,という点である.この問題に答えるためには,「社会」の内部と「社会」の外部とを,互いに還元不可能であるが全く無関連ではないような関係として捉えることが必要である.稲垣久和は,このような関係を「創発」と呼んでいる(稲垣 2004).このような把握に基づくならば,「社会」内部の言語と「社会」外部とが関連を持つという理解も可能になる.

もちろん,「創発」の関係である以上,「社会」内部の言語によって,「社

会」外部を完全に描写・把握することはできない．しかし，このことは，ここでの考察にとっての障害とはならない．なぜなら，「社会」外部の「具体的な」あり方を提示しようとする試みは，常に，特定の宗教的教義に回収される危険性を伴うからである．したがって，「社会」外部の具体像についての熟議ではなく，より「抽象的な」レベルでの熟議，すなわち「社会」の外部が存在するという点のみについての熟議，のほうがむしろ望ましいのである (cf. 宮台・速水 2000: 192)[7]．

　第二の論点は，全体論的な個人観では，自己利益の追求が否定されてしまうのではないか，というものである．この疑問に対しては，全体論的な個人観によって自己利益が自己以外のものへと拡張されるという解答も考えられる（伊田 2003: 135-140）．これは，「個人主義」でありつつ，「自己中心主義」を回避／否定する解答である．しかし，現代人である私たちから「自己中心主義」を否定することには疑問が残る．また，自己利益の拡大論では，個人は公的志向の倫理的選好と私的志向の利己的選好の両方を有している，という本書の議論との整合性も問題となる．

　ここで参考になるのが，自己利益追求的な人間像を否定すべきではないと主張する，中込正樹の議論である（中込 2001）．中込は，井上達夫の「他者への自由」の概念に共感を示しつつ，「しかしこうして拡大された自由の概念を尊重する一方で，それでも『……からの自由』に執着し，それにこだわって生きようとする人間精神の多面性・複雑性をも無視できない」と言う．そこで，中込は，アーサー・ケストラーの議論を参照して，人間をそれ自体で「全体」であると同時に，世界の中の「部分」でもある存在と捉え，そのような人間を「ホロン」と呼ぶ．「ホロン」としての人間は，場合によってはそれ自体で「全体」として，自己利益を主張することがあり得るのである（中込 2001: 131-133）．チャールズ・テイラーの区別 (Taylor 1995: 181-182) を利用するならば，「ホロ

---

[7] ここでの議論の前提は，「社会」の外部という次元が実在する（リアルである）という認識が共有されることである．もしそうでなければ，「社会」内部の言語によって，「社会」外部を「実在」として語ることはできない．これに対して，「『社会』外部などというものは，空想に過ぎない」と語られる場合は，「社会」外部の「実在（リアル）」性を認めない立場に立つ，ということになる．

ン」としての人間像は,存在論の次元において,「原子論」的かつ「全体論」的なそれを提起しているということになるだろう[8]. このように「私」の側面を否定しないことで,現代人の私たちにとっても受け入れ可能なものとして,全体論的な個人観を構想することができるのではないだろうか.

---

8 小林正弥は,「実のところ,ホロン＝全体子の観念は,哲学的には,全体論的認識と原子論的認識の双方を統合する総合論的視座に立脚している」(傍点は原文) と述べている (小林 2000: 47).
　ところで,田村 (2004b: 161-162) において,私は「全体論的個人主義」の用語を用いていた. しかし,チャールズ・テイラー (Taylor 1995) 自身の「全体論的個人主義」の議論は,一方の存在論の次元における原子論／全体論の区別と,他方のアドヴォカシー (政策論) の次元における個人主義／集合主義の区別とを峻別するならば,存在論の次元における全体論とアドヴォカシーの次元における個人主義とは両立し得る,というものである. これに対して,私の立場 (あるいは「ホロン」の概念) は,存在論の次元において,(テイラーの言葉を用いるならば) 原子論的かつ全体論的な個人像を提起するものである. したがって,私の表現は,多分に誤解を招きやすいものであったと言わねばならない.

第6章 規範理論と経験的研究との対話可能性

「なぜ民主主義なのか？」という問いから始まった，民主主義をめぐる本書の探求は，第5章における熟議民主主義の多層的深化の提案によって，一応の終着点に到達した．本書の議論は，基本的には「あるべき」民主主義像の探求という形で行われており，その意味で，規範的な政治理論の性質を持つ．ただし，序論でも述べたように，本書の議論は同時に，経験的な次元も強く意識したものでもあった．このような本書のスタイルは，事実と価値との峻別に無自覚との批判を受けるかもしれない．あるいは少なくとも，規範理論と経験的・実証的研究との分離が進んだかに見える今日の政治学の動向に照らすならば，きわめて「中途半端な」ものと映るかもしれない．

そこで，本章では，規範的なものと経験的なものとの関係をどのように考えるかという方法論的な観点から，熟議民主主義についての諸研究を整理・分析することを通じて，上記の諸疑問に対する暫定的な応答を試みる．本章で私は，一方の規範理論における経験的知見の摂取と，他方の経験的研究における規範的命題の説明変数としての採用という形で，規範理論と経験的研究との「対話」の進展が見られることを明らかにする．そのことを通じて，「中途半端な」本書の議論が，純粋な「政治哲学（political philosophy）」でも，実証的な「政治科学（political science）」でもない，「政治理論（political theory）」であることを示唆するのが，本章の目的である．

第1節　事実と価値の分離を超えて？

20世紀中葉に政治学の経験科学化を力強く推進したデヴィッド・イースト

ンが，アメリカ政治学会会長就任演説において「脱行動論革命」を謳ってから，既に30年以上が経過した．その「脱行動論革命」と前後して，ロールズの『正義論』が刊行され，価値判断に関わる「政治理論の復権」が言われるようにもなった．しかし，その後の政治学の展開を振り返るに，「脱行動論革命」や「政治理論の復権」以後，経験科学としての「政治科学 (political science)」と規範的な「政治理論 (political theory)」との分化はいっそう進行したのではないだろうか．

このように書くと，次のような疑問も提起されるかもしれない．すなわち，第一に，そのような分化は特殊アメリカ合衆国の政治学に見られるもので一般化はできず，第二に，そのアメリカ政治学においてさえ，一部の学派を除けば，「政治科学」と「政治理論」とはその課題において共通性を有しているのだ，と[1]．

もちろん，ヨーロッパの政治学とアメリカの政治学との間には，（その中身はともかくとして）依然として違いが存在するであろうし，「政治科学」と「政治理論」との間にいかなる共通性も存在しないとは考えられない．しかし，その一方で，ドイツの社会哲学者ハーバーマスもまた，その著書『事実性と妥当性』において，「今日の政治理論と法理論は，事実性に注目する陣営と妥当性に注目する陣営に分裂しており，ほとんど対話ができない状態にある」と述べていることが注目される．すなわち，「社会的実在との接触を失う危険につねにさらされている規範主義的立場と，いっさいの規範的側面を消去してしまう客観主義的立場との分裂」が存在しているのである (Habermas 1992: 21=2002: 22)．ヨーロッパのハーバーマスにとっても，経験的研究と規範理論との分化は，無視し得ない状態として存在する．彼自身は，「社会学的法理論と哲学的正義論の両方の視座を包摂した再構成アプローチの形成」を自らの課題としている (Habermas 1992: 21-22=2002: 23)．しかし，そのようなハーバーマスの試みが，規範理論と経験的研究との間の分化を解消するものと見なされているとは言いがたい．むしろ，彼の理論は，「分化の解消」ではなく，あくまで「(批判的) 規

---

[1] ロールズらの政治哲学と行動論的な政治学との共通性について，伊藤 (1999) を参照．なお，「一部の学派」として挙げられるのは，シュトラウス学派である．この点に関しては，Almond (1996) も参照．

第1節 事実と価値の分離を超えて？

範理論の再構成」の試みとして受け止められているであろう.

それでは,経験的研究と規範理論の間での対話は不可能なのだろうか.私は,必ずしもそうではない,と考える.例えば,経験的な分野の研究者である河野勝は,これからの「政治経済学(political economy)」について次のように述べている.

> 「また,そもそも,人間の行動原理として,効率性とともに,公平性や平等といった価値を視野にいれたモデル化が必要であるという指摘もありうるであろう.こうした基本的価値の選択の問題は,これまで主流の経済学にも政治学にも必ずしも馴染まない公共経済学あるいは公共哲学といった研究分野において思索が蓄積されてきた.政治経済学がこれらの分野から知見を取り入れて,将来さらに大きく脱皮することは十分可能であるし,そうした方向へ発展を遂げることを筆者は個人的には大いに期待しているのである.」(河野 2006: 45)

ここで河野が,「政治経済学」が「基本的価値の選択」の問題について,規範的な分野からの知見を取り入れて,「将来さらに大きく脱皮する」ことを「大いに期待している」と述べていることは,経験的研究と規範理論との対話の一つの可能性を指し示すものと言えるだろう.

本章の課題は,21世紀初頭の現在において,政治学における経験的研究と規範理論との対話可能性を探ることである[2].そのような試みは,いくつかのトピックをめぐって,既に始まっている.直ちに思い浮かぶのは,「社会関係資本(social capital)」や「信頼(trust)」についての研究動向である.これらの概念については,規範理論家と経験的研究者の双方が参入する形で,議論が行われている[3].何より,社会関係資本の概念を一躍著名なものとした,パットナムの著作(Putnam 1993)そのものが,規範理論の知見を踏まえつつ,経験的

---

[2] 同様の問題意識を持つものとして,Buchstein und Göhler (Hrsg.) (2007) がある.
[3] その一端は,McLean, Schultz, and Steger eds. (2002), Edwards, Foley, and Diani (eds.) (2001), Warren (ed.) (1999) などの論文集から窺い知ることができる.いずれにおいても,規範理論と経験的研究の両分野の研究者が寄稿している.

な研究を展開したものである[4]．あるいは，近年のアカウンタビリティ研究においても，同様に，規範理論家と経験的研究者との対話が見られる[5]．

このようないくつかの試みを念頭に置きつつも，本章では，近年の熟議民主主義論の展開を事例として取り上げる．本書で述べてきたように，熟議民主主義は，民主主義の核心を人々の相互熟慮と討論，すなわち熟議に求める考え方である．それは，シュムペーターやアンソニー・ダウンズによって定式化されたような，政治エリートの競争と一般民衆による投票によって特徴づけられる民主主義のあり方，すなわち集計型民主主義（aggregative democracy）に対する，代替的な民主主義像として提案されてきた．それゆえ，熟議民主主義論は，もともと規範的な民主主義論としての性格が強い．しかしながら，以下で紹介するように，近年では，経験的な観点からの研究も多く見られるようになってきている．このような熟議民主主義論の展開過程を振り返るならば，そこに，規範理論と経験的研究との「対話」について，想定し得る諸類型の（すべてと断言することはできないが）多くを見出すことができる．したがって，熟議民主主義論を事例とすることで，規範理論と経験的研究との区別を意識しつつ，両者がどのような形で交錯し，対話できるのかという問題について，一定の知見を得ることができると思われるのである．

なお，言うまでもなく，「交錯」「対話」と言っても，両者の安直な融合・統合は慎まなければならない．重要なことは，経験的研究と規範理論の互いの特性を尊重しつつ，どこまで問題の共有が可能なのかと問うことであろう．

ここで，本章で用いる「経験的研究」と「規範理論」の用語の定義を示しておくならば，次のとおりである．まず，「経験的研究」とは，「実在（reality）」を解明・説明する研究およびそこから得られる一般化された命題としてのモデ

---

[4] 日本では，坂本治也が社会関係資本について，やはり両分野を見据えた形で研究を展開している（坂本 2003; 2005）．ただし，彼の場合は，次第に経験的な，とりわけ計量的な実証研究へと関心をシフトさせている．

[5] 例えば，Przeworski, Stokes, and Manin（eds.）(1999) を参照．日本においても，『早稲田政治経済学雑誌』第364号，2006年において，規範理論と経験的研究の研究者が寄稿した「特集　アカウンタビリティ研究の理論と実証」が組まれている．これは，日本政治学会2005年大会における分科会「アカウンタビリティ研究の理論と実証」における報告論文および討論を加筆修正してまとめたものである．

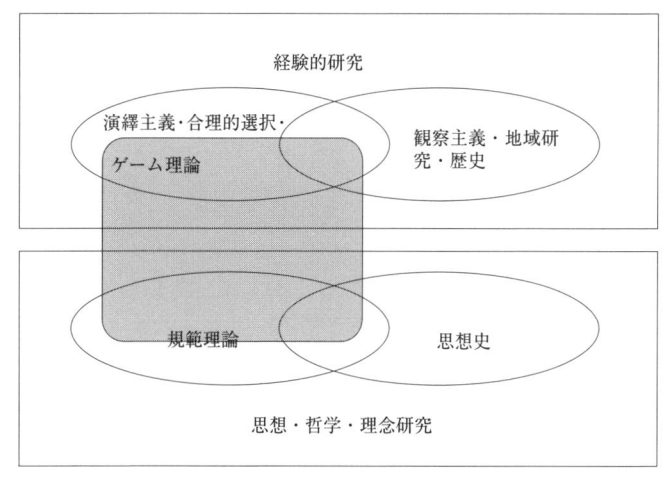

第1節　事実と価値の分離を超えて？　149

図3　規範理論と経験的研究との対話可能性

ル・理論を指す．「(規範的) 政治理論 (political theory)」と区別される場合の，狭義の「政治科学 (political science)」の分野と言ってもよい．

　経験的研究は，いくつかの観点からさらに分類することができる．第一に，観察主義と演繹主義の違いである (Hay 2002)．前者は，観察可能なデータをもとに一般化を目指す観察主義ないしは帰納主義的な科学観に基づく研究であり，後者は，一定の公理からの演繹的な推論としての科学観に基づく研究である．いわゆる「地域研究」や歴史研究，さらには「行動論」は前者の典型であり，合理的選択理論やゲーム理論は後者の典型である．もちろん，多くの研究や理論は，両者の折衷であり，観察主義と演繹主義はあくまで理念型である．第二に，ゲイリー・キング／ロバート・O・コヘイン／シドニー・ヴァーバ (King et al. 1994=2004) の言うところの記述的推論型と因果的推論型の違いである．前者は，政治現象の状態を解明するものであり，「パターン認識型」(大嶽 2005)，ヴェーバー型 (Beyme 1996) とも呼ばれる．後者は，政治現象の因果関係を説明するものであり，デュルケム型 (Beyme 1996) とも呼ばれる．

　次に，「規範理論」とは，政治に関する価値および／あるいは望ましい (または望ましくない) 政治秩序についての考察を指す．「政治哲学 (political philosophy)」と呼ばれることも多く，思想家や思想のその当時の時代状況の中

での精確な理解を志向する「（政治）思想史」とは区別される[6]．

以上を図示するならば，図3のようになる．本章で「対話可能性」を考えてみたいのは，主に網を施された領域ということになる．

第2節　熟議民主主義の経験的研究の展開

本章第1節で述べたように，熟議民主主義論はもともと規範理論の分野における民主主義論として展開してきた．しかし，近年では，この民主主義についての経験的研究も登場してきている．アンドレ・ベクティガー（Bächtiger 2005: 12）が指摘するように，「熟議することは，単に哲学的領域に属するのではなく，現実政治においてもレリヴァンスを持ち得る」ようになっているのである[7]．

もっとも，一口に経験的研究と言っても，そこには異なる接近方法が見られる．ここでは，様々な熟議民主主義の経験的研究を，「序論」で言及したパターン認識（記述的推論）型と因果的推論型の二つのタイプに分け，それぞれのタイプの典型的な研究を取り上げる．この二つのタイプは，一般に経験的研究の代表的な方法と言えるが（King et al. 1994=2004），規範的な概念を経験的に研究する場合にも適用できるのである．

(1) 記述的推論（パターン認識）型

これは，熟議民主主義が実際にどの程度あるいはどのような形態で存在しているのかを問うタイプの研究である．言い換えれば，現実に存在する特定の民主主義の形態について，それを「熟議民主主義」として把握することを目指す研究である．

ここで注目したいのは，アーチョン・ファングとエリック・O・ライトが編集した『民主主義を深化させること（Deepening Democracy）』という論文集

---

[6] ただし，「政治理論」と「政治哲学」を区別する見解も存在する．また，規範理論ないし政治理論と思想史との区別については，例えば，小野（2005）を参照．
[7] 日本において，熟議民主主義の経験的研究の必要性を説くものとして，小川（2007）を参照．

(Fung and Wright (eds.) 2003) で提起されている,「権限を付与された参加型ガヴァナンス (empowered participatory governance)」論 (以下 EPG と略記) である. この論文集の序章において, 彼らは, EPG を「熟議民主主義的実践の新しい, しかし広範に適用可能な事例」(Fung and Wright 2003a: 15) として位置づけている. 具体的には, それは何を意味するのか. ファングとライトは, EPG の原理として, 次の三つを挙げている (Fung and Wright 2003a: 15-20). 第一に, 特定の具体的な問題に焦点を当てる実践志向. 第二に, 当該問題に関係する一般の人々およびそれらに近い公職者の巻き込みを伴う, ボトムアップ型の参加. 第三に, 当該問題に対する「熟議的解決」の発生・発展. 問題解決には,「熟議」以外にも,「命令と統制」「集計的投票」「戦略的交渉」があり得るが,「政党を動機づけ制度設計を特徴づける価値と規範として, EPG における熟議を特権化する」(Fung and Wright 2003a: 19-20). ここに見られるように, ファングとライトは, 様々な問題解決あるいは民主主義の形態の中で, 明確に熟議民主主義への価値的コミットメントを示した上で, 実際の民主主義の諸制度がどの程度このコミットメントを証明するかを経験的に検証しようとするのである (Fung and Wright 2003a: 20).

このようなファングとライトの議論は, 規範理論的な問題関心を経験的な研究に接続しようとするものである. そのことは, 彼らが, EPG をこれまでの研究動向の中に位置づけるやり方にも見て取ることができる. 彼らは, EPG の議論は, これまでの社会科学と民主主義理論における三つの潮流を発展させるものであると言う. その三つの潮流とは, ①コミュニケーション, 公共的正当化, 熟議の実践と価値の分析, ②市民関与や二次結社研究, ③市民参加や参加民主主義論, である. これらの議論は, もちろん経験的にも行われてきたものであるが, 第一義的には規範的な望ましい民主主義像の探求として行われてきたものである.

経験的研究への接続を意図する以上, 十分な検証を経ていない命題についてのファングとライトの記述は, 控え目なものである. 彼らは, 先に挙げた EPG の三つの原理 (「実践性」「参加」「熟議」) を促進する改革においては, 次のような三つの設計特性 (design properties) も見られると言う (Fung and Wright 2003a: 20ff.). それらは, ①分権・権限委譲, ②集権化された監督と調整, ③国

家制度の EPG 原理に沿った再形成，である．つまり，彼らは，EPG がその原理を十分に満たすためには，一方の分権化の推進と（設計特性①），他方の公式の政治制度の果たすべき役割の明確化（設計特性②）および公式の政治制度そのものの改革（設計特性③）との両方が必要であると考えるのである．ただし，これらの設計特性について，ファングとライトは，経験的研究が「あまりに未成熟」であり，本当に「これらの特徴が熟議的な民主的アレンジメントにとって…必要であるのかどうかを明らかにすることはできない」ので，あくまで「観察および仮説」として提起されるものだと述べている（Fung and Wright 2003a: 20）．ここから，彼らの議論が経験性を十分に意識していることが窺われよう．

『民主主義を深化させること』においては，以上のようなファングとライトによる序章に続いて，四つの事例研究が収録されている．すなわち，ブラジルのポルト・アレグレにおける「参加型予算（participatory budgeting）」（Baiocchi 2003），インド・ケララ州における分権化された計画策定（decentralized planning）（Thomas Isaac and Heller 2003），アメリカ・シカゴにおける警察と公教育における「シカゴ・スタイル」の草の根ガヴァナンス（Fung 2003），そしてアメリカにおける絶滅危惧種保護法における Habitat Conservation Plans（Thomas 2003）である．

各論文では，それぞれの EPG 制度の概略が紹介されるとともに[8]，それらがどの程度，EPG であるために満たすべき諸条件を満たしているのかについて考察が行われている．例えば，ジャンパオロ・バイオッキの論文（Baiocchi 2003: 52ff.）では，実際の会議における不平等，熟議が市民社会の発展に及ぼす効果，そして熟議民主主義が成功するための制度的条件という三つの論点について，参加型予算の現状に照らした考察が行われている．また，ファングの論

---

[8] 日本における研究では，参加型予算について，松下（2006），横田（2007）など，ケララ州の試みについて，松田（2004）による紹介などがある．これら以外の様々な熟議民主主義の具体的形態については，Gastil and Levine (eds.)（2005）や小川編（2007）に所収の諸論文を参照．なお，グッディンとドライゼックは，近年の様々な熟議民主主義的な制度を「ミニ・パブリクス（mini-publics）」と呼んだ上で，それらと「マクロ・ポリティクス（macro-politics）」との関連の仕方という観点から，類型化を試みている（Goodin and Dryzek 2006）．また，グラハム・スミス（Smith 2003: chap.4）は，熟議民主主義の制度設計論の重要性を指摘し，環境問題に即しつつ，熟議民主主義制度の三つのモデル（利害関係者の媒介，市民フォーラム，市民イニシアティブ・レファレンダム）を検討している．

文（Fung 2003: 127ff.）では，シカゴ市の公教育と警察に関する EPG における，参加者の社会的・経済的バイアスが存在するか，ガヴァナンスが熟議ではなく官僚・公務員による支配の場になっていないか，EPG が公教育と警察業務の改善に及ぼす効果はどのようなものか，および EPG 改革をめぐる政治的諸議論が検討されている．

　これらの論点の中には，熟議が市民社会の発展に及ぼす効果のように，因果関係の解明に関わるものも含まれている．しかし，各論文が自覚的に因果関係の解明を中心的課題として設定しているわけではない．多くの論点は，現存する EPG の諸制度が熟議的であるかどうかに関わるものである．そのため，諸論文において重要な「なぜ」の問題が考察されていない，という指摘もあるほどである（Abers 2003）．加えて，ファングとライトは，縦軸を「トップダウン管理」か「参加による協働」か，横軸を「対抗権力（countervailing power）の程度」の強弱として，EPG を類型の一つとする四つの「ガヴァナンス・レジーム」の類型化も行っている（Fung and Wright 2003b）．これは，まさにガヴァナンス・レジームのパターンの類型化である．したがって，論文集の全体としては，パターン認識型の分析が中心であることは疑い得ないと言えるであろう．

(2) 因果的推論型

　これに対して，熟議民主主義についての因果的推論型の経験的研究も存在している．熟議民主主義における因果関係の解明という時に，まず問題になるのは，いかなるレベルでの因果関係か，という点である．単純化して言えば，因果的推論型の研究と言っても，ミクロレベルの因果関係を問う研究とマクロレベルの因果関係を問う研究とに区別することができる．前者は，熟議がアクターに及ぼす効果を問う．このタイプの研究としては，例えば，熟議によって，規範理論が指摘するようなアクターにおける「選好の変容」は本当に生じるのかを実証的に解明するような研究が挙げられる．これに対して後者は，熟議によって，いかなる政治的結果がもたらされるのかを問う．このタイプの研究としては，例えば，熟議によって，規範理論が指摘するようなより公正な決定あるいはより正統性を持った決定を行うことが可能になるのかどうかを実証的に解明するような研究が挙げられる．ここでは，マクロレベルの因果関係を問う

研究のみを取り上げる．具体的には，ヨーロッパ諸国の議会における審議を実証的に検討したユルグ・シュタイナーらの研究 (Steiner et al. 2004) を中心に取り上げる．

シュタイナーらがあくまで経験的な研究を志向していることは，まず，その問題関心から窺うことができる．彼らは，もともとアレンド・レイプハルトの「多極共存型民主主義」あるいは「コンセンサス・デモクラシー」に関心を抱いていた．しかし，その鍵概念である「調整の精神 (spirit of accommodation)」は，曖昧さを含んだ概念であり，これまで操作化されてこなかった．この概念の提唱者であるレイプハルト自身の定義には，「取引 (bargaining)」と「熟議」という二つの要素が含まれている．これが曖昧さの原因であり，両者は明確に区別されなければならない[9]．シュタイナーらは，このうちの熟議の要素に関心を寄せる．多極共存型民主主義は，政治が取引だけではなく，熟議の場でもあることを教えるのであり，後者の程度を実証的に研究することが彼らの課題なのである (Steiner et al. 2004: 15)．

シュタイナーらは，熟議民主主義を規範理論的にではなく，あくまで経験的に研究する．「我々は〔ハーバーマスのような——引用者注〕哲学者ではなく，経験的志向性を有する政治学者である」(Steiner et al. 2004: 5)．この点は，次のような叙述に，より明確に現れている．

> 「私たちのリサーチ・クエスチョンは，よいデモクラシーは多くの熟議を持つべきだ，ということではない．私たちは，むしろ，熟議による政治という概念が現実世界の政治における論争においてどのように測定され得るのか，そして高レベルの熟議の原因と結果とは何か，を問うのである．」
> (Steiner et al. 2004: 17)

こうして，自らの関心が明確に経験的なものであることを示した上で，彼らは「熟議」概念の経験的操作化を試み，独自に考案された「言説の質指標

---

[9] このような区別は，熟議民主主義論において標準的と言ってもよい．例えば，エルスター (Elster 1998a: 5) は，集合的意思決定の方法を，「投票」「取引」「討論」の三つに区別している．

(discourse quality index, DQI)」が提起される (Steiner et al. 2004: chap. 3)[10]. その後, 熟議を従属変数あるいは独立変数とした場合の因果関係を，それぞれ実証的に検証する作業が行われる．前者については，熟議にとって有利な条件の解明，すなわち，どのような制度配置の下で熟議が開花するのか，が関心の焦点となる．この関心の下に，六つの仮説が提示され，検証される[11]. 後者については，熟議の政策アウトカムへの影響の解明，すなわち，熟議の質は，政治的アウトカムにとって重要な意味を持つのかどうか，が関心の焦点となる．この関心の下に，二つの仮説が提示され，検証される[12].

このように，シュタイナーらの研究は，熟議民主主義の規範理論の展開を十分に踏まえつつも，あくまでも経験的な方法に基づくものであり，かつ熟議をめぐる因果関係の実証を中心的な課題としているのである．もちろん，「言説の質指標（DQI）」の妥当性や検証方法等については，検討の余地があるだろう．また，彼らが議会における審議を検討対象としていることについても，異論の余地がある．熟議の場を国家に求めるか，社会に求めるかは，熟議民主主義論における重要な論点の一つである[13]. これらの論点については，なおも議論が

---

10 「言説の質指標」への言及としては，早川（2006b）をも参照．
11 6つの仮説は，次のとおりである (Steiner et al. 2004: chap. 4). ①競争的システムよりも，コンセンサス・デモクラシーにおいて議会における熟議は促進される．②議会における熟議のレベルと拒否点・拒否権プレイヤーの数との間にはポジティブな関係がある．③議院内閣制よりも大統領制において，より熟議が存在する．④熟議の質は下院よりも上院で優れている．⑤非公開（non-public）のアリーナは公開（public）のアリーナよりも，高レベルの熟議が見られる．⑥両極化している争点よりも両極化していない争点において，高レベルの熟議が見られる．検証の結果，得られた結論は，制度設計は熟議の質にとって重要な意味を持つ，熟議を促進する制度的特徴とそうでない制度的特徴とは峻別可能である（コンセンサス型，拒否権プレイヤーの存在，上院での議論，非公開のアリーナといった制度的特徴は，熟議を促進する），などである (Steiner et al. 2004: chap. 5).
12 二つの仮説とは，⑦統一された決定(純粋なコンセンサスあるいは reasoned compromise)は，高レベルの熟議が行われる場合に，よりもたらされやすい（結果の形式的な次元），⑧平等主義的な決定は，高レベルの熟議が行われる場合に，よりもたらされやすい（結果の実質的・内容的な次元），である (Steiner et al. 2004: chap. 4). 検証の結果，得られた結論は，高レベルの熟議はコンセンサスをもたらす可能性が高く，熟議懐疑論者の見解は悲観的すぎること，平等主義的な結果については確かにその蓋然性は増すものの，形式的な次元（コンセンサス形成の可否）ほど明確ではないこと，である (Steiner et al. 2004: chap. 6).

必要であろう．とはいえ，シュタイナーらの研究が，規範理論と経験的研究との対話についての興味深い重要な試みの一つであることは確かであるように思われる．

第3節 規範理論における経験的契機

他方，規範理論の側においても，近年，経験的な契機を意識した諸研究が登場してきている．それらは，大きく二つの類型に分けることができる．以下，順に述べよう．

(1) 熟議民主主義の制度構想

第一に，熟議民主主義の制度を構想する研究がある．第5章で取り上げたハーバーマス (Habermas 1992=2003) などの提起する「複線モデル」は，そのような試みの一つである．彼は，民主主義のプロセスを，「意思形成・決定」と「意見形成」とに区別する．「意思形成・決定」は，国家における「制度化された審議」によって行われ，最終的な意思決定は投票（多数決）によって行われる．しかし，国家における「意思形成・決定」のみでは，民主主義の条件を満たすことはできない．そのためには，市民社会・公共圏において「インフォーマルな意見形成」が行われ，それが「コミュニケーション的権力」となって，国家に媒介されることが必要なのである．

複線モデル論は，ハーバーマス自身の討議倫理 (Diskurs Ethik) あるいは「システム」と「生活世界」についての哲学的議論を，制度レベルで具体化しようとした試みと言える．とはいえ，その具体化の程度は高いとは言えないため，モデルの細部については必ずしも明確ではない部分もある[14]．また，直ちに具

---

13 例えば，ファング／ライトのEPG論は，国家以外の場所における熟議民主主義を見出そうとする試みである．ウォーレン (Warren 2002: 174) は，社会レベルに注目することこそが熟議民主主義論の新しさであり，重要性であると主張している．これに対して，議会における熟議民主主義研究の意義を主張するものとして，例えば，Bächtiger (2005: 14) などを参照．本文で後述するハーバーマス (Habermas 1992=2003) の「複線モデル」などは，国家と社会の両方を視野に入れた熟議民主主義の制度化構想と言える．この点に関しては，本書第5章を参照．

体的な制度の立案を導くものでもない．

　これに対して，フィシュキンとアッカーマンは，より具体的な実践・構想を志向している．やはり第5章で述べたように，彼らは，実際にイギリス，アメリカ，オーストラリアなどで「熟議世論調査」の実験を行っている (cf. Fishkin 1995; Luskin, Fishkin and Jowell 2002)．これは，ランダム・サンプリングで選ばれた一般市民が，特定のテーマについて数日間集中的に熟議し，熟議の前後における参加者の選好の変化を調べるものであった．これに対して，「熟議の日」は，主要な国政選挙の1～2週間前に熟議のための休日を作ろうという提案であった．当日，有権者たちは，近所の学校やコミュニティ・センターに集まり，一日かけて選挙の候補者に関する熟議を行う．このような「熟議の日」の存在が，選挙運動のあり方を変化させ，人々はより市民的責務を自覚させると期待されるのである[15]．

(2) 経験的研究の知見の活用

　第二に，経験的研究の知見を規範理論に活かそうとするタイプの研究がある．ここでは，シモーネ・チェンバース（Chambers 2004）の研究を取り上げる．チェンバースは，「規範理論は，経験的研究から何事かを学ぶことができる」と述べ，規範理論における「パブリシティ（publicity）」概念の曖昧さを，経験的研究の知見で明確にすることができると主張している．

14　複線モデルの不明確性の指摘として，Squires（2002）などがある．また，その制度的イメージを可能な限り具体化しようとしたものとしては，例えば，丸山（2004）を参照．
15　「熟議の日」の詳細については，第5章および Ackerman and Fishkin（2004），Ackerman and Fishkin（2003）を参照．ところで，田村（2004b: 152-153）では，Ackerman and Fishkin（2003）の記述に基づき，実施日を選挙の「1週間前」と記しているが，Ackerman and Fishkin（2004: 3）では，「2週間前」と記されている．この点に関して，田村（2007a）では，「1週間前」と記した田村（2004b）の記述を「誤りであった」と述べているが，上記の二つの表現を顧みるに，「誤り」というのは適切な表現ではなかったであろう．本書で再度訂正させていただく次第である．
　なお，「熟議世論調査」と「熟議の日」との違いについては，Ackerman and Fishkin（2004: 65-73）で論じられている．ただし，理論的に最も大きな違いは，「代表」をめぐる問題であろう．すなわち，熟議世論調査がランダム・サンプリングとはいえ，あくまで「代表」を対象にしているのに対して，熟議の日では有権者全員が対象として想定されている点が異なる（Ackerman and Fishkin 2003: 12, 26-30; 田村 2004b: 152）．

多くの規範的な熟議民主主義論は，公共理性の重要性という認識では一致している．しかし，チェンバースによれば，人々に公共理性の使用を求める圧力は，二つの異なるメカニズムを経由して作用する．一方の「ソクラテス的」メカニズムと，他方の「民主主義的」メカニズムである．前者は，自分自身の信念や論拠をきちんと説明することである．後者は，自己の主張を公共利益の観点から表明することである．ソクラテス的要素は公共理性の「合理性」(すなわち公共「理性」)を強調するのに対して，民主主義的要素は公共理性の公共的性格(すなわち「公共」理性)を強調する，と言うことができる．ここから，「パブリシティ」の意味も，異なることになる．「民主主義的」要素との関連では，「パブリシティ」は「公衆に開かれた (in public)」という意味になる．他方，「ソクラテス的」要素との関連では，「パブリシティ」は「他者との対話」という意味になり，公開の場よりもむしろ非公開の場においてこそ達成され得る．

チェンバースによれば，規範理論はこれまで，この公共理性・パブリシティの二つの意味を混同してきた．これに対して，熟議の経験的な研究は，規範的理論家たちを，熟議における「ソクラテス的」と「民主主義的」の二つの要素の分解，および第三のタイプの理性概念の導入に導くという意義がある．その第三のタイプの理性を，チェンバースは，「国民投票的理性 (plebiscitary reason)」と呼ぶ．これは，できるだけ多くの人々を喜ばせ，公衆の目にしっかりと決定的に現れようとすることである．したがって，そのアピールは，一般的であるが内実は疑わしく，推論は「浅い (shallow)」．

チェンバースは，一方で，この「国民投票的理性」と「公共『理性』」を「ソクラテス的」次元の二つの類型とするとともに，他方で，「『公共』理性」と「私的理性 (private reason)」を「民主主義的」次元の二つの類型として，その組み合わせで熟議の四類型を析出している．この類型化の妥当性については別に議論が必要かもしれない．ただし，ここでは，チェンバースが，経験的研究の知見を踏まえることで，熟議民主主義における公共理性およびパブリシティ概念の精緻化を図っていることを確認しておけば足りる．

第4節 「対話可能性」についての考察

　ここまで，近年の熟議民主主義研究を事例として，規範理論と経験的研究がどのような形で対話可能であるのかを概観してきた．そこでは，「対話」のパターンを，①規範的概念がパターンとして存在していることを経験的に証明しようとする場合，②規範理論における因果関係を実証しようとする場合，③経験的な要素を規範理論に組み込もうとする場合，の三つに大別できることを示そうとした．この点を踏まえつつ，本節では，より一般化・抽象化した次元で，結局「対話」はどこまで可能なのか，という点について，検討してみたい．

　パターン①（記述的推論型研究）およびパターン②（因果的推論型研究）が示唆しているのは，経験的研究が「ア・プリオリな認識」を重要とする限りにおいて，規範理論と対話可能ということであると思われる．一般に，「科学的な」方法に基づく経験的研究と「非科学的な」規範理論とは，政治学の中でも，対極に位置するように思われるかもしれない．しかし，そもそも，両者が文字通りの「対極」に位置するのかどうかは，疑わしい．

　この点に関して，社会学者の富永健一の指摘が参考になる．彼は，「現在数学と物理学はかがやかしい成功をおさめており，それに反して形而上学は侮辱の中にあるとカントはなげくが，じつは形而上学はア・プリオリな認識に立脚するという点で，数学および物理学と共通しているではないか」（富永 1984: 37）と述べている．すなわち，一方の形而上学ないし哲学と，他方の数学及び物理学は，「ア・プリオリな認識」からの演繹による論理展開を方法論的特徴とするという点では，共通しているのである．これを政治学の文脈に置き換えれば，一方の規範理論と，他方の演繹的傾向の強い経験的研究（およびその理論）との間には，推論方法においてある共通性が存在するということになる．政治学の経験的研究の理論において，最も演繹的傾向が強いのは，合理的選択理論あるいはゲーム理論であろう[16]．こうした演繹的傾向の強い経験的理論は，少なくとも推論方法という点において，観察やデータ収集に一義的な重要性を認める経験的研究よりも，むしろ規範理論とより親和的であるとも言えるのである．

このような演繹的な経験的研究と規範理論との間に存在するある種の親和性を念頭に置けば，規範的概念を記述的ないし因果的に証明しようとする経験的研究が存在することも，実はそれほど不思議なことではない．経験的研究者からすれば，規範的な概念を「ア・プリオリな認識」として，そこから演繹的にモデルを構築し，それを検証することは，十分に考えられることだからである．だからこそ，本章冒頭で参照したように，経験的研究者である河野も，「人間の行動原理として，効率性とともに，公平性や平等といった価値を視野にいれたモデル化が必要であるという指摘もありうる」として，その方向への「期待」を表明するのである（河野 2006: 45）．実際，リーヴィーは，合理的選択理論の効用最大化の想定を維持しつつ，「公正」などを「効用」として組み込むことを提案している（Levi 1997; Levi 1999）．また，エリノア・オストロムの場合は，合理的選択理論に「規範（norm）」を学習する個人像を組み込もうとしている（Ostrom 1998: 9ff.）．彼女によれば，選好の変容は，「生活からの特定の道徳的教訓の内面化」を意味する．熟議民主主義論においても，この選好の変容の問題は，「コンセンサス」の意味・形成の論理の解明とともに，規範理論と経験的研究との交錯領域となっている[17]．あくまで説明の変数としてとはいえ，このような形で，経験的研究者が規範的概念を用いる可能性＝対話の可能性は開かれている．規範理論と経験的研究との間の距離は，直感的に想起されるほどには遠くはないのである．

それでは，この「対話」が進んだ先に，どのような帰結を予想できるのであろうか．この問いに対しては，暫定的に二つの解答を想定可能である．第一は，規範理論と経験的研究という区別の発展的解消という方向性である．その具体化形態としては様々のものが考えられるであろうが，その一つとして，規範と経験との原理的な区別不可能性を主張し，そこから規範理論と経験的研究との

16　コリン・ヘイ（Hay 2002: 47）は，「合理主義」「合理的選択制度論」「歴史的制度論」「構築主義」「ポスト行動論」「行動論」の六つの理論について，合理主義と行動論を両極とするスペクトラム上に位置づけている．つまり，合理主義が最も演繹的であり，行動論が最も帰納的である．

17　選好の変容やコンセンサスをめぐる議論の一端としては，例えば，Dryzek and Niemeyer (2006), Fearon (1998), Johnson (1998), Knight and Johnson (1994), Przeworski (1998), Stokes (1998) などを参照．

区別不可能性を導く，という方向性があり得る．例えば，事実／価値の二分法を批判する代表的哲学者の一人であるヒラリー・パトナムは，私たちの使用している言語における個々の述語の次元において既に，「事実と（倫理的価値，美的価値，その他あらゆる種類の価値を含む）価値との，より深い絡み合いが見出される」と主張する．例えば，「残酷な」という述語は，私が「あの先生は残酷だ」と述べる場合のように規範的に用いることも，歴史家が「その政権の残酷さが多くの反乱を引き起こした」と書く場合のように記述的に用いることもできる．このことは，「残酷な」という述語が「想定された事実／価値二分法を端的に無視する」ものであることを意味している（Putnam 2002: 34-35=2006: 39-40）．このような理解に対しては，いくつかの反論が存在してきたが，パトナムによれば，それらはいずれも説得的ではない．例えば，当該述語を，「純粋に記述的な」成分と「態度的」成分とに「要素分解可能」だとする反論について，彼は「『残酷な』の『記述的意味』とは何であるかを『残酷な』という語やその同義語を用いずに述べることができない」として，これを退けるのである（Putnam 2002: 38=2006: 44-45）．

　また，社会学者の盛山和夫は，20世紀における社会学諸理論の展開を概観して，社会学を純粋に経験主義的な科学として捉えることの不可能性を指摘する．彼によれば，「社会的事実とは，権利，義務，役割，責任，規範，手続き，資格，価値あるいは，理念や信仰によって構成されているのであり，本来的に『規範的』」である．それゆえ，社会学者が純粋に「客観的な認識」を得ることは，非常に困難である．むしろ，社会学が目指すべきは，「いかなる意味世界が規範的に妥当するかの判断や，規範的に妥当するような新たな意味世界を構築することに内的に関わるということ」である（盛山 2006a: 43-44）．

　これはいささかわかりにくい表現であるので，盛山の別の論文（盛山 2006b）を参照して，その示唆するところを明確化してみよう．彼は，社会学において「経験主義条件」（社会学的探求においては，観察によって経験的に確かめることが原則的に可能ではないものを，説明されるべき実体と見なしたり，それによって他のものを説明するための説明項に用いたりしてはならない）が広く是認されているものの，実際の社会学的研究においては，この条件を逸脱している例に事欠かないと言う．例えば，「クレイム申し立て」を経験的に研究するとしても，そもそも「何がクレ

イム申し立てかは，純粋に観察しうることだけからは決められない」のである．「たとえば，1960年代の若者の長髪は，クレイム申し立て（反抗）を表現していたのか単なるファッションだったのかは微妙だろう．そこに反抗を読み取ったのは，むしろ社会学者たちである．クレイム申し立てと読むかどうかは，結局のところ社会学者たちの解釈なのである」(盛山 2006b: 100)．このことが示しているのは，「社会科学なかんずく社会学の探求においては，経験的に観察できない物事について研究者自身による構築を避けることができない」ということである (盛山 2006b: 100)．

しかし，盛山は，このことを問題点として考えているのではない．それは，社会学という学問が「対象世界とのコミュニケーション」を伴う営みであることを意味している．「人びとの行為の中に『クレイム申し立て』活動を同定することは，人びとの行為を支えている意味世界と対話し，人びとの意味世界を解釈しなおして，新たな意味世界を提示すること」である (盛山 2006b: 101)．社会学とは，そのような「新たな意味世界」を構築し，提案する学問である．その時，社会学は，「経験科学であり規範科学でもあるような，いわば実践科学としてのみありうる」ことになるだろう (土場・盛山 2006: vi) (傍点は原文)．

パトナムや盛山のように，経験（ないし事実）と規範（ないし価値）との分離不可能性を主張することには，一定の説得力がある．しかし，だからといって，今後の社会科学あるいは政治学において，規範理論と経験的研究とが収斂・融合していくという保証は存在しない．たとえどれほど事実と価値が不可分であるとしても，経験的な研究者はその点を自覚した上で，可能な限り偏りのないリサーチ・デザインを模索するであろうし，規範理論の研究者は概念・事象の価値的な側面にできるだけ焦点を絞ろうとするであろう．

したがって，むしろ，第二の解答として，規範理論と経験的研究との棲み分けが続いていく可能性が高いと思われる．最終的に両者を分かつのは，「事実性」に対するスタンスの違いとも言うべきものである．経験的研究は，規範的な概念を，あくまで「変数」として扱う．「変数」は操作化され，最終的には，それが「実在」をよりよく説明できるかどうかによって評価される．少なくとも政治学では (cf. 河野 2006)，演繹主義な方法論を採用する場合であっても，純粋に演繹のみで説明することは稀であり，またしばしば「実在」との乖離可

能性が指摘される．それゆえ，演繹的なモデルと観察によるデータ（実在）との往復運動が推奨されることになる．つまり，経験的な研究では，どのような理論・方法論を採用しようとも，「実在」との乖離，すなわち「非現実性」は問題であり，修正される必要がある．

これに対して，規範理論においては，「実在」との乖離が直ちに問題となるわけではない．少なくとも，当該理論が「非現実的」であることが直ちに理論の意義を貶めることにはならない．例えば，ハーバーマスの「理想的発話状況」概念は，そもそも「実在」そのものを把握するための概念ではない．ドライゼックが指摘するように，「理想的発話状況は，存在しないし，多様な意見と伝統が存在するこの世界では，明らかに存在し得ない．その理念（canon）は，現実世界において常に不可避的に侵害される」(Dryzek 1990: 36-37)．それでは，この概念には意味がないのかといえば，そうではない．「理想的発話状況」は，それとの比較で現実が比較され評価されるような，「反実仮想的な理想（counterfactual ideal）」なのである．それは，現実がどの程度理想と異なるかを判断するための「批判的基準」なのである (cf. Dryzek 1990: 87)．シュタイナーらも，ドライゼックらの指摘を引用しながら，現実の討論は（熟議民主主義論の言うような意味での）「熟議」ではないと指摘する研究に対して，次のように述べている．

「そのような慎重な注釈は，経験的には確かに正しい．しかし，それは，熟議の理論家たちが実際には熟議の理念型を発見することを期待しているわけではない，という点を見失っている．熟議の政治を経験的に研究するためには，熟議の理念型は，決して完全に到達されることのない直線の最終地点として理解されなければならない．したがって，経験的な問いは，特定の政治的論議がどの程度熟議の理念型から隔たっているか，ということである．」(Steiner et al. 2004: 18)

経験的な研究のリサーチ・クエスチョンがシュタイナーらの挙げるもので尽きているとは思われない．しかし，ここで重要なことは，彼らが規範理論にとっての概念の意味，そしてそれを現実的／非現実的という基準で評価することの非妥当性を指摘していることである．ここに，規範理論と経験的研究との分

水嶺が存在する．だからこそ，両者は容易には収斂しないと思われるのである．

ただし，シュタイナーらの主張は，事実性をめぐる認識が異なっていてもなお，規範理論と経験的研究との間に全く対話が成立しないわけではない，ということも示唆している．彼らの研究は，「反実仮想的理想」という考え方を媒介として規範理論と経験的研究とが結びつく可能性を示しているからである．実際，フィリップ・E・テトロックとアーロン・ベルキンは，経験的研究において「反実仮想 (counterfactual)」が重要な推論方法の一つであることに注意を促している．彼らによれば，社会科学が「推論」を伴う以上，反実仮想の方法は不可欠である．「我々が反実仮想を回避できるとすれば，それは，あらゆる因果的推論を避け，実際に起こった出来事についての厳密に非因果的な物語に自らを限定する場合のみである」(Tetlock and Belkin 1996: 3)．もちろん，テトロックとベルキンは，経験的な研究者として，反実仮想の方法は「何でもありの主観主義」と混同されてはならず，「究極的な社会科学の諸目標」に貢献するものでなければならないことを主張する (Tetlock and Belkin 1996: 17)．すなわち，反実仮想は，あくまで，現実をよりよく説明するための推論方法なのである．したがって，反実仮想の方法を用いることが，経験的研究と規範理論の一致を導くことはない．しかし，シュタイナーらの研究が示すとおり，妥当な反実仮想を設定する際に規範理論の知見が活かされる，という形での対話の可能性は存在しているのである[18]．

第5節　事実と価値の間の政治学

本章は，熟議民主主義論を事例として，規範理論と経験的研究との対話可能性を考察した．少なくとも現時点において，両者の収斂を展望することは困難である．規範理論と経験的研究は，その方法論，とりわけ「事実性」をめぐる認識において，明確に異なっているからである．

ただし，私は，両者の差異のみを強調したいのではない．第一に，本章の考察は，各分野の方法論・特性を基盤としつつ，共通の問題について論じること

18　同様の指摘としては，大黒 (2006) を参照．

が可能であることも示し得たのではないかと思われる．一方の経験的研究からは，規範的概念を変数として操作化することによって．他方の規範理論からは，制度の構想や経験的知見の摂取などによって．第二に，方法論のレベルでも，規範理論と経験的研究との間に全く接点がないとは言えない．とりわけ，経験的研究における「反実仮想」の方法の導入は，それが「より望ましい状態」として想定される場合には，規範理論との接点が開かれることを示唆している．

かくして，規範理論と経験的研究との「対話」が進展するとすれば，特定のトピック，問題に焦点を定めた (issue-oriented) 研究を，「望ましい状態」をも視野に入れつつ，進める場合であろう．本章の考察は，熟議民主主義がそのようなトピックの一つとしての可能性を有していることを示している[19]．ただし，「対話」の延長線上に「統合」への展開を展望することには，慎重であるべきである．重要なことは，あくまでそれぞれの立場・方法論を基礎としながら，かつ相互に尊重しながら，他の領域へと「越境」[20] を図ることである．このような態度によってこそ，規範理論と経験的研究との「対話」は進展してゆくのではないだろうか．

---

[19] 実際，熟議民主主義の論文集においても，しばしば，経験的な研究者と規範理論家の両者の寄稿が見られる．例えば，Elster (ed.) (1998) は，そのようなタイプの論文集である．
[20] この用語については，小野 (2007) および小野 (2001) における使用を念頭に置いている．ただし，私の場合は，小野の言う「交流」の意味も含めている．

結論

(1) 本書の要約

　本書は，全体として，現在において求められる民主主義として，修正された熟議民主主義の重要性を提起した．その際，本書は，この提起において，単なる理想像の提案となることをできるだけ回避しようとも心がけてきた．序論で掲げた四つの問いに対して，本書がいかなる解答を与えたのかを，以下で確認しておこう．

　「ほぼ全員が民主主義者となった」(ヘルド)からといって，民主主義が普遍的に定着しているというわけではないし，民主主義に対する不満が絶えることもない．民主主義は，恒常的に「なぜ民主主義なのか？」という問いにさらされざるを得ないし，またこの問いに答えることを通じて，民主主義の構想は鍛え上げられると言ってよい．それゆえ，本書は，まず「なぜ民主主義なのか？」という，一見したところあまりに原理的にすぎるような問いから出発したのである(第1章)．

　この問いに対する本書の解答は，現代社会の不確実性のゆえ，というものであった．本書が依拠した，社会理論における再帰的近代化論あるいはムフやウォーレンの政治理論は，現代社会の不確実性ゆえに民主主義が必要となる，という議論を展開する点で一致している．そして，この不確実性の増大は，「分断された社会」(ドライゼック)や「脱社会的存在」(宮台真司)の発生を帰結するがゆえに，民主主義が対応すべき問題領域あるいは民主主義が行われるべき場は，相当に広く多様なものとなる．

　しかしながら，一口に「民主主義」と言っても，様々な考え方がある．した

がって，本書は第二の問いとして，「どのような民主主義か？」という問題に取り組んだ（第2章～第4章）．本書は，この問いに対する解答として，人々の理性的な熟慮と討論の過程，その過程における「選好の変容」を構成要素とする，過程論的に理解された熟議民主主義を基礎とする立場をとった．しかし，同時に本書は，不確実性に向き合うもう一つの民主主義論である闘技民主主義の主張などを参照することにより，そのような熟議民主主義像は，利益や情念の意義の再考と，熟議以外の要素としての「権威」と「権力」ないし「強制」とによって修正ないし補完される必要がある，とも考えた．

　熟議民主主義は，情念や利益をア・プリオリに排除するべきではない．熟議の過程からの情念や利益の排除は，むしろ新たな排除を生むだけであろう．ただし，情念や利益を肯定することは，それだけ，集合的意思決定ないしミクロ－マクロ媒介問題を困難にする．そこで，本書では，合意概念を「紛争の次元についてのコンセンサス」を含むものとして捉えることを提起するとともに，二重効用論やドライゼック／ニーマイヤーらの議論を参照することによって，「選好の変容」をより詳細に把握することに努めた．また，熟議を経たとしても「決定」である以上，一定の「強制」を伴うこともあるし，あらゆる争点を扱う必要もない．「固定的争点」については，その決定を「民主主義的権威」に委ねるべきである．最終的に提起される熟議民主主義像は，闘技民主主義的な要素を考慮に入れた，「焦点を定めた対抗的熟議」である．本書は，この熟議と「民主主義的権威」とが並び立つことで，「分岐以後」の民主主義モデルを構想することができると主張した．

　しかしながら，このモデルでは，依然として抽象的である感は否めない．その理由の一つは，「焦点を定めた対抗的熟議」がどのような場で行われるものであるのかが不明である点に求められるであろう．したがって，本書は，第三の問いとして，民主主義の場の問題，すなわち「（熟議）民主主義はどこにあるのか？」という問いに取り組んだ（第5章）．この問いに対して，本書は熟議民主主義を多層的に考えることを提案した．国家と市民社会のあらゆる次元において，「政治的争点」（と「固定的争点」）が存在し，それに対応して，熟議民主主義も多層的に捉えることが必要なのである．具体的には，本書は，熟議民主主義を三つの層において捉えた．すなわち，第一に，もっとも制度的な次元に

おいては，国家ないし議会における熟議民主主義，第二に，「複線モデル」(ハーバーマス)が提示する，国家と市民社会とを媒介し，意思決定と意見形成とを区別する熟議民主主義，そして最後に，以上の両者が広い意味で制度化を志向するのに対して，非制度的次元における熟議民主主義である．とりわけ，私は，社会的基盤の解体する不確実な現代社会において，非制度的次元における熟議民主主義が重要となることを強調した．現代社会においては，親密圏でさえ，紛争の発生可能性と問題解決の必要性——その意味での「政治」——で満たされている．また，この社会は，「分断された社会」(ドライゼック)であり，異なる人々の間に共通理解を形成する必要性も高い．そのもっとも端的かつ困難な事例として，本書では，「脱社会的存在」との対話可能性について考察した．

　最後に，第四の問い，すなわち政治理論における規範的なものと経験的なものとの関係をどのように考えるか，というやや一般的な問題について，熟議民主主義論の展開を事例としながら検討した(第6章)．この問いに対する本書の結論は，規範理論と経験的研究との違いを認識しつつも，なお，「対話」の可能性を見出すことができる，というものである．すなわち，確かに両者は，「実在」に対するスタンスを異にするものの，方法的には共通する部分もあり，かつ特定のトピックに対して異なる接近方法で共同して研究することもできるのである．

(2) 含意

　本書の議論は，民主主義論という問題領域を超えて，政治学全体にとって，どのような含意を持つであろうか．以下に，本書から得られると思われる三つの含意を提示する．

①社会理論と政治理論の交錯

　本書は，現代を再帰的近代化の時代とする社会理論的視座を基礎として，民主主義のあり方を論じた．このような議論の仕方を通じて，本書は，政治理論が社会理論の成果を踏まえつつ展開することの重要性を提起していると言うことができる．周知のように，遅くとも1990年代以降の政治理論は，アメリカを中心に，リベラリズムの政治哲学を機軸として展開した．しかし，政治学とは，社会秩序にどのようにして統合を与えるかについての学でもあるとするな

らば[1], その統合の対象となる社会そのものをどのように理解するかということもまた, 政治学の重要な課題となるだろう. 本書でも参照したハーバーマス, オッフェ, あるいはギデンズなどが, 優れた社会理論家であるとともに, 優れた政治理論家でもあることは, あらためて注目されてよい. 社会理論と政治理論との交錯領域において思考することが, 今後の政治理論の展開にとって一つの鍵となるのではないだろうか.

②政治学の対象の領域横断化

本書は熟議民主主義を多層的に捉えることを提起した. このことは, 民主主義論にとどまらず, 政治学全般にとっても, 社会と区別された国家・政府という領域を中心にすることなく, 国家と社会の両方の領域を横断して研究を行うことの重要性を提起していると言うことができる. 私自身は以前に, オッフェの政治理論研究を通して, 社会領域における政治の存在を指摘し (田村 2002), 公／私区分について領域横断的に把握すべきことを提起したことがある (田村 2003). これらは, 私自身による研究対象の領域横断化の試みでもあった.

もちろん, 政治学においては, これまでも利益団体研究や投票行動研究などにおいて, 社会領域についての研究が行われている. 重要なことは, それらに加えて, 「政治」や「民主主義」の定義次第では, 一見, 政治学の研究対象とは思われないような事柄であっても, 政治学の研究対象となり得る, という点である. 本書は, 非制度的次元における熟議民主主義の例として, 親密圏における熟議や「脱社会的存在」との熟議という問題を取り上げることによって, このことを示そうとした. その際に重要なことは, まさに「政治」や「民主主義」をどのように定義するか, という問題である. そうだとすれば, 政治理論は今後も, 「政治(的なるもの)とは何か？」「民主主義とは何か？」といった問いと格闘し続ける必要がある. その作業を通じて, 政治学の研究対象の領域横断化への道も開かれていくことだろう.

③規範と経験の間の政治理論

最後に, 本書は, 政治学が規範と経験との緊張関係を十分に尊重しつつ, しかし両方を見据えた経路を進み得ることを提起している, と言うことができる.

---

[1] この点に関しては, 政治における統合の契機を強調する, 早川 (2001) をも参照.

序論でも述べたように，本書の議論は，一見したところ，政治哲学でもなく，経験的な政治分析でもない中途半端なものに見えるかもしれない．しかし，その「中途半端さ」は，熟議民主主義研究を通じて，規範理論と経験的研究との交錯領域に足を踏み入れたことの不可避的な帰結でもある．さらに言えば，そもそも「政治理論」とは，このような中途半端に見える性格を帯びるものかもしれない．ドライゼック／ホーニッグ／アン・フィリップスは，「政治理論」とは，「遠く離れた規範的哲学の宇宙」と「経験的な政治の世界」との間の「どこか」に位置づけられるものであると述べている（Dryzek et al. 2006: 5）．彼らは，比較政治学者であるロートシュタインの発言を引用しつつ，政治学のディシプリンの「規範的側面」と「実証的ないし経験的側面」とを「再結合すること（reconnecting）」は可能である，とも主張している（Dryzek et al. 2006: 30）．本書の議論もまた，なお不十分とはいえ，政治学における規範と経験との「再結合」の試みの一つとして位置づけられる．この「再結合」がどの程度達成されうるのかについて，現時点で即断することはできない．しかし，この経路が，今後の政治学が進み得る，（唯一ではないとしても）経路の一つであることは，確かであるように思われる．

(3) 今後の課題

本書を閉じるにあたって，本書で論じることができなかった二つの問題を提起しておきたい．これらに取り組むことが，私にとっての今後の課題となるだろう．

第一に，人々はどのような場合に民主主義に関わろうとするのか，という問題である．これについては，いろいろな角度からの接近が可能であろう．特に私が関心を持っているのは，労働と余暇の問題である．

しばしば，熟議民主主義にはエリート主義的とのレッテルが貼られる．その理由は，この民主主義が理性的な討論を重視するという点にのみ，存するわけではない．恐らく，もう一つの理由は，大抵の一般的な人々には，様々な場所で熟議に関わる余裕などなく，したがって熟議民主主義の対象とする「市民」なるものは，事実上，一部の恵まれた熟議に関わる余裕のある人々に限定されざるを得ない，というものである．

この批判が正鵠を得たものであるかどうかについては，議論の余地がある．本書で参照した多くの研究が一般の人々の民主主義への参加の実態あるいはそれを可能にするための制度構想について研究しているからである．しかしながら，古代ギリシャの事例を想起するまでもなく，民主主義に関与するにあたって，ある程度の「余暇」が必要であることは疑い得ない．そして，十分な余暇を得るということは，必然的に，労働に従事する時間の減少および労働そのものにあてがわれてきた価値の見直しを伴うことになるだろう．この点に関して，ベンジャミン・バーバーは，「生産性が仕事を求め，仕事が地位と権力に結びつくようになってきたのだとすれば，民主主義は余暇を要求してきたのである」と主張している（Barber 1998: 143=2007: 205）．彼は，また，「労働から価値をしぼりとる長い期間が続いたため，民主主義をこっそりと盗まれ，姿の見えなくなっていた市民を，〔現在の──引用者注〕仕事〈後〉（after work）の時代において民主主義は再発見することができる」（Barber 1998: 146-147=2007: 210）とも述べている．人々が民主主義に関与する／できるためには，労働の価値を見直すことが必要なのである．これは，オッフェなどのポスト産業主義的な立場をとる人々にも共通する見解である．この点に関して，私自身はかつて，福祉国家「以後」の時代における民主主義と福祉の原理として，熟議民主主義と無条件所得保障の制度であるベーシック・インカムとを挙げたことがある（田村2004a）．しかし，その両者の関連については，十分な検討を行っていない[2]．（熟議）民主主義，余暇そして労働の相互関係について，今後，さらに検討していく必要がある．

　第二に，いわゆる「アーキテクチャ」と民主主義との関係をどう考えるか，という問題である．ここで，アーキテクチャとは，人々にそれと意識させずに特定の言動を行わせるように設定された環境のことを言う．例としてしばしば挙げられるのは，ホームレスが寝ることができないように地面に設置された「オブジェ」や客の回転を早くするために硬めに設計されたファストフード店の座席などである．これらはいずれも，あらかじめ人々にそれ以外の選択肢を想起させない，という点で共通している．現代社会においては，もはや人々を

---

[2] 断片的な考察としては，田村（2006），田村（2007b），田村（2008）を参照．

「主体化」することもなく，アーキテクチャを通じてその言動をコントロールする新たな秩序維持戦略が中心となりつつあるというのである[3]．

　本書は，再帰的近代化の下での民主主義の不可避性，という議論を展開した．しかし，アーキテクチャの下では，そもそも不確実性という事態が生じない可能性がある．鈴木謙介が「ユビキタス化」を論じつつ指摘しているように（鈴木 2007），そこでは社会は再び「宿命」化するのではないだろうか．そうだとすれば，その宿命化した社会において，果たして民主主義の居場所は存在するのだろうか．本書で述べたように，再帰的近代化論は選択肢の拡大を楽天的に歓迎する議論ではないし，再帰化の進んだ社会では，紛争の可能性も増大する．しかし，アーキテクチャについての議論が示唆するのは，そもそも選択肢や紛争可能性そのものが消去される，という事態である．この議論に民主主義論がどのように向き合うべきか，今後の検討が必要であろう．

---

[3] アーキテクチャ（による支配）の説明としては，東・大澤（2001），宮台・北田（2005），大屋（2004）などを参照．

参考文献

＊外国語文献で翻訳書を参照したものについては，訳語や文体の統一という観点から，訳文を変更している場合がある．

Abers, Rebecca N. (2003) "Reflections on What Makes Empowered Participatory Governance Happen," in Fung and Wright (eds.) (2003).
Actherberg, Wouter (2001) "Association and Deliberation in Risk Society: Two Faces of Ecological Democracy," in Hirst and Bader (eds.) (2001).
Ackerman, Bruce and James S. Fishikin (2003) "Deliberation Day," in James S. Fishkin and Peter Laslett (eds.), *Debating Deliberative Democracy*, Blackwell.
Ackerman, Bruce and James S. Fishkin (2004) *Deliberation Day*, Yale University Press.
Almond, Gabriel (1996) "Political Science: The History of the Discipline," in Goodin and Klingemann (eds.) (1996).
東 浩紀・大澤真幸（2003）『自由を考える——9・11 以降の現代思想』NHKブックス．
Bächtiger, André (2005) *The Real World of Deliberation: A Comparative Study of Its Favorable Conditions in Legislatures*, Haupt.
Baiocchi, Gianpaolo (2003) "Participation, Activism, and Politics: The Port Alegre Experiment," in Fung and Wright (eds.) (2003).
Barber, Benjamin R. (1998=2007) *A Place for Us: How to Make Society Civil and Democracy Strong*, Hill and Wang.（山口 晃訳『〈私たち〉の場所——消費社会から市民社会をとりもどす』慶應義塾大学出版会）
Bates, Robert (1988) "Contra Contractarianism: Some Reflections on the New Institutionalism," *Politics and Society*, Vol.16, No.2-3.
Beck, Ulrich (1994=1997) "The Reinvention of Politics: Towards a Theory of Reflexive Modernization," in Beck, Giddens, and Lash (1994=1997).（松尾・小幡・叶堂訳「政治の再創造——再帰的近代化理論に向けて」ベック／ギデンズ／ラッシュ『再帰的近代化』）
Beck, Ulrich (1998) *Democracy without Enemies*, Polity Press.
Beck, Ulrich, Anthony Giddens, and Scott Lash (1994=1997) *Reflexive Modernization: Politics, Tradition and Aesthetics in the Modern Social Order*, Polity Press.（松尾精文・小幡正敏・叶堂隆三訳『再帰的近代化——近現代における政治，伝統，美的原理』而立書房）
Bell, Daniel A. (1999) "Democratic Deliberation: The Problem of Implementation," in Macedo (ed.) (1999).
Benhabib, Seyla (1996a) "Toward a Deliberative Model of Democratic Legitimacy," in Benhabib (ed.) (1996).
Benhabib, Seyla (1996b) "The Democratic Moment and the Problem of Difference," in Benhabib (ed.) (1996).

Benhabib, Seyla (ed.) (1996) *Democracy and Difference: Contesting the Boundaries of the Political*, Princeton University Press.
Berger, Johannes and Claus Offe (1982) "Functionalism vs. Rational Choice?: Some Questions Concerning the Rationality of Choosing One or the Other," *Theory and Society*, Vol.11, No.4.
Bernstein, Richard J. (1998) "The Retrieval of the Democratic Ethos," in Michel Rosenfeld and Andrew Arato (eds.), *Habermas on Law and Democracy: Critical Exchanges*, University of California Press.
バーンスタイン, リチャード (1997)「民主主義的エートスの回復」ジェイ編 (1997).
Bertramsen, René Bugge, Jens Peter Frølund Thomsen and Jacob Torfing (1991) *State, Economy and Society*, Unwin Hyman.
Beyme, Klaus von (1996) "Political Theory: Empirical Political Theory," in Goodin and Klingemann (eds.) (1996).
Bohman, James (1996) *Public Deliberation: Pluralism, Complexity, and Democracy*, The MIT Press.
Bohman, James and William Rehg (eds.) (1997) *Deliberative Democracy: Essays on Reason and Politics*, The MIT Press.
Buchstein, Hubertus (1992) "Perspektiven kritischer Demokratietheorie," *Prokla*, Nr.86.
Buchstein, Hubertus (1996) "Die Zumutungen der Demokratie. Von der Normativen Theorie des Bürgers zur institutionell vermittelten Präferenzkompetenz," in Klaus von Beyme und Claus Offe (Hgs.), *Politische Theorien in der Ära der Transformation*.
Buchstein, Hubertus und Gerhard Göhler (Hrsg.) (2007) *Politische Theorie und Politikwissenschaft*, VS Verlag für Sozialwissenschaften.
Budge, Ian (1996=2000) *The New Challenge of Direct Democracy*, Polity Press.（杉田 敦・上田道明・大西弘子・松田 哲訳『直接民主政の挑戦——電子ネットワークが政治を変える』新曜社）
Campbell, John L. (2001) "Institutional Analysis and the Role of Ideas in Political Economy," in John L. Campbell and Ove K. Pedersen (eds.), *The Rise of Neoliberalism and Institutional Analysis*, Princeton University Press.
Chambers, Simone (2004) "Measuring Publicity's Effect: Reconciling Empirical Research and Normative Theory," paper presented at the Conference on Empirical Approaches to Deliberative Politics, European University Institute, Florence, May 21-22. http://www.iue.it/SPS/People/SwissChairPdfFiles/PaperChambers.pdf
千葉 眞 (1995)『ラディカル・デモクラシーの地平——自由・差異・共通善』新評論.
Cohen, Josha (1989) "Deliberation and Democratic Legitimacy," in Alan Hamlin and Philip Pettit (eds.), *The Good Polity: Normative Analysis of the State*, Blackwell.
Connolly, William E. (1981) *Appearance and Reality in Politics*, Cambridge University Press.
Connolly, William E. (1988=1993) *Political Theory and Modernity*, Basil Blackwell.（金田

耕一・栗栖 聡・的射場敬一・山田正行訳『政治理論とモダニティー』昭和堂)
Connolly, William E. (1991=1998) *Identity ＼ Difference: Democratic Negotiations of Political Paradox*, Cornell University Press. (杉田敦・齋藤純一・権左武志訳『アイデンティティ／差異——他者性の政治』岩波書店)
Connolly, William E. (1995) *The Ethos of Pluralization*, University of Minnesota Press.
Crozier, Michael, Samuel P. Huntington, and Joji Watanuki (1975=1975) *The Crisis of Democracy: Report on the Governability of Democracies to the Trilateral Commission*, New York University Press. (ミシェル・クロジェ／サミュエル・ハンチントン／綿貫譲治『民主主義の統治能力』サイマル出版会)
大黒太郎 (2006)「政治過程論はなぜ『アカウンタビリティ』に関心を持つのか？——3論文へのコメント」『早稲田政治経済学雑誌』第364号.
土場 学・盛山和夫 (2006)「第4巻 はしがき——公共社会学の構想へむけて」土場 学・盛山和夫編著『正義の論理——公共的価値の規範的社会理論』勁草書房.
Dryzek, John S. (1990) *Discursive Democracy: Politics, Policy, and Political Science*, Cambridge University Press.
Dryzek, John S. (1996) *Democracy in Capitalist Times: Ideals, Limits, and Struggles*, Oxford University Press.
Dryzek, John S. (2000) *Deliberative Democracy and Beyond: Liberals, Critics, Contestations*, Oxford University Press.
Dryzek, John S. (2006) *Deliberative Global Politics: Discourse and Democracy in a Divided World*, Polity Press.
Dryzek, John S., Bonnie Honig, and Anne Phillips (2006) "Introduction," in John S. Dryzek, Bonnie Honig, and Anne Phillips (eds.), *The Oxford Handbook of Political Theory*, Oxford University Press.
Dryzek, John S. and Simon Niemeyer (2006) "Reconciling Pluralism and Consensus as Political Ideals," *American Journal of Political Science*, Vol. 50, No. 3.
Dunn, John (1979=1983) *Western Political Theory in the Face of the Future*, Cambridge University Press. (半沢孝麿訳『政治思想の未来』みすず書房)
Edwards, Bob, Michael. W. Foley, and Mario. Diani (eds.) (2001) *Beyond Tocqueville: Civil Society and the Social Capital Debate in Comparative Perspective*, Tufts University.
Elster, Jon (1990) "When Rationality Fails," in Karen Schweers Cook and Margaret Levi (eds.), *The Limits of Rationality*, The University of Chicago Press.
Elster, Jon (1995) "Strategic Use of Argument," in Kenneth J. Arrow et al. (eds.), *Barriers to Conflict Resolution*, W. W. Norton and Company.
Elster, Jon (1998a) "Introduction," in Elster ed. (1998).
Elster, Jon (1998b) "Deliberation and Constitution Making," in Elster (ed.) (1998).
Elster, Jon (ed.) (1998) *Deliberative Democracy*, Cambridge University Press.
Fearon, James D. (1998) "Deliberation as Discussion," in Elster (ed.) (1998).
Fishkin, James S. (1995) *The Voice of the People: Public Opinion and Democracy*, Yale

University Press.
Friedland, Roger and Robert R. Alford (1991) "Bringing Society Back In: Symbols, Practices, and Institutional Contradictions," in Walter W. Powell and Paul J. DiMaggio (eds.), *The New Institutionalism in Organizational Analysis*, The University of Chicago Press.
Frank, Robert H. (1988=1995) *Passions within Reason: The Strategic Role of the Emotions*, W. W. Norton.(山岸俊男監訳『オデッセウスの鎖──適応プログラムとしての感情』サイエンス社)
Fraser, Nancy (1989) *Unruly Practices: Power, Discourse and Gender in Contemporary Social Theory*, Polity Press.
Fraser, Nancy (1997) *Justice Interruptus: Critical Reflections on the "Postsocialist" Condition*, Routledge.(仲正昌樹監訳『中断された正義──「ポスト社会主義的」条件をめぐる批判的省察』御茶の水書房)
藤井誠二・宮台真司(1999)『美しき少年の理由なき自殺』メディアファクトリー.
Fung, Archon (2003) "Deliberative Democracy, Chicago Style: Grass-roots Governance in Policing and Public Education," in Fung and Wright (eds.) (2003).
Fung, Archon and Elik O. Wright (2003a) "Thinking about Empowered Participatory Governance," in Fung and Wright (eds.) (2003).
Fung, Archon and Elik O. Wright (2003b) "Countervailing Power in Empowered Participatory Governance," in Fung and Wright (eds.) (2003).
Fung, Archon and Elik O. Wright (eds.) (2003) *Deepening Democracy: Institutional Innovations in Empowered Participatory Governance*, Verso.
Gamble, Andrew (1988=1990) *The Free Economy and the Strong State: The Politics of Thatcherism*, Macmillan Education.(小笠原欣幸訳『自由経済と強い国家──サッチャリズムの政治学』みすず書房)
Gastil, John and Peter Levine (eds.) (2005) *The Deliberative Democracy Handbook: Strategies for Effective Civic Engagement in the 21st Century*, Jossey-Bass.
Giddens, Anthony (1994=1997) "Living in a Post-traditional Society," in Beck et al. (1994=1997).(松尾・小幡・叶堂訳「ポスト伝統社会に生きること」ベック/ギデンズ/ラッシュ『再帰的近代化』)
Giddens, Anthony (1994=2002) *Beyond Left and Right: The Future of Radical Politics*, Polity Press.(松尾精文・立松隆介訳『左派右派を超えて──ラディカルな政治の未来像』而立書房)
Giddens, Anthony (1998=1999) *The Third Way: The Renewal of Social Democracy*, Polity Press.(佐和隆光訳『第三の道──効率と公正の新たな同盟』日本経済新聞社)
Goodin, Robert E. (1986) "Laundering Preferences," in Jon Elster and Aanund Hylland (eds.), *Foundations of Social Choice Theory*, Cambridge University Press.
Goodin, Robert E. and John S. Dryzek (2006) "Deliberative Impacts: The Macro-Political Uptake of Mini-Publics," *Politics & Society*, Vol. 34, No. 2.
Goodin, Robert and Hans D. Klingemann (eds.) (1996) *New Handbook of Political Science*,

Oxford University Press.

後藤玲子（2002）『正義の経済哲学――ロールズとセン』東洋経済新報社.

Gutman, Amy and Dennis Thompson (1996) *Democracy and Disagreement: Why Moral Conflict cannot Be Avoided in Politics, and What Should Be Done about it*, Harvard University Press.

Gutmann, Amy and Dennis Thompson (2004) *Why Deliberative Democracy?*, Princeton University Press.

Habermas, Jürgen (1981=1985) *Theorie des kommunikativen Handelns*, Bd.1, Suhrkamp, 1981.（河上倫逸／M・フーブリヒト／平井俊彦訳『コミュニケイション的行為の理論（上）』未來社）

Habermas, Jürgen (1985=1995) *Die Neue Unübersichtlichkeit*, Suhrkamp.（河上倫逸監訳『新たなる不透明性』松籟社）

Habermas, Jürgen (1990=1994) *Strukturwandel der Öffentlichkeit: Untersuchungen zu einer Kategorie der bürgerlichen Gesellschaft*, mit einem Vorwort zur Neuauflage, Suhrkamp.（細谷貞雄・山田正行訳『第二版 公共性の構造転換――市民社会の一カテゴリーについての探求』未來社）

Habermas, Jürgen (1992=2002/2003) *Faktizität und Geltung: Beiträge zur Diskurstheorie des Rechts und des demokratischen Rechtsstaats*, Suhrkamp.（河上倫逸・耳野健二訳『事実性と妥当性――法と民主的法治国家の討議理論にかんする研究［上］［下］』未來社）

Habermas, Jürgen (1995) "Citizenship and National Identity," Beiner, Ronald ed., *Theorizing Citizenship*, State University of New York Press.

Habermas, Jürgen (1996) "Three Normative Models of Democracy," in Benhabib (ed.) 1996.

Hall, Peter A. and Rosemary. C. R. Taylor (1996) "Political Science and the Three New Institutionalism," *Political Studies*, Vol. 44, No. 5.

旗手俊彦（1999）「法の帝国と参加民主主義」井上・嶋津・松浦編（1999）.

Hauptmann, Emily (1999) "Deliberation=Legitimacy=Democracy," *Political Theory*, Vol.27, No.6.

Hay, Colin (2002) *Political Analysis:* A Critical Introduction, Palgrave.

早川 誠（2001）『政治の陥路――多元主義論の20世紀』創文社.

早川 誠（2006a）「討議デモクラシーの源泉と射程――日米比較の視点から」『立正法学論集』第39巻第2号.

早川 誠（2006b）「分権時代における地方議会の役割」『立正大学法制研究所研究年報』第11号.

Hechter, Michael (1992) "The Insufficiency of Game Theory for the Resolution of Real-World Collective Action Problems," *Rationality and Society*, Vol. 4, No. 1.

Held, David (1991) "Editor's Introduction," in Held (ed.) (1991).

Held, David (1996=1998) *Models of Democracy*, second edition, Polity Press.（中谷義和訳『民主政の諸類型』御茶の水書房）

Held, David (ed.) (1991) *Political Theory Today*, Stanford University Press.
平井亮輔 (1999)「妥協としての法──対話的理性の再編に向けて」井上・嶋津・松浦編 (1999).
Hirschman, Albert O. (1977=1985) *The Passions and the Interests: Political Arguments for Capitalism before Its Triumph*, Princeton University Press.（佐々木毅・旦祐介訳『情念の政治経済学』法政大学出版局）
Hirst, Paul (1997) *From Statism to Pluralism: Democracy, Civil Society and Global Politics*, UCL Press.
Hirst, Paul (2001) "Democracy and Governance," in John Pierre (ed.), *Debating Governance: Authority, Steering, and Democracy*, Oxford University Press.
Hirst, Paul and Veit Bader (eds.) (2001) *Associative Democracy: The Real Third Way*, Frank Cass.
Honig, Bonnie (1996) "Difference, Dilemmas, and the Politics of Home," in Benhabib (ed.) (1996).
伊田広行 (2003)『スピリチュアル・シングル宣言──生き方と社会運動の新しい原理を求めて』明石書店.
Ignatieff, Michael (1994=1999) *The Needs of Strangers*, Vintage.（添谷育志・金田耕一訳『ニーズ・オブ・ストレンジャーズ』風行社）
Immergut, Ellen M. (1998) "The Theoretical Core of the New Institutionalism," *Politics and Society*, Vol. 26, No. 1.
稲垣久和 (2004)『宗教と公共哲学──生活世界のスピリチュアリティ』東京大学出版会.
井上達夫 (1999)「法の支配──死と再生」井上・嶋津・松浦編 (1999) 所収.
井上達夫 (2002)「他者に開かれた公共性」佐々木毅・金泰昌編『公共哲学3 日本における公と私』東京大学出版会.
井上達夫・嶋津格・松浦好治編 (1999)『法の臨界 [I] 法的思考の再定位』東京大学出版会.
石田徹 (1984)「T・J・ローウィの『依法的民主主義論』──多元的民主主義批判」白鳥令・曽根泰教編『現代世界の民主主義理論』新評論.
伊藤恭彦 (1999)「シュトラウス・ロールズ・プルーラリズム──20世紀政治哲学の衰退と再生」日本政治学会編『年報政治学1999 20世紀の政治学』岩波書店.
ジェイ, マーティン (1997)「序論」ジェイ編 (1997).
ジェイ, マーティン編 (1997)（竹内真澄監訳）『ハーバーマスとアメリカ・フランクフルト学派』青木書店.
Joas, Hans (1990) "Die Demokratisierung der Differenzierungsfrage. Die Krise des Fortschritts und die Kreativität des kollektiven Handelns," *Sozial Welt*, 41, H.1.
Johnson, James (1998) "Arguing for Deliberation: Some Skeptical Considerations," in Elster (ed.) (1998).
金子勝 (1997)『市場と制度の政治経済学』東京大学出版会.
金子勝 (1999)『市場』岩波書店.
Kanra, Bora (2005) "Deliberation across Difference: Bringing Social Learning into the

Theory and Practice of Deliberative Democracy in the Case of Turkey," unpublished PhD Thesis, Research School of Social Science, Australian National University.
川本隆史（1995）「協議の政治と所有の分散——民主主義の二つの規範理論」『現代思想』第23巻第12号．
木部尚志（1996）「ドイツにおけるラディカル・デモクラシー論の現在——ハーバーマス・マウス・ホネット」『思想』第867号．
King, Gary, Robert O. Keohane, and Sidney Verva（1994=2004）*Designing Social Inquiry: Scientific Inference in Qualitative Research*, Princeton University Press.（真渕 勝監訳『社会科学のリサーチ・デザイン——定性的研究における科学的推論』勁草書房）
北田暁大（2003）『責任と正義——リベラリズムの居場所』勁草書房．
北住炯一（1995）『ドイツ・デモクラシーの再生』晃洋書房．
Knight, Jack and James Johnson（1994）"Aggregation and Deliberation on the Possibility of Democratic Legitimacy," *Political Theory*, Vol. 22, No. 2.
小林正弥（2000）『政治的恩顧主義論——日本政治研究序説』東京大学出版会．
小林良彰（1988）『公共選択』東京大学出版会．
小玉重夫（1999）『教育改革と公共性——ボウルズ＝ギンタスからハンナ・アレントへ』東京大学出版会．
河野 勝（2006）「政治経済学とは何か」河野　勝・清野一治編著『制度と秩序の政治経済学』東洋経済新報社．
Kreps, David M.（1990=2000）*Game Theory and Economic Modeling*, Oxford University Press.（高森 寛・大住栄治・長橋 透訳『ゲーム理論と経済学』東洋経済新報社）
久慈利武（1991）「秩序問題への個人主義的アプローチ」盛山和夫・海野道郎編『秩序問題と社会的ジレンマ』ハーベスト社．
Lash, Scott（1994=1997）"Reflexivity and its Doubles: Structure, Aesthetics, Community," in Beck, Giddens, and Lash（1994=1997）．（松尾・小幡・叶堂訳「再帰性とその分身——構造，美的原理，共同体」ベック／ギデンズ／ラッシュ『再帰的近代化』）
Levi, Margaret（1991）"Are There Limits to Rationality?," *Archives Européennes de Sociologie*, Vol.32, No.1.
Levi, Margaret.（1997）"A Model, a Method, and a Map: Rational Choice in Comparative and Historical Analysis," in Mark I. Lichbach and Alan S. Zuckerman（eds.）, *Comparative Politics: Rationality, Culture, and Structure*, Cambridge University Press.
Levi, Margaret（1998）"A State of Trust," in Valerie Braithwaite and Margaret Levi（eds.）, *Trust and Governance*, Russell Sage Foundation.
Levi, Margaret（1999）*Consent, Dissent, and Patriotism*, Cambridge University Press.
Lewin, Leif（1991）*Self-Interest and Public Interest in Western Politics*, Oxford University Press.
Lowi, Theodore J.（1979=1981）*The End of Liberalism—The Second Republic of the United States*, second edition, W. W. Norton & Company.（村松岐夫監訳『自由主義の終焉——現代政府の問題性』木鐸社）

Luskin, Robert C., James S. Fishkin, and Roger Jowell (2002) "Considered Opinions: Deliberative Polling in Britain," *British Journal of Political Science*, Vol. 32, No. 3.
Macedo, Stephen (ed.) (1999) *Deliberative Politics: Essays on Democracy and Disagreement*, Oxford University Press.
Mackie, Gerry (1998) "All Men are Liars: Is Democracy Meaningless?," in Elster (ed.) (1998).
Manin, Bernard (1987) "On Legitimacy and Political Deliberation," *Political Theory*, Vol.15, No.3.
Mansbridge, Jane J. (1990) "The Rise and Fall of Self-Interest in the Explanation of Political Life," in Mansbridge (ed.) (1990).
Mansbridge, Jane (1992) "A Deliberative Theory of Interest Representation," in Mark P. Petracca (ed.), *The Politics of Interests: Interest Groups Transformed*, Westview Press.
Mansbridge, Jane (1995) "A Deliberative Perspective on Neocorporatism," in Erick O. Wright (ed.), *Associations and Democracy*, Verso.
Mansbridge, Jane (1996) "Using Power / Fighting Power: The Polity," in Benhabib (ed.) (1996).
Mansbridge, Jane J. (ed.) (1990) *Beyond Self-Interest*, The University of Chicago Press.
Margolis, Howard (1990) "Dual Utilities and Rational Choice," in Mansbridge (ed.) 1990.
Markell, Patchen (1997) "Contesting Consensus: Rereading Habermas on the Public Sphere," *Constellations*, Vol.3, No.3.
丸山正次（2004）「Ｊ・ハーバーマスにおける『第三の道』——合意を盾にとる法変革理論」ＤＡＳ研究会編『ドイツ公法理論の展開』尚学社．
松田真由美（2004）「地方自治における住民参加のあり方——インド・ケーララ州における住民による開発計画づくりの事例」『ＴＯＲＣレポート』（（財）とっとり政策総合研究センター）23号．
松下 冽（2006）「ブラジルにおける参加・民主主義・権力——労働者党とローカル政府への参加型政策」『立命館国際研究』第18巻第3号．
McLean, Scott L., David A. Schultz, and Manfred B. Steger (eds.) (2002) *Social Capital: Critical Perspectives on Community and "Bowling Alone"*, New York University Press.
Melucci, Albert (1989=1997) *Nomads of the Present: Social Movements and Individual Needs in Contemporary Society*, Temple University Press.（山之内 靖・貴堂嘉之・宮崎かすみ訳『現在に生きる遊牧民——新しい公共空間の創出に向けて』岩波書店）
Miller, David (1993) "Deliberative Democracy and Social Choice," in David Held (ed.), *Prospects for Democracy: North, South, East, West*, Polity Press.
宮台真司（1995）『終わりなき日常を生きろ——オウム完全克服マニュアル』筑摩書房．
宮台真司・速水由紀子（2000）『サイファ覚醒せよ！——新世紀を生きるバイブル』筑摩書房．
宮台真司・北田暁大（2005）『限界の思考——空虚な時代を生き抜くための社会学』双風舎．

毛利 透（2002）『民主政の規範理論——憲法パトリオティズムは可能か』勁草書房.
Mouffe, Chantal（1993=1998）*The Return of the Political*, Verso.（千葉 眞・土井美徳・田中智彦・山田竜作訳）『政治的なるものの再興』日本経済評論社）
Mouffe, Chantal（1996=1998）"Radical Democracy or Liberal Democracy?," in David Trend（ed.）, *Radical Democracy: Identity, Citizenship, and the State*, Routledge.（佐藤正志・飯島昇藏・金田耕一他訳「ラディカル・デモクラシーかリベラル・デモクラシーか」ディヴィット・トレンド編『ラディカル・デモクラシー——アイデンティティ，シティズンシップ，国家』三嶺書房）
Mouffe, Chantal（1999a）"Introduction: Schmitt's Challenge," in Mouffe（ed.）（1999）.
Mouffe, Chantal（1999b）"Carl Schmitt and the Paradox of Liberal Democracy," in Mouffe（ed.）（1999）.
Mouffe, Chantal（2000）*The Democratic Paradox*, Verso.
Mouffe, Chantal（ed.）（1999）*The Challenge of Carl Schmitt*, Verso.
室井 力（1990）「国家の公共性とその法的基準」室井 力・原野 翹・福家俊朗・浜川 清編『現代国家の公共性分析』日本評論社.
中込正樹（2001）『意味世界のマクロ経済学』創文社.
日本政治学会編（2007）『年報政治学 2006-Ⅱ　政治学の新潮流——21 世紀の政治学へ向けて』木鐸社.
Offe, Claus（1984a=1988）"'Ungovernability': The Renaissance of Conservative Theories of Crisis," in Claus Offe（edited by John Keane）, *Contradictions of the Welfare State*, The MIT Press.（寿福真美編訳「統治不能——保守的危機理論のルネッサンスによせて」クラウス・オッフェ『後期資本制社会システム——資本制的民主制の諸制度』法政大学出版局）
Offe, Claus（1984b）"Korporatismus als System nicht-staatlicher Macrosteuerung: Notizen über seine Voraussetzungen und demokratischen Gehalte," *Geschichte und Gesellschaft*, 10, H.2.
Offe, Claus（1987）"Challenging the Boundaries of Institutional Politics: Social Movements since the 1960s," in Charles S. Maier（ed.）*Changing Boundaries of the Political: Essays on the Evolving Balance between the State and Society, Public and Private in Europe*, Cambridge University Press.
Offe, Claus（1989）"Fessel und Bremse: Moralische und institutionelle Aspekte »intelligenter Selbstbeschränkung«," in Axel Honneth, Thomas McCarthy, Claus Offe, und Albrecht Wellmer（Hg.）, *Zwischenbetrachtungen: Im Prozeß der Aufklärung*, Suhrkamp.
Offe, Claus（1990）"Sozialwissenschaftliche Aspekte der Diskussion," in Joachim Jens Hesse und Christoph Zöpel（Hg.）, *Der Staat der Zukunft*, Nomos.
Offe, Claus（1992）"Wider scheinradikale Gesten: Die Verfassungspolitik auf der Suche nach dem »Volkswillen«," in Gunter Hofmann und Werner A. Perger（Hg.）, *Die Kontroverse: Weizsäckers Parteienkritik in der Diskussion*, Eichborn.
Offe, Claus（1994）"Falsche Antworten, verlogene Fragen," in Peter Kemper（Hg.）, *Opfer*

der Macht: Müssen Politiker ehrlich sein?, Suhrkamp.
Offe, Claus (1997) "Micro-Aspects of Democratic Theory: What Makes for the Deliberative Competence of Citizens?," in Axel Hadenius (ed.), *Democracy's Victory and Crisis*, Cambridge University Press.
Offe, Claus and Helmut Wiesenthal (1985) "Two Logics of Collective Action," in Claus Offe (ed. by John Keane), *Disorganized Capitalism: Contemporary Transformations of Work and Politics*, Polity Press.
Offe, Claus and Urlich Preuss (1991) "Democratic Institutions and Moral Resources," in Held (ed.) (1991).
小川有美 (2007)「熟議＝参加デモクラシーの比較政治研究へ」小川編 (2007).
小川有美編 (2007)『ポスト代表制の比較政治──熟議と参加のデモクラシー』早稲田大学出版部.
大森秀臣 (2006)『共和主義の法理論──公私分離から審議的デモクラシーへ』勁草書房.
大屋雄裕 (2004)「情報化社会における自由の命運」『思想』第 965 号.
Olson, Mancur (1965=1996) *The Logic of Collective Action: Public Goods and the Theory of Groups*, Harvard University Press.（依田 博・森脇俊雅訳『集合行為論──公共財と集団理論』ミネルヴァ書房）
小野耕二 (2000)『転換期の政治変容』日本評論社.
小野耕二 (2001)『比較政治』東京大学出版会.
小野耕二 (2007)「『政治学の実践化』への試み──『交流』と『越境』のめざすもの」日本政治学会編 (2007).
小野紀明 (1996)『二十世紀の政治思想』岩波書店.
小野紀明 (2005)『政治理論の現在──思想史と理論のあいだ』世界思想社.
Ostrom, Elinor (1998) "A Behavioral Approach to the Rational Choice Theory of Collective Action: Presidential Address, American Political Science Association, 1997," *American Political Science Review*, Vol. 92, No. 1.
大嶽秀夫 (2005)「『レヴァイアサン世代』による比較政治学」日本比較政治学会編『日本比較政治学会年報7 日本政治を比較する』早稲田大学出版部.
大嶽秀夫・鴨武彦・曽根泰教 (1996)『政治学』有斐閣.
Parkinson, John (2006) *Deliberating in the Real World: Problems of Legitimacy in Deliberative Democracy*, Oxford University Press.
Perczynski, Piotr (2001) "Associo-Deliberative Democracy and Qualitative Participation," in Hirst and Bader (eds.) 2001.
Pharr, Susan J. and Robert D. Putnam (eds.) (2000) *Disaffected Democracies: What's Troubling the Trilateral Countries?*, Princeton University Press.
Pontusson, Jonas (1995) "From Comparative Public Policy to Political Economy: Putting Political Institutions in Their Place and Taking Interests Seriously," *Comparative Political Studies*, Vol.28, No.1.
Przeworski, Adam (1998) "Deliberation and Ideological Domination," in Elster (ed.) (1998).
Przeworski, Adam, Susan C. Stokes, and Bernard Manin (eds.) (1999) *Democracy,*

Accountability, and Representation, Cambridge University Press.
Putnam, Hilary (2002=2006) *The Collapse of the Fact/Value Dichotomy and Other Essays*, Harvard University Press. (藤田晋吾・中村正利訳『事実／価値二分法の崩壊』法政大学出版局)
Putnam, Robert D. (1993) *Making Democracy Work: Civic Traditions in Modern Italy*, Princeton University Press.
Quirk, Paul J. (1988) "In Defense of the Politics of Ideas," *The Journal of Politics*, Vol. 50.
Quirk, Paul J. (1990) "Deregulation and the Politics of Ideas in Congress," in Mansbridge (ed.) (1990).
Ramseyer, Mark and Frances McCall Rosenbluth (1993=1995) *Japan's Political Marketplace*, Harvard University Press. (加藤 寛監訳, 川野辺裕幸・細野助博訳『日本政治の経済学──政権政党の合理的選択』弘文堂)
Rawls, John (1993) *Political Liberalism*, Columbia University Press.
Rothstein, Bo (1996) "Political Institutions: An Overview," in Goodin and Klingemann (eds.) (1996).
Rothstein, Bo (1998) *Just Institutions Matter: The Moral and Political Logic of the Universal Welfare State*, Cambridge University Press.
佐伯 胖 (1980)『「きめ方」の論理──社会的決定理論への招待』東京大学出版会.
齋藤純一 (2000)『公共性』岩波書店.
坂本治也 (2003)「パットナム社会資本論の意義と課題──共同性回復のための新たなる試み」『阪大法学』第52巻第5号.
坂本治也 (2005)「地方政府を機能させるもの？──ソーシャル・キャピタルからシビック・パワーへ」『公共政策研究』第5号.
向山恭一 (1999)「政治権力と民主主義──規範論的展開『以後』の権力論の課題」内山秀夫編『講座政治学Ⅰ 政治理論』三嶺書房.
向山恭一 (2000)「ラディカル・デモクラシー──『政治的なもの』の倫理化に向けて」有賀 誠・伊藤恭彦・松井 暁編『ポスト・リベラリズム──社会的規範理論への招待』ナカニシヤ出版.
向山恭一 (2004)「多元主義──『棲み分け』から『共生』へ」有賀 誠・伊藤恭彦・松井 暁編『現代規範理論入門──ポスト・リベラリズムの新展開』ナカニシヤ出版.
佐々木 毅 (1999)『政治学講義』東京大学出版会.
Scharpf, Fritz W. (1991) "Political Institutions, Decision Styles, and Policy Choices," in Roland M. Czada and Adrienne Windhoff-Héritier (eds.), *Political Choice: Institutions, Rules, and the Limits of Rationality*, Campus Verlag.
Schmalz-Bruns, Rainer (1995a) *Reflexive Demokratie : Die demokratische Transformation moderner Politik*, Nomos.
Schmalz-Bruns, Rainer (1995b) "Selbstorganisation, Selbstregierung, Selbstverwirklichung," in Gerhard Göhler (Hg.), *Macht der Öffentlichkeit: Öffentlichkeit der Macht*, Nomos.
Schmidt, Vivien (2006) "Institutionalism," in Colin Hay, Michael Lister and David Marsh

(eds.) *The State: Theories and Issues*, Palgrave.
盛山和夫(1995)『制度論の構図』創文社.
盛山和夫(1997)「合理的選択理論」『岩波講座現代社会学 別巻 現代社会学の理論と方法』岩波書店.
盛山和夫(2006a)「規範的探求としての理論社会学——内部性と構築性という条件からの展望」富永健一編『理論社会学の可能性——客観主義から主観主義まで』新曜社.
盛山和夫(2006b)「理論社会学としての公共社会学にむけて」『社会学評論』第57巻第1号.
Sen, Amartya (1982=1989) *Choice, Welfare and Measurement*, Basil Blackwell.(大庭健・川本隆史訳『合理的な愚か者——経済学=倫理学的探求』勁草書房)
Simon, William H. (1999) "Three Limitations of Deliberative Democracy: Identity Politics, Bad Faith, and Indeterminacy," in Macedo (ed.) 1999.
Shapiro, Ian (2002) "The State of Democratic Theory," in Ira Katznelson and Helen V. Milner (eds.), *Political Science: The State of the Discipline*, W. W. Norton & Company.
篠原 一(2004)『市民の政治学——討議デモクラシーとは何か』岩波新書.
篠原 一(2007)『歴史政治学とデモクラシー』岩波書店.
Smith, Graham (2003) *Deliberative Democracy and the Environment*, Routledge.
Squires, Judith (2002) "Deliberation and Decision Making: Discontinuity in the Two-Track Model," in Maurizio Passerin d'Entrèves (ed.), *Democracy as Public Deliberation*, Manchester University Press.
Steiner, Jürg, André Bächtiger, Markus Spörndli, and Marco R. Steenbergen (2004) *Deliberative Politics in Action: Analysing Parliamentary Discourse*, Cambridge University Press.
Stokes, Susan C. (1998) "Pathologies of Deliberation," in Elster ed. (1998).
杉田 敦(2000)『権力』岩波書店.
Sunstein, Cass R. (1993) "Democracy and Shifting Preferences," in David Copp, Jean Hampton, and John E. Roemer (eds.), *The Idea of Democracy*, Cambridge University Press.
鈴木謙介(2007)『ウェブ社会の思想——〈偏在する私〉をどう生きるか』NHKブックス.
鈴木基史(1996)「合理的選択新制度論による日本政治研究の批判的考察」『レヴァイアサン』第19号.
田口富久治(1990)『政治学の基礎知識』青木書店.
高畠通敏(2004)『市民政治再考』岩波ブックレット.
田村哲樹(2000-2001)「現代民主主義理論における分岐とその後——制御概念のアクチュアリティ(1)〜(3・完)」名古屋大学『法政論集』第185, 187, 188号.
田村哲樹(2002)『国家・政治・市民社会——クラウス・オッフェの政治理論』青木書店.
田村哲樹(2003)「現代政治理論と公/私区分——境界線の領域横断化」名古屋大学『法政論集』第195号.
田村哲樹(2004a)「熟議民主主義とベーシック・インカム——福祉国家『以後』の『公共性』という観点から」『早稲田政治経済学雑誌』第357号.
田村哲樹(2004b)「民主主義の新しい可能性——熟議民主主義の多元的深化に向かって」

畑山敏夫・丸山仁編著『現代政治のパースペクティブ——欧州の経験に学ぶ』法律文化社.
田村哲樹 (2005)「フェミニズムは公／私区分を必要とするのか？」『政治思想研究』第5号.
田村哲樹 (2006)「就労・福祉・シティズンシップ——福祉改革の時代における市民像」社会政策学会編『社会政策学会誌第16号　社会政策における福祉と就労』法律文化社.
田村哲樹 (2007a)「規範理論と経験的研究との対話可能性——熟議民主主義論の展開を事例として」日本政治学会編 (2007).
田村哲樹 (2007b)「福祉改革とシティズンシップ」名古屋大学『法政論集』第217号.
田村哲樹 (2008)「シティズンシップとベーシック・インカム」武川正吾編『シティズンシップとベーシック・インカムの可能性』法律文化社.
建林正彦 (1997)「中小企業政策と選挙制度」日本政治学会編『年報政治学1997　日本政危機の日本外交——70年代』岩波書店.
建林正彦 (2002)「政党再編——自民党分裂の誘因」樋渡展洋・三浦まり編『流動期の日本政治——「失われた十年」の政治学的検証』東京大学出版会.
Taylor, Charles (1995) "Cross-Purposes: The Liberal-Communitarian Debate," in Charles Taylor, *Philosophical Arguments*, Harvard University Press.
Taylor, Michael (1987=1995) *Possibility of Cooperation: Studies in Rationality and Social Change*, Cambridge University Press. (松原望訳『協力の可能性——協力，国家，アナーキー』木鐸社)
Tetlock, Philip E. and Aaron Belkin (1996) "Counterfactual Thought Experiments in World Politics: Logical, Methodological, and Psychological Perspectives," in Philip E. Tetlock and Aaron Belkin (eds.), *Counterfactual Thought Experiments in World Politics: Logical, Methodological, and Psychological Perspectives*, Princeton University Press.
Thelen, Katherine and Sven Steinmo (1992) "Historical Institutionalism in Comparative Politics," in Sven Steinmo, Katherine Thelen, and Frank Longstreth (eds.), *Structuring Politics: Historical Institutionalism in Comparative Analysis*, Cambridge University Press.
Thomas, Craig W. (2003) "Habitat Conservation Planning," in Fung and Wright (eds.) (2003).
富永健一 (1984)『現代の社会科学者——現代社会科学における実証主義と理念主義』講談社.
内山融 (1998)『現代日本の国家と市場——石油危機以後の市場の脱〈公的領域〉化』東京大学出版会.
上田道明 (1996)「デモクラシーにおける『参加』と『熟慮』——二〇世紀末の政治への一考察」日本政治学会編『年報政治学1996　55年体制の崩壊』岩波書店.
宇佐美誠 (1993)『公共的決定としての法——法実践の解釈の試み』木鐸社.
宇佐見誠 (2000)『決定』東京大学出版会.
Villa, Dana R. (1992) "Postmodernism and the Public Sphere," *American Political Science Review*, Vol. 86, No. 3.

Warren, Mark E. (1996a) "Deliberative Democracy and Authority," *American Political Science Review*, Vol. 90, No.1.
Warren, Mark E. (1996b) "What Should We Expect from More Democracy?: Radically Democratic Responses to Politics," *Political Theory*, Vol.24, No.2.
Warren, Mark E. (1999a) "Democratic Theory and Trust," in Warren (ed.) 1999.
Warren, Mark E. (1999b) "What is Political?," *Journal of Theoretical Politics*, Vol. 11, No. 2.
Warren, Mark E. (1999c) "Introduction," in Warren (ed.) 1999.
Warren. Mark E. (2002) "Deliberative Democracy," in April Carter and Geoffrey Stokes (eds.), *Democratic Theory Today: Challenges for the 21st Century*, Polity Press.
Warren, Mark E. (ed.) (1999) *Democracy and Trust*, Cambridge University Press.
山岸俊男 (2000)『社会的ジレンマ──「環境破壊」から「いじめ」まで』PHP新書.
山崎 望 (2007)「ハーバーマスとドライゼック」有賀誠・伊藤恭彦・松井暁編『ポスト・リベラリズムの対抗軸』ナカニシヤ出版.
横田正顕 (2007)「ローカル・ガヴァナンスとデモクラシーの『民主化』──ブラジル『参加型予算』の可能性」小川編 (2007).
Young, Iris M. (1996) "Communication and the Other: Beyond Deliberative Democracy," in Benhabib (ed.) (1996).
Young, Iris M. (2000) *Inclusion and Democracy*, Oxford University Press.

あとがき

　本書は，私が2000年以降に発表した熟議民主主義についての諸論文をまとめたものである．初出は，以下のとおりである．

① 「現代民主主義理論における分岐とその後——制御概念のアクチュアリティ」『法政論集』（名古屋大学）第185号，第187号，第188号，2000-2001年．
② 「民主主義の新しい可能性——熟議民主主義の多元的深化に向かって」畑山敏夫・丸山仁編著『現代政治のパースペクティブ——欧州の経験から学ぶ』法律文化社，2004年．
③ 「規範理論と経験的研究との対話可能性——熟議民主主義論の展開を事例として」日本政治学会編『年報政治学2006-Ⅱ　政治学の新潮流——21世紀の政治学へ向けて』木鐸社，2007年．

　①は本書第1章（ただし，第3節を除く）〜第4章，②は第1章第3節および第5章，③は第6章のもととなっている．ただし，いずれの旧稿も加筆修正を行っている．
　熟議民主主義に関していくつかの論文を書いてはいたものの，2006年の秋ごろまで，これらをまとめて単著とすることは無理だろうと思っていた．しかし，その時期から，急に一冊の本にまとめる強い意欲が湧き（そのきっかけは二人の友人が与えてくれた），こうして無事刊行することができた．その意味では，私自身，思いがけない作業の完了をうれしく思うとともに，「やればできるものだなあ」という感慨を持っている．

　本書の目的や内容については，まえがきと本論で述べたので，ここでは繰り返さない．ただ，一点だけ，本書の言う「政治理論」についてもう一度補足的に述べておこう．常々私は，政治学における「政治理論」を社会学における

「社会理論」と同じようなものとして位置づけることができないかと思っていた。「社会理論」としてしばしば挙げられるタルコット・パーソンズ，ユルゲン・ハーバーマス，ニクラス・ルーマンあるいはアンソニー・ギデンズらの「理論」は，いったいどういう理論なのだろうか．彼らの「理論」は，「哲学」ではない（ハーバーマスは「哲学者」でもあるが）．かといって，厳密な実証研究のための「モデル」であるとも考えられない．富永健一は，『現代の社会科学者』（講談社）において，パーソンズやルーマンを「理念主義」と対比される「実証主義」の系譜に位置づけている．しかし，だからといって，パーソンズやルーマンのシステム理論が，科学的な反証に開かれた「モデル」であるとも思われない．それにもかかわらず，そのような「理論」が，現在もなお提起され論じられている．また，本書のもとになった諸論文執筆の前後に，日本の社会学界でも，北田暁大『責任と正義──リベラリズムの居場所』（勁草書房，2003年），数土直紀『理解できない他者と理解されない自己──寛容の社会理論』（勁草書房，2001年），立岩真也『私的所有論』（勁草書房，1997年），盛山和夫『制度論の構図』（創文社，1995年）などの著作が刊行された．これらの著作は，テーマは異なるけれども，哲学・思想でもモデルでもない「理論」を展開する点で共通しているように思われ，大いに刺激を受けた（もっとも内容をどこまで理解しているかと言われると，甚だ心もとないのであるが）．こうして，私は，政治学においても，政治哲学・思想でも，実証研究のためのモデルでもない，「政治理論」があってもよいのではないだろうか，と思うようになった．本書は，そのような「政治理論」の試みというわけである．

　もちろん，このような意味での「政治理論」がこれまで皆無であったというわけではない．かつてのネオ・マルクス主義国家論やデヴィッド・イーストンのシステム論などは，このような意味での「政治理論」であったと言えるだろう．しかし，これらの理論は，実証性の観点から批判にさらされ，今日では，政治学の教科書の片隅に学説史の一コマとしての地位を占めるのみとなっているように思われる（ただし，私は，ネオ・マルクス主義国家論の今日的再評価にも着手してみたいと思っている）．それは，これらの理論が「グランド・セオリー」として政治世界の全体性を把握しようと努めたこととその失敗が影響しているであろう．確かに，今日，グランド・セオリーとしての「理論」を展開することは，

あとがき　191

著しく困難である．その意味では，社会理論におけるハーバーマスやルーマンは稀有な存在であろう．本書の「政治理論」もまた，政治世界の全体像の把握という意味での「政治理論」を志向しているわけではない．確かに，本書は熟議民主主義を中心とした政治像を提起しているけれども，本書が政治「理論」としてこだわっているのは，むしろ議論の展開の仕方である．すなわち，「あるべき」民主主義像を提示するのでもなく，かといって「いまある」民主主義の現実を精確に記述することでよしとするのでもない．ましてや「批判的」な立場から既存の民主主義の盲点を突くことで満足するのでもない．そのような（否定形でのみ語ってしまうのが問題なのだが）議論を展開することである．もっとも，私自身の能力不足のため，安直な「落としどころ」で議論を済ませてしまっているところが多々存在していることは，重々承知している．今後のいっそうの努力を誓うことで，お詫びに代えたい．

　本書は，私にとって2冊目の単著である．最初の原稿執筆を始めたのは，1999年の秋であったから，実に多くの時間が経過したことになる．この間，私の活動範囲が広がったこともあり，執筆にあたっては非常に多くの方々にお世話になった．ある方の名前を挙げることは，必然的に別の方の名前を挙げないことを意味する．だから，あえてどなたの名前も挙げない，という考えもあると思う．それでも，非礼を冒すことを省みず，何人かの方にお礼を申し上げることにしたい．
　大学院時代の指導教員である小野耕二先生には，論文①の執筆にあたり，引き続きお世話になった．先生は，この論文についても，「異なるが，認める」というリベラルな立場を貫かれた．また，同論文を，2001年度政治学会年報委員会の研究会で発表する機会を与えてくださったほか，年報政治学2006年度第2号の編集委員長として，私を年報委員にお誘いいただき，論文③執筆の機会も与えていただいた．畑山敏夫先生と丸山仁さんには，お二人が編集した『現代政治のパースペクティブ』への論文②の寄稿を呼びかけていただき，多くの有益なコメントを頂いた．とくに丸山さんから「現実を意識した文章を」と言われたおかげで，私なりの「現実」として「脱社会化」の問題を論じることができた．

多くの先生方からのコメントや励ましにも，感謝したい．齋藤純一先生からは，御著作とコメントを通じて多くのことを学ばせていただいている．学習の「成果」は，本書の論点の重要な部分として結実しているはずである．また，様々な報告の機会を与えていただき，私が研究を続けていく上での大きな動機づけとなっている．小川有美先生には，拙稿への（明らかに分不相応な）高い評価を頂戴したり，ドラフトを見せていただくなど，いつも励ましていただいている．丸山正次先生との某合宿での議論は，本書の序論・結論をまとめるにあたって，大いに有益であった．政治学会年報委員会の研究会においては，馬場康雄先生（2001年度）および加藤淳子先生（2006年度第2号）から，特に示唆的なコメントを頂いた．

ジョン・S・ドライゼック（John S. Dryzek）教授の著作 *Deliberative Democracy and Beyond* を手に取ったのは，2000年の初夏，ちょうど論文①の修正作業をしている時であった．すぐさま（地下鉄の中で）同書を読んで，鮮やかで論争的な議論の展開に大いに魅せられた．そして，自分の論文の方向性が間違っていないという確信を得ることができた．2007年3月にオーストラリア国立大学の同教授のもとを訪れた時には，こちらの質問に丁寧に答えていただき，新しい示唆を得ることができた．そのドライゼック教授のもとで博士論文を執筆したボラ・カンラ（Bora Kanra）氏は，「社会的学習としての熟議民主主義」をテーマにした博士論文を見せてくれた．

本書の完成を語るには，問題関心を共有し比較的年齢が近い友人たちの存在も欠くことができない．北田暁大さんからは，2001年の偶然の出会い以来，政治理論／社会理論とはどういうものかについて多くの示唆を受けている．とくに，本書第5章後半の「脱社会的存在」をめぐる議論は，『責任と正義』（勁草書房）における北田さんの議論に大いに触発されたものである．山崎望さんは，私が出会った（指導教員，院生仲間以外での）最初の「読者」である．自分の論文を読んでくれている人が学外にもいるということは，この上なくうれしいことであった．その後も常に，拙稿に対して，鋭く啓発的なコメントを頂いている．近藤康史さんからは，相変わらずの鋭いコメントで，常に刺激を頂いている．本書をまとめる気になった一つのきっかけは，近藤さんの著書（『個人の連帯』勁草書房，2008年1月）刊行であった．宇野重規さんにも，民主主義につ

いて忌憚なく議論する場を共有できていることに感謝したい．アメリカとフランスを見据えた宇野さんの洞察はいつも，政治理論を考えるための手がかりを与えてくれる．また，本書をまとめるもう一つのきっかけは，宇野さんから頂いた．名古屋「政治と社会」研究会の中心メンバーである，中田晋自さん，堀江孝司さん，水谷（坂部）真理さん，柳原克行さん，渡辺博明さんには，日ごろの愚痴の聞き役も含めて，大いにお世話になっている．

その他，愛敬浩二さん，網谷龍介さん，千葉眞先生，内野正幸先生，大屋雄裕さん，小野紀明先生，河野勝先生，早川誠さん，宮本太郎先生，本秀紀さん，山田竜作さん，山田真裕先生をはじめとして，本書執筆にあたって刺激や示唆あるいは励ましを頂いた多くの方々にも，この場を借りてお礼を申し上げたい．

本書の校正中に，九州大学大学院法学府の集中講義において，本書の内容について報告する機会を得た．連絡係を務められただけでなく，講義や会議の合間をぬって集中講義に参加もしてくれた岡崎晴輝さん，および熱心に参加してくれた大学院生の皆さんに感謝したい．

また，小林正嗣さんには，校正ゲラを入念にチェックしていただき，誤字脱字や表現のミスなどを指摘していただいた．おかげで，本書のケアレスミスは，随分減少したと思う（なお残っているであろうミスの責任は，もちろん私にある）．

本書の刊行にあたっては，勁草書房の徳田慎一郎さんに大変お世話になった．徳田さんとの出会いは，私が初めて（そして唯一）送った「読者カード」がきっかけだった．職を得たばかりだった私にとって，この出会いがどれほどうれしかったかわからない．それ以来，徳田さんは出版を勧めてくれていたようなのだが，私がそのようには理解していなかったため，本書の刊行まで長い月日が経ってしまった．お詫びを申し上げるとともに，出版のためのご尽力にあらためて感謝する次第である．編集作業は，関戸詳子さんにもご担当いただき，細かい要望・意見に対応していただいた．

論文①の最初の草稿を書き上げたころ，長男が生まれた．それ以来，本書刊行までの道のりは，家族とともにある．家族という親密圏における熟議民主主義を本当に実践できているのかと言われれば，若干心もとないところではある．その上，何だかんだといって，子育てと家事の負担は，明らかに妻に偏ってしまっている．けれども，二人の子どもと妻との生活がなければ，政治の領域を

拡大し，非制度的な次元の熟議民主主義の重要性をリアルに考えることはなかったことだけは間違いない．その意味でも，本書の刊行は家族とともにある．そういうわけで，長男の田村優樹人，二男の竹内暁希人，そして何よりも，妻である竹内佐和子に，心から感謝の意を表したい．

2008 年 1 月

田村哲樹

第 2 刷にあたっての追記

　本書は，幸いにして重版の運びとなった．この間，結論で「今後の課題」として挙げた「民主主義，余暇そして労働の相互関係」および「アーキテクチャと民主主義の関係」に関連するいくつかの文章を発表した．前者については，田村哲樹「民主主義のための福祉——『熟議民主主義とベーシック・インカム』再考」（東浩紀・北田暁大編『思想地図』vol. 2, NHK ブックス別巻，2008 年）において論じている．後者については，田村哲樹「今なぜ民主主義なのか——分断化と宿命化の間で」（『論座』第 161 号，2008 年 10 月）において，なお試論的であるが若干の考察を行った．本書と併せてご参照いただければ幸いである．（2008 年 12 月）

人名索引

あ行

アッカーマン, ブルース　132, 157
アレント, ハンナ　4, 5, 111n
イーストン, デヴィッド　145-146
イグナティエフ, マイケル　89n
稲垣久和　141
井上達夫　142
イマーガット, エレン　7
ヴァーバ, シドニー　149
ヴィラ, デーナ・R　3, 4, 5
ウォーレン, マーク・E　19, 21, 21n, 22, 23, 24, 29, 53, 65, 65n, 66, 67, 109n, 110, 112, 113, 113n, 114, 115, 118, 123, 135, 156n, 167
エルスター, ヤン　4n, 30, 30n, 40n, 43, 74, 90, 91, 91n, 95, 102, 107n, 110n, 154n
オストロム, エリノア　160
オッフェ, クラウス　2, 3, 11n, 12, 39, 40, 41, 43, 44n, 45n, 56, 57n, 61, 65n, 71n, 90, 91, 106n, 129, 129n, 130, 130n, 170, 172
小野耕二　16n, 165n
オルソン, マンサー　14, 14n, 35

か行

ガットマン, エイミー　73
川本隆史　45n
カンラ, ボラ　134
北田暁大　27, 138, 140
ギデンズ, アンソニー　6, 12, 12n, 23n, 25, 112n, 170
キング, ゲイリー　149
キング, マーティン・ルーサー　80, 81
クウェーク, ポール・J　56n
グッディン, ロバート・E　74, 74n, 95, 96, 152n
クロジェ, ミシェル　10
コーエン, ヨシュア　30n, 31, 33, 33n, 41, 45n, 63, 64
河野勝　147, 160
小玉重夫　73n
後藤玲子　97
コノリー, ウィリアム・E　44n, 47n, 69, 84n
小林正弥　143n
コヘイン, ロバート・O　149

さ行

齋藤純一　5, 6, 83, 83n, 84, 85n, 89n, 109
サイモン, ウィリアム・E　57, 86
坂本治也　148
向山恭一　4n
篠原一　26n, 131n,
ジェイ, マーティン　4n
シャープ, フリッツ・W　61
シュタイナー, ユルグ　154, 155, 156, 163
シュマルツ-ブルンス, ライナー　33, 61, 62n, 64
シュムペーター, ジョセフ　13, 148

人名索引

ジョンソン, ジェームス　37n, 57, 58, 59, 60, 62, 67, 67n, 73, 86, 92, 93, 94, 94n, 96n, 104, 104n, 105, 108n
杉田敦　73n
スクワイアーズ, ジュディス　127
鈴木謙介　173
鈴木基史　56n
スミス, グラハム　152n
盛山和夫　96n, 161, 162
セン, アマルティア　95n

た行

ダウンズ, アンソニー　148
建林正彦　56n
ダン, ジョン　1
チェンバース, シモーネ　157, 158
千葉眞　32n
テイラー, チャールズ　142, 143n
テイラー, マイケル　90, 90n
テトロック, フィリップ・E　164
富永健一　159
トムセン, イェンス　21n
ドライゼック, ジョン・S　25, 26, 27, 73, 74, 75n, 78, 79, 80, 80n, 81, 82, 84, 84n, 85n, 102, 103-104, 104n, 105n, 106, 107, 107n, 108, 126, 127, 133, 139, 152n, 163, 167, 168, 169, 171
トルフィング, ヤコブ　21n
トンプソン, デニス　73

な行

中込正樹　142
ニーマイヤー, サイモン　102, 103-104, 106, 107, 107n, 108, 168
ナイト, ジャック　37n, 60, 62, 67, 92, 93, 94, 94n, 104, 104n, 105, 108n,

は行

ハースト, ポール　16, 128, 130, 130n
バートラムゼン, ルネ　21n
バーバー, ベンジャミン　172
ハーバーマス, ユルゲン　4, 4n, 5, 11n, 30n, 33, 43n, 44n, 45n, 63, 63n, 64, 65, 85n, 89, 105, 105n, 106n, 107, 110, 123, 126, 127, 131, 133, 135, 146, 156, 156n, 163, 169, 170
バーンスタイン, リチャード　33n
バイオッキ, ジャンパオロ　152
旗手俊彦　36n
パットナム, ロバート　1, 10n, 147
パトナム, ヒラリー　161, 162
ハンチントン, サミュエル　10, 10n, 11n, 13n
ファー, スーザン　1, 10n
ファング, アーチョン　150, 151, 152, 153, 156n
フィシュキン, ジェームス　131, 132, 157
フィリップス, アン　171
ブッフシュタイン, フーベルトゥス　100n
フランク, ロバート・H　65n
フレイザー, ナンシー　68, 69, 88, 89, 89n, 101n
プロイス, ウルリッヒ　45n, 90, 91
ヘイ, コリン　160n
ベクティガー, アンドレ　150
ベック, ウルリッヒ　6, 18, 19n, 20n, 23n, 25
ベルガー, ヨハネス　71n
ベルキン, アーロン　164
ヘルド, デヴィッド　1, 9n, 11n
ベンハビブ, セイラ　33, 68, 69, 71

ホーニッグ，ボニー　　47n, 171
ボーマン，ジェームス　　33n, 34n, 42, 43, 43n, 85n, 106, 106n

ま行

マーケル，パッチェン　　3, 5
マッキー，ゲリー　　87, 88n, 91
マニン，ベルナール　　37, 38, 39n, 40, 52n, 62
マンスブリッジ，ジェーン　　68, 69, 88n, 110, 110n, 111, 111n, 112, 115
宮台真司　　26, 27, 167
ミラー，デヴィッド　　34, 37, 37n, 40, 41, 94, 94n, 98, 100
ムフ，シャンタル　　20, 22, 24, 45, 46, 47, 48, 49, 50, 51, 52n, 53, 67n, 69, 70, 71, 72, 72n, 73n, 84n, 112, 115, 117, 117n, 118, 167
室井力　　101n
メルッチ，アルベルト　　44n

や行

ヤング，アイリス・M　　31, 41, 52n, 58, 59, 75n, 78, 78n, 79, 84n

ら行

ライト，エリック・O　　150, 151, 152, 153, 156n
ラッシュ，スコット　　23n
リーヴィー，マーガレット　　96n, 97, 99, 99n, 160
ルーマン，ニクラス　　33, 129
レイプハルト，アレンド　　154
レヴィーン，レイフ　　14n, 56n, 100
ロールズ，ジョン　　7, 37, 45n, 52n, 67n, 70, 73, 74, 83n, 97n, 105, 105n, 146, 146n
ロウィ，セオドア　　13, 14, 14n, 31, 35, 50
ロートシュタイン，ボー　　89, 90n, 91, 171

わ行

綿貫譲治　　10

事項索引

あ行

アソシエーティヴ・デモクラシー　16, 128, 130, 131
意見形成　64, 125, 127, 128, 133, 136, 156, 169
意思決定（形成）　6, 8, 18, 19, 20, 34, 37, 62, 64, 84, 108, 109, 116, 117, 122, 123, 124, 125, 126, 127, 133, 134, 136, 137, 156, 169
　　集合的――　29, 30, 31, 36, 38, 40, 41, 46, 85, 86, 95, 110, 168
　　熟議的――　113, 115
因果的推論（型）　149, 153, 159

か行

確実性　22, 23, 24, 29, 30, 41, 44, 45, 52, 53, 69
（熟議民主主義の）過程論的理解　32, 74, 77, 116, 118, 168
記述的推論（型）　149, 150, 159
規範の他者　27, 28, 139
共通善　31, 32, 34, 35, 40, 41, 42, 49, 56, 57, 71, 88, 89, 91, 92, 97n, 98, 99, 100
強制　68, 77, 85, 108, 109, 109n, 110, 111, 112, 115, 115n, 116, 119, 168
偽善の文明化効力論　74, 74n, 95, 96, 96n
権威　10, 11, 12, 17, 18, 18n, 77, 108, 109, 109n, 112, 113, 114, 115, 116, 118, 119, 168

民主主義的――（的意思決定）　109n, 112, 113, 117, 118, 119, 122, 123, 135, 168
合意　2, 3, 4, 5, 6, 46, 47, 49, 61, 67, 83, 115
公共圏　3, 4, 5, 119, 123, 124, 126, 133, 134, 135, 156
抗争　48
固定的争点　113, 114, 117, 121, 122, 125, 135, 168
異なる理由に基づく同意　85n, 104-105, 108n, 116, 119, 127
コンセンサス　92, 93, 102, 104, 105, 106, 107, 108, 108n, 115, 116, 119, 160, 160n
　　紛争の次元についての――　92, 94, 103, 104, 109, 116, 118, 119, 127, 168
　　メタ・――　102, 103, 104, 107

さ行

再帰性　13
再帰的近代化　6, 8, 11, 12, 17, 18, 19, 20n, 22, 23n, 24, 25, 26, 27, 28, 29, 46, 53, 137, 167, 169, 173
再帰的伝統化　25, 26
システム
　　――理論　15, 129
　　――分化　15, 64
　　部分――　2, 15, 129, 130
市民社会（論）　6, 15, 16, 119, 121, 122, 123, 124, 126, 127, 128, 130n, 133, 134, 136, 152, 153, 156, 168

事項索引　199

社会的学習（としての熟議民主主義）　8, 134, 135, 138
社会的基盤（の）形成　135, 138, 139
社会的基盤（の）喪失　19, 20, 21, 22, 24, 25, 26, 29, 53, 65
集計　35, 60, 89, 94n, 148
　　選好の──　7, 37, 41
集合行為問題　14
熟議の日　131, 132, 157, 157n
熟議世論調査　131, 132, 157, 157n
情念　43, 45, 49, 51, 52, 53, 55, 57, 58, 77, 78, 80, 81, 82, 85, 86, 117, 168
新制度論　7
親密圏　121, 135, 137, 169
信頼　114, 118, 147
政治的争点　113, 114, 117, 121, 122, 135, 168
政治哲学　7, 145, 149, 169
政治理論　1, 6, 13, 15, 23n, 44n, 46, 110, 145, 146, 149, 169, 170
制度化（熟議民主主義の）　131, 134
制度的次元（熟議民主主義の）　121, 128, 133, 135, 168
制度の他者　27, 28, 139, 140, 141
世界観をめぐる争い　67, 67n, 73, 74, 75n, 77, 81
選好
　　公的志向の倫理的──　95, 97, 98, 100, 139, 140, 141, 142
　　私的志向の利己的──　95, 97, 98, 131, 142
　　──介入主義　41, 42
　　──の洗い出し　39, 74, 95, 116
　　──の変容　34, 35, 38, 41, 42, 43, 44, 52, 60, 61, 67, 77, 89n, 93, 94, 96, 96n, 98, 101, 104, 116, 119, 122, 133, 134, 139, 160, 160n, 168
全体論的な個人観　141, 142, 143

た行

対抗者　49, 71, 72, 117n
対抗的熟議　117, 118, 119
対立　5, 45, 48, 49, 53, 55, 57, 67, 68, 70, 75, 77
脱社会化　27, 28, 138
脱社会的存在　27, 28, 135, 138, 139, 140, 141, 167, 169, 170
闘技（民主主義）　3, 5, 11, 24, 43n, 45, 48, 49, 50, 51, 52, 53, 55, 66n, 67, 67n, 68, 69, 70, 71, 72, 72n, 74, 75, 77, 81, 93, 115, 118, 168
統治能力の危機（論）　8, 9, 10, 11, 12, 14-15, 17, 18, 29, 42, 43, 44, 52, 109, 112, 119
敵対関係　24, 47
　　──性　46, 47, 48, 69, 70, 71, 72, 74, 75n, 93, 118
手続主義（的理解）（熟議民主主義の）　32, 33, 34, 34n, 42, 73, 74, 89

な行

二重効用（論）　74n, 96, 97n, 98, 99, 100, 116, 119, 168

は行

パターン認識型　149, 150, 153
非制度的次元（熟議民主主義の）　121, 133, 134, 136, 169, 170
不確実性　19, 20, 21, 22, 23, 29, 44, 45, 52, 53, 167, 173
複線モデル　8, 64, 123, 126, 127, 133, 169

不信　114, 118
分断された社会　25, 26, 27, 28, 126, 127, 134, 135, 167, 169
ベーシック・インカム　106n, 130n, 172
ポスト国家的統合　3, 38
ポスト伝統社会　12

ま行

ミクロ-マクロ媒介（問題）　36, 39, 40, 40n, 71, 86, 89, 117, 168

ら行

ラディカル・デモクラシー　22, 66, 70, 73n
（自己）利益　10, 11, 13, 14, 18, 32, 34, 35, 41, 42, 43, 49, 86, 87, 88, 89, 91, 92, 95, 97, 97n, 98, 99, 100, 100n, 101, 117, 140, 141, 142, 168
利益集団自由主義　13, 14, 35, 50, 86, 87-88
理性（的）　3, 43, 44, 45, 49, 51, 52, 53, 55, 57, 58, 59, 77, 80, 81, 82, 83, 85, 86, 116, 140, 141, 168
倫理的互恵性　99, 100
レトリック　75n, 78, 79, 80, 81

著者略歴

1970年　高知県に生まれる（広島県で育つ）
1999年　名古屋大学大学院法学研究科博士後期課程修了
現　在　名古屋大学大学院法学研究科教授，博士（法学）
著　書　『熟議民主主義の困難——その乗り越え方の政治理論的考察』（ナカニシヤ出版，2017年），『日常生活と政治——国家中心的政治像の再検討』（編著，岩波書店，2019年），『ハーバーマスを読む』（共編著，ナカニシヤ出版，2020年）ほか．
論　文　"Another Way for Deepening Democracy without Shortcuts," *Journal of Deliberative Democracy*, Vol. 20, No. 2 (2020)，「『自由民主主義を越えて』の多様性」『年報政治学 2019-Ⅱ』（筑摩書房，2019年），「分断社会と熟議民主主義——熟議システム論の適用と再考を通じて」『日本比較政治学会年報』第20号（2018年）ほか．

熟議の理由　民主主義の政治理論

2008年3月25日　第1版第1刷発行
2022年5月20日　第1版第5刷発行

著　者　田村哲樹
発行者　井村寿人

発行所　株式会社　勁草書房

112-0005 東京都文京区水道2-1-1　振替 00150-2-175253
　　　　　（編集）電話 03-3815-5277／FAX 03-3814-6968
　　　　　（営業）電話 03-3814-6861／FAX 03-3814-6854

平文社・松岳社

©TAMURA Tetsuki　2008

ISBN978-4-326-30174-4　　Printed in Japan

JCOPY ＜出版者著作権管理機構　委託出版物＞

本書の無断複製は著作権法上での例外を除き禁じられています。複製される場合は、そのつど事前に、出版者著作権管理機構（電話03-5244-5088、FAX03-5244-5089、e-mail: info@jcopy.or.jp）の許諾を得てください。

＊落丁本・乱丁本はお取替いたします。
　ご感想・お問い合わせは小社ホームページからお願いいたします。

https://www.keisoshobo.co.jp

著者	訳者	タイトル	サブタイトル	判型	価格
田村哲樹・近藤康史・堀江孝司		政治学		A5判	二九七〇円 30283-3
J・ウルフ	森村進他訳	ノージック	所有・正義・最小国家	四六判	四一八〇円 15294-0
D・フリードマン	森村進他訳	自由のためのメカニズム	アナルコ・キャピタリズムへの道案内	A5判	四八四〇円 10146-7
M・ロスバード	森村進他訳	自由の倫理学	リバタリアニズムの理論体系	A5判	六二七〇円 10145-0
近藤康史		個人の連帯	「第三の道」以後の社会民主主義	A5判	三〇八〇円 35141-1

＊表示価格は二〇二二年五月現在。消費税は含まれております。

勁草書房